카발라와
성경해석

신구약 주요 구절 해석

참고 사항

1. 성경 한글판은 공동번역을 주로 사용하였고 필요에 따라 단어나 문맥을 일부 바꾸었다.
2. 해설에 사용된 복음서 구절이 다른 4복음서에 겹쳐 나오면 괄호 안에 그 해당되는 장과 절을 표시하였다.
3. 해설에 사용된 복음서 구절과 같지는 않지만 참고할 내용이면 괄호 안에 참고라 쓰고 그 해당되는 장과 절을 표시하였다.
4. 성경의 신을 하느님으로 통일하였고 경우에 따라 해설에서는 신으로 표현하기도 했다.
5. 여기에 인용되는 영지주의 복음서인 진리복음서, 빌립 복음서, 야고보 비밀의 서의 절 구분은 하모니 출판사에서 나온 "영지주의 복음서와 카발라"에 따랐다.
6. 한글판 성경에는 예수 설교가 반말로 되어 있지만 평상어로 바꾸었고 예수가 제자들에게 하는 말에만 반말을 썼다.
7. 이 책에 나오는 영혼이나 혼은 영어 soul의 번역이다.
8. 여기서 비의 가르침이나 고대 지혜의 가르침으로 언급되는 내용은 주로 "구도여행과 소리없는 소리(하모니 출판사)"에서 가져온 것이다.
9. 이 책은 하모니 출판사에서 나온 "4복음서와 예수의 영지주의 가르침(2019)"을 개정한 것이고 여기에 구약에 대한 해석을 새로 추가하였다.

카발라와 성경해석

신구약 주요 구절 해석

김태항

하 모 니

카발라와 성경해석: 신구약 주요 구절 해석

2025년 6월 12일 초판 발행

저자　김태항
펴낸이　金泰恒
펴낸곳　하모니

출판등록 2009년 5월 7일　제 2009-03호
충청북도 제천시 하소동 88, 203-605호
전화번호 (043) 920-7306,　010-4289-0093
Fax: 043-901-0138
E-mail: kthcross@hanmail.net

ISBN　979-11-85010-15-1　03230

서문

우리는 태어나면서부터 세상(가정, 학교, 사회, 국가, 지구촌 등)이 전하는 가치에 세뇌된다. 그중에 종교 가르침도 있다. 종교 가르침이 사회 구성원에게 미치는 영향이 얼마나 큰지는 이슬람 사회나 힌두교 사회에서 엿볼 수 있다. 이것은 가장 많은 신도를 보유하고 있고 인류 사회에 가장 큰 영향력을 지닌 기독교도 예외가 아니다. 종교는 개인의 사고 틀을 만들고 개인은 그 틀 속에 구속되어 사유하고 살아간다. 그래서 인생의 행로가 결정된다.

기독교 교리의 핵심에는 원죄설과 구원론 그리고 부활이 있다. 기독교에서는 예수가 인간의 죄를 대신하여 십자가에 못 박혀 죽은 후 부활하였다고 주장한다. 예수의 부활은 기독교의 생명이다. 부활 없는 기독교는 생각할 수 없다. 인간을 구원하기 위하여 십자가에 못 박혀 죽고 그 구원을 완성하기 위해서 부활하였다고 한다. 그래서 영생을 얻으려면 죄로부터 구원받아야 하는데 오직 예수에게 의존해야 한다고 한다. 당연히 기독인들은 이런 교리에 따라 생각하고 살아간다.

그런데 만약 이런 교리가 예수의 생각이 아니라 로마 교부나 바울의 생각이었다면 어떻게 되는가? 원래의 가르침과 너무도 달라진 예수의 가르침이 진리로 받아들여져서 많은 사람의 삶과 의식을 지배하는 것이 현실이라면 무섭지 않은가?

왜 예수가 이 세상에 오신 걸까? 기독교 교리처럼 자신을 희생하여 인류를 구원하기 위해서일까? 고통스러운 세상이지만 인구는 계속 늘고 있고, 기독교 교리에 따르면 신은 인간이 태어날 때마다 매

번 영혼을 창조하여 육체에 배분한다. 어떤 혼은 부자나 선진국에, 어떤 인간은 빈곤하게 혹은 가난한 나라에 태어난다. 여기서부터 신의 정의가 의심된다.

무엇보다 아담의 죄를 새로 만들어진 영혼이 이어받게 된다는 주장은 신의 능력이나 의도를 의심하게 한다. 신의 능력으로 원죄(?) 없이 깨끗하게 혼을 창조하지 못한다는 것인가? 도대체 고통스럽고 혼란한 세상에 불완전한 영혼을 계속 만들어 배치하는 이유가 무엇인가? 신은 컴퓨터 게임처럼 세상과 인간을 만들어 게임을 즐기는 건가? 이처럼 예수가 아닌 교부들이 만들어 낸 기독교 교리의 문제점은 한두 개가 아니다.

기독교인들은 예수가 하느님 아들이란 이유로 그분이 남긴 어록만이 아니라 제자들이 남긴 신앙고백 문서를 문자 그대로 믿는다. 생전에 예수를 만난 적이 없었던 바울이라는 사람의 편지글이 정경으로 인정받고 있는 이런 현실을 우리는 냉철하게 직시할 필요가 있다. 우리는 바울이 편지글에서 주장한 이신칭의(오직 믿음으로 신이 의롭다함을 우리가 얻음, 즉 믿음만으로 우리가 구원을 얻는다는 주장) 논리가 기독교의 기본교리(원죄론, 구속론, 예수 신성론)를 형성하고 이 교리가 기독교인들의 의식을 지배하고 있음을 목격하고 있다.

이런 교리가 예수의 어록이 담겨있는 4복음서에 나오는지 확인이 필요하다. 물론 성경이 믿을 만한 가치가 있는 경전인가 하는 것도 확인이 필요하다.

성경의 진위에 대한 많은 논의가 있어 왔고, 성서학자들은 성경왜곡(내용 변경, 첨부, 삭제 등)을 당연한 일로 받아들이고 있다. 예수는 성경에서 많은 말을 하지 않았다. 예수는 4복음서에서 오늘날 기독교인들의 정신세계를 지배하는 교회 교리에 대해서는 거의 언급조

차 하지 않았다. 예수는 직접적으로 원죄론도, 동정녀 성모 마리아론도, 보혈을 통한 구원론도, 연옥도, 삼위일체도 말하지 않았다. 이것은 후대에 교부들이 주장한 내용이고 이런 내용의 상당 부분은 바울의 사상에서 가져온 것이다. 그래서 기독교는 예수의 종교가 아니라 바울의 종교란 말을 하는 학자도 상당이 있다.

4복음서 저자들은 전승 자료를 가지고 자신의 시각으로 새로운 예수를 만들어 냈다. 더 많은 사람들을 기독교로 끌어들이려는 저자들의 시도였다. 그들은 극의 시작인 초반부에 예수 가계도를 화려하게 꾸미고 세례요한을 통하여 예수가 예정된 메시아임을 밝히려고 하였다. 예수의 구체적 행적이 나타나는 시기부터 공관 복음서는 공동 전승 자료를 각자의 취향에 따라 순서를 배정하고 경우에 따라 내용이나 단어에 변화를 주었으며 그 결과 각자의 독특한 복음서가 나왔다. 구약의 예언 성취를 바란 마태복음서는 좋은 예이다. 예수 행적과 언행이 담긴 자료는 단편적이고 지금 복음서에 전해지는 예수 자료에 얼마만큼의 진실이 담겨있는지 알 수가 없다.

실제로 4복음서에 기록된 예수의 어록은 극히 적은 분량이고 그것도 일반 대중을 위한 수준 낮은 비유적 설명이 대부분이다. 이런 한계를 지닌 복음서지만 그래도 정경 중에서는 4복음서가 예수의 진짜 말씀을 접할 수 있는 유일한 자료임에는 틀림이 없다. 사실 지금 정경으로 인정받고 있는 신약은 여러 종파 간의 싸움에서 승리한 로마 가톨릭의 주장만 담고 있을 뿐이다. 그 결과로 예수의 비밀 가르침으로 알려진 영지주의 가르침은 철저하게 파괴되어 사라졌다.

본문에서 성경해석을 하면서 영지주의 복음서 구절을 많이 인용하는데, 이는 영지주의 복음서에 예수의 가르침이 많이 담겨있기 때문이다. 예수 사후에 존재했던 많은 종파의 가르침은 로마 황제의 기독교 공인과 지금의 기독교 교리를 만든 교부들에 의하여 제거되어 사라졌고 영지주의 가르침이 그러했다.

그러면 영지 가르침이 무엇인지에 대한 의문이 생길 것이다. 주요 종교는 어김없이 수준 낮은 일반 대중을 위한 현교와 수준 높은 소수의 사람을 위한 비밀가르침(밀교)으로 나뉘어 존재해 왔다. 불교의 밀교는 티베트 밀교이고, 유대교의 밀교는 카발라이고, 이슬람의 밀교는 수피즘이고, 기독교의 밀교는 영지주의이다. 그리고 이 영지주의가 바로 예수가 소수의 제자에게 전한 비밀 가르침이다.

예수 비밀 가르침인 영지주의에서는 구원은 율법 엄수나 믿음이 아니라 영지(앎)를 통해서 이루어진다고 주장했다. 그래서 영지주의가 기독교의 주류가 되었다면 지금 우리가 만나는 대속론이나 원죄론, 천국론 등은 존재할 수 없을 것이다. 그래도 다행스럽게도 4복음서에는 영지주의 내용이 비유와 상징으로 어느 정도 남아있다.

이 책은 영지주의적 성경해석을 통하여 초대교회나 신학자에 의하여 왜곡되지 않은 예수의 원래 모습과 가르침을 알리려는 것이며, 또한 오랜 세월 인류 의식을 옥죄어 온 교회 교리의 문제점을 지적하고자 함이다. 예수를 부정적 시각으로 조명하려는 것이 아니라 예수의 참모습을 밝혀 그의 위대함을 바르게 알리고자 함이다.

이 책은 또한 구약의 주요 구절을 카발라 시각으로 해석한다. 구약에는 역사적인 사실도 담겨있지만, 구약의 많은 부분이 신화이고 상징임이 연구를 통하여 드러나고 있다. 구약을 신의 말씀으로 생각하여 문자 그대로 해석하면 너무도 많은 것을 놓치게 된다. 카발라는 영지주의 가르침의 근원이며 모든 종교철학의 모태로 알려진 철학이다.

예수가 그랬듯이 진리는 시공간에 따라 그리고 사람들의 의식 수준에 따라 다르게 설해졌다. 그런데 이런 기본적인 사실도 무시하고 의식 수준이 낮았던 시대에 방편으로 설해진 가르침을 아직도 금과옥조처럼 따르는 종교단체도 있고, 심지어 지금과는 너무도 달랐던 시절에 설해진 도덕규범이나 지침을 신의 말씀으로 받아들여 따르는 종교단체도 있다. 이들 종교단체는 시공간에 따라 변하는 지침과 영원불변하는 진리를 구별 못하고 있다.

유대 성자 힐렐(BC 1세기)은 "네가 싫은 것을 남에게 행하지 말라."라는 황금률이 토라의 기본 정신이라고 말하였고 유대 성자 아키바(AD 2세기)는 율법을 "네 이웃을 네 자신처럼 사랑하라"라는 말로 요약하였다. 이런 기본 정신만 지켜진다면 세상은 참으로 평화로울 것이다. 간디는 이런 말씀을 하였다. "나는 예수를 사랑하나 크리스천은 싫어한다. 왜냐하면 그들은 예수를 닮지 않았기 때문이다."

어떤 시각으로 성경을 바라보느냐에 따라 전혀 다른 해석이 나온다. 기존 정통 교리를 배재하고 선입견 없이 성경을 바라보면 전혀 다른 모습의 가르침이 나타난다. 영지주의에 따르면 예수는 붓다처럼 무지와 고통 속에 헤매는 인류에게 영지 지혜를 전하여 인류가 원래의 잃어버린 자리를 다시 찾도록 이 세상에 오셨다. 그것은 누구를 믿어서 되는 것이 아니라 지혜를 통하여 각자 깨달아야 하는 것이다. 목마른 사람을 물가로 인도는 하지만 물은 목마른 사람이 마셔야 하는 것과 같은 이치이다.

이 책은 우주의 진리를 담고 있는 카발라와 영지주의 사상에 근거한 성경해석이며, 수천 년간 인간의 의식을 구속하여 온 기독교 교리에 대한 이성적 비판이다. 오랜 세월 세계의 정치, 문화, 사회를 압도해 왔던 기독교 교리가 근거를 상실하고 예수의 참 가르침이 그 자리를 대신한다면 이것은 인류 의식이 새로운 차원으로 나아갈 수 있는 획기적인 사건일 것이다.

평소 관심을 가지고 연구해 온 유대 신비 가르침인 〈카발라〉와 카발라의 영향을 크게 받은 〈영지주의〉 사상을 통하여 성경에서 예수의 원래 메시지를 발견할 수 있었음은 커다란 기쁨이었다. 모두가 예수가 전하는 영지 지식을 통하여 긴 잠에서 깨어나 하느님에게로 돌아갔으면 한다. 이 책이 진리를 구하는 사람들에게 작은 길라잡이가 되었으면 한다.

이 책을 쓰면서 훌륭한 작가들의 저서를 참고하였고 크게 도움이 되었다. 이분들에게 감사의 말씀을 전한다. 그리고 무엇보다도 카발라 지혜를 전해 주신 위대한 스승님과 이 책이 나오는데 도움을 주신 조력자분들에게 고마움을 전한다.

우타 김태항

목차

서문

1장 신약 성경 해석

2장 카발라 기본 개념

3장 구약 성경 해석

1장
신약성경 해석

나무속에 불이 담겨있고 우유 속에 버터가 담겨있듯이
모든 것 속에는 신의 빛이 담겨있다.
-Arjan-

태초에 이성이 있었다.

요한복음 1:1~5절

태초에 말씀이 있었다. 말씀은 하느님과 함께 하였고 하느님이었다. 말씀은 태초에 하느님과 함께 하였다. 모든 것은 말씀을 통하여 생겨났고 이 말씀 없이 생겨난 것은 하나도 없다. 그 안에 생명이 있었고 그 생명은 모든 사람의 빛이었다. 그 빛이 어둠 속에서 비치니 어둠이 빛을 이기지 못하였다.

해석 신약성경은 그리스어(헬라어)로 기록이 되었는데 "말씀"에 해당하는 그리스어가 로고스이다. 요한복음에서 로고스는 말씀으로 사용되나 그리스어인 로고스에는 말씀 외에도 "이성(reason)"이라는 뜻이 있다. 그리스 철학에서 로고스는 우주에 내재하면서 우주를 다스리는 절대자의 이성으로 이해되었다.

그러므로 위의 구절을 "말씀" 대신에 "이성"으로 대치하여 읽을 수도 있다. 즉 "태초에 이성이 있었고 이성은 하느님과 함께 있었다. 이성은 하느님이었다. 모든 것은 이성으로 말미암아 생겨났고 이성 없이 생겨난 것은 하나도 없다."

이처럼 이성은 신에 내재하는 신과 분리할 수 없는 속성이다. 모든 것은 이성으로 창조되고 모든 법칙은 이성으로 운영된다. 이성 없이 질서정연한 창조가 불가능하다. 인간을 통하여 표현되는 이 이성은 인간을 신성한 존재로 만드는 빛이다.

이처럼 이성은 우리에게 내재하는 신적 속성이며 예수는 이성의 완전한 예였다. 그의 삶은 이성으로 작동되었고 일반인이 크게 종속

되어 있는 감정에 흔들리지 않았다. 성경을 보면 예수가 이성적으로 그리고 논리적으로 대화를 이끄는 것을 볼 수 있다.

그러나 교회는 맹목적인 믿음을 강요하거나 감성을 자극하면서 이성적인 사고를 무시한다. 이것은 사람들 내면의 영적 빛을 차단하는 행위이며 신의 뜻을 어기는 행위이다. 종교 생활이든 사회생활이든 모든 행위에는 이성이 바탕이 되어야 한다. 이성 없는 믿음은 맹신이 된다.

유대 신비 가르침인 카발라에 보면, 신은 모든 것을 신의 숨으로 창조한다. 그리고 이 창조의 숨은 **신의 말씀**, 신의 의지, 우주법칙, 진리의 영으로 표현된다. 그래서 **신의 말씀은** 창조의 근원이고 우주법칙이고 진리이며 이것에 따라 만물이 움직인다.

요한복음에서 로고스 즉 말씀/이성을 예수와 동일시하는 것은 예수가 근원 즉 하느님과 합일 상태에 있었기 때문이다.

요한복음은 영지주의 색채가 강한 복음서로 공관복음서에서 잘 드러나지 않았던 예수의 영지 가르침이 어느 정도 드러난다. 대표적인 영지주의 복음서 중 하나인 "진리 복음서"에 말씀과 관련된 구절이 나오는데 요한복음과 마찬가지로 첫 구절에 나온다.

> 진리의 아버지가 **말씀(Logos)의 권능**을 통하여 그분을 알도록 사람들에게 선물을 주었고 이것을 받은 사람들에게 있어서 진리의 복음은 기쁨 그 자체이다. **그분은 아버지의 생각과 마음 안에 있는 플레로마(충만)에서 나왔고, '구원자'로 일컬어지는데** 이는 그가 아버지를 몰랐던 사람들을 구원하기 위하여 해야 하는 사역의 이름이기 때문이다. 이 복음의 이름은 희망의 계시인데 이는 그분을 찾는 사람들이 **발견해야 하는 것**이기 때문이다. 만물은

자신이 근원한 그분을 찾으려고 힘썼다. (이전에) 만물은 모든 생각을 넘어 계신, 한계가 없고 도저히 생각할 수도 없는 그분 안에 있었다.(진리복음서 1절)

진리 복음서의 첫 구절은 예수가 하느님에게서 나온 이유가 인류를 구하기 위함임을 밝히고 있다. 하느님이 말씀의 권능을 통하여 선물한 복음은 사람들에게는 기쁨이고 희망인데 이는 사람들이 하느님에게 돌아가기 위하여 알아야 하는 내용이기 때문이다. "그분을 찾는 사람들이 **발견해야 하는 것**"에서부터 이 복음서는 구원은 신에 대한 믿음이 아니라 예수가 전하는 영지 가르침임을 분명히 한다. 진리는 각자가 발견해야 하는 것이다.

"만물은 자신이 근원한 그분을 찾으려고 힘썼다."에서 만물은 인간의 영혼을 의미하여 인간 모두는 모든 것을 넘어선 근원적 존재로부터 발출되어 나왔다.

예수 탄생과 성령의 숨겨진 의미

마태복음 1:18~25, 2:1절(누가 1:26~38, 2:1~7)

예수 그리스도가 태어난 경위는 이러하다. 예수의 어머니 마리아는 요셉과 약혼을 하고 같이 살기 전에 잉태한 것이 드러났다. 그 잉태는 **성령으로 말미암은** 것이었다. 마리아의 남편 요셉은 법대로 사는 사람이었고 또 마리아의 일을 세상에 드러낼 생각도 없었으므로 남모르게 파혼하기로 마음먹었다. 요셉이 이런 생각을 하고 있을 무렵에 주의 천사가 꿈에 나타나서 "다윗의 자손 요셉아, 두려워하지 말고 마리아를 아내로 맞아들여라. 그의 태중에 있는 아기는 성령으로 말미암은 것이다. 마리아가 아들을 낳을 터이니 그 이름을 예수라 하여라. 예수는 자기 백성을 죄에서 구원할 것이다." 하고 일러주었다.

이 모든 일로써 주께서 예언자를 시켜, "동정녀가 잉태하여 아들을 낳으리니 그 이름을 임마누엘이라 하리라." 하신 말씀이 그대로 이루어졌다. 임마누엘은 '하느님께서 우리와 함께 계시다.'는 뜻이다. 잠에서 깨어난 요셉은 주의 천사가 일러준 대로 마리아를 아내로 맞아들였다. 그러나 아들을 낳을 때까지 동침하지 않고 지내다가 마리아가 아들을 낳자 그 아기를 예수라고 불렀다.(마태 1:18~25) 헤롯 왕 때에 예수께서 유대 베들레헴에서 나셨다.(마태 2:1)

그 무렵에 로마 황제 아우구스토가 온 천하에 호구 조사령을 내렸다. 이 첫 번째 호구 조사를 하던 때 **시리아에는 구레뇨**라는 사람이 총독으로 있었다. 그래서 사람들은 등록을 하러 저마다 본고장을 찾아 길을 떠나게 되었다. 요셉도 갈릴리 지방의 나사렛 동네를 떠나 유다 지방에 있는 베들레헴이라는 곳으로 갔다. 베들레헴은 다윗 왕이 난 고을이며 요셉은 다윗의 후손이었기 때문이다. 요셉은 자기와 약혼한 마리아와 함께 등록하러 갔는데 그때 마리아는 임신 중이었다. 그들이 베들레헴에 가 머물러 있는 동안 마리아는 달이 차서 드디어 첫아들을 낳았다. 여관에는 그들이 머무를 방이 없었기 때문에 아기는 포대기에 싸서 말구유에 눕혔다.(누가 2:1~7)

해석 마태와 누가는 예수의 메시아 자격을 증명하기 위하여 다윗을 포함하는 찬란한 가계도(마태 1:1~17, 누가 3:23~38)를 만들었고 예수의 신성함을 드러내기 위하여 성령에 의한 예수 탄생을 고안하였다. 두 저자는 예수 탄생을 설명하면서, 구약(미가 5:2, 사무엘하 7:14~16)에 의거 예수가 메시아임을 증명하려고 다윗 혈통과 베들레헴의 출생을 무리하게 언급하고 있다. 고대 이스라엘 전설에 따르면 하느님은 다윗 왕에게 그의 후손이 항상 이스라엘을 옥좌에 앉게 될 거라고 약속했다(사무엘하 7:14~16). 반면에 마가복음과 요한복음에는 이에 대한 언급이 없다.

호구 조사 때문에 요셉이 1천 년 전에 살았던 조상인 다윗의 고향으로 돌아간다는 것은 상식적으로 말이 되지 않는다. 헤롯왕의 시대에 예수가 탄생했다는 마태의 주장과 구레뇨가 시리아 총독일 때 예수가 태어났다는 누가의 주장은 서로 다르다. 역사가 요세푸스의 자료를 비롯한 많은 역사적 자료에 따르면 구레뇨는 서기 6년경에 총독이 되었고 이 시기는 헤롯이 죽은 지 10년이 지난 때였다.

성령으로 임신한 마리아와 예수 탄생은 상징적인 글이어서 문자 그대로 해석하면 안 된다. 그런데 가톨릭에서는 마리아는 예수를 낳은 어머니지만 평생 처녀의 몸이었다고 주장한다. 예수를 낳기 전에도 처녀였고 예수를 낳은 다음에도 처녀의 몸이었다는 것이다. 상당수의 기독교인은 예수의 동정녀 출생을 믿고 있다. 예수가 정말 동정녀에서 태어났는지와 마리아가 평생 처녀의 몸이었는지가 왜 그렇게 중요한 주제가 되어야 하는지 생각해 볼 문제이다.

예수가 직접 "내가 동정녀에서 태어났다."라고 말을 한 적이 없다. 예수 탄생 설화는 제3자인 마태와 누가가 예수를 위대하게 보이기 위하여 꾸민 극적인 장치로 볼 수 있다. 우리에게 중요한 것은 예수가 전하는 메시지이지 이를 위한 장치는 아니다.

마태복음(1:23~25)에 언급된 예수의 탄생을 예시하는 이사야 구절(7:14, 그러므로 주께서 친히 징조를 너희에게 주실 것이라 보라 처녀가 잉태하여 아들을 낳을 것이요 그 이름을 임마누엘이라 하리라.)은 성서학자들에 의하여 예수와는 전혀 상관없는 구절로 증명되었다. 마태가 동시대 유대인들의 권위와 동정을 얻으려고 이 구절을 예수와 연계시켰을 뿐이다.

예수가 신의 은총으로 아버지 없이 동정녀에게서 출생하였다는 내용은 붓다의 탄생 신화(붓다가 탄생하자 많은 신들이 하늘에서 내려와 그 손으로 태자를 받들었다고 하고, 하늘에서 두 줄기의 온수(溫水)가 쏟아져 태자의 몸을 씻어드렸고 붓다가 일곱 걸음을 내디디고서 천상천하유아독존이라고 외친 것)와 같은 맥락으로 이해하는 것이 올바른 태도이다. 마리아가 평생 동정녀였다는 주장은 복음서에서 거짓으로 드러난다.

> "저 사람은 그 목수의 아들이 아닌가? 어머니는 마리아요, 그 형제들은 야고보, 요셉, 시몬, 유다가 아닌가? 그리고 그의 누이들은 모두 우리 동네 사람들이 아닌가? 그런데 저런 모든 지혜와 능력이 어디서 생겼을까?"(마태 13:55~56)

> 그때 예수의 어머니와 형제들이 밖에 와 서서 예수를 불러 달라고 사람을 들여보냈다.(마가 3:31~35)

즉 마리아는 여러 자녀를 낳았다. 마리아의 평생 동정을 주장하는 사람들은 이 구절에 나오는 형제들은 마리아가 낳은 것이 아니라 예수 사촌 형제라는 주장을 하기도 한다.

동정녀로 태어났으면 예수의 족보는 필요가 없는데 마태와 누가는 장황하게 예수의 족보를 언급하고 있다. 그런데 두 복음서를 살펴보면 두 사람이 진술하는 예수 족보가 일치하지 않는다. 신의 아들로 동정녀에게서 태어난 예수에게 왜 이런 불필요한 족보를 부여하였을까? 그것은 앞에서 언급하였듯이 유대인의 메시아 신앙과 연관된다. 유대인들은 다윗 가계에서 메시아가 태어나 자신들을 구원해 주리라는 믿음이 있었고 그래서 동정녀 출생과는 별도로 예수는 다윗의 가계와 연결이 되어야 했다. 영지주의 복음서에 이런 구절이 있다.

> 어떤 이들은 "마리아가 성령으로 임신했다."라고 말했다. 그들은 잘못 알고 있다. 그들은 자신들이 무슨 말을 하는지 알지 못한다.(빌립 복음서 16절)

예수의 동정녀 출생은 예수를 돋보이게 하기 위한 복음서 저자들의 장치였지만 동시에 그것에는 깊은 상징이 숨겨져 있다. 예수가 성령으로 잉태하였다고 하는데 이 성령이 무엇인지 아는 것이 중요하다. 성령은 성경에 여러 가지로 표현된다. 숨결, 불, 물처럼 비인격적으로 표현되는 경우와 마음이나 감정을 지닌 존재로 표현되는 경우도 있다. 그런데 이런 의인화가 성령이 인격체임을 증명하는 것은 아니다. 성경에서 인격체가 아닌 어떤 것을 인격화하거나 의인화하는 것은 특이한 일이 아니기 때문이다. 성령이 비유로 표현되었기 때문에 일어나는 문제이다. 성령에 대한 주요 성경 구절에 보면,

> "내가 아버지께 구하겠다. 그리하면 아버지께서 다른 보혜사를 너희에게 보내셔서, 영원히 너희와 함께 계시게 하실 것이다. 그는 **진리의 영**이시다. 세상은 그를 보지도 못하고 알지도 못하므로, 그를 맞아들일 수가 없다. 그러나 너희는 그를 안다. 그것은,

그가 너희와 함께 계시고, 또 너희 안에 계실 것이기 때문이다." (요한복음 14:16~18)

"보혜사 곧 아버지께서 내 이름으로 보내실 **성령** 그가 너희에게 모든 것을 **가르치시고** 내가 너희에게 말한 모든 것을 생각나게 하시리라."(요한복음 14:26)

"아직도 나는 할 말이 많지만, 지금은 너희가 그 말을 알아들을 수 없을 것이다. 그러나 **진리의 성령**이 오시면 너희를 이끌어 진리를 온전히 깨닫게 하여주실 것이다. 그분은 자기 생각대로 말씀하시지 않고 들은 대로 일러주실 것이며 앞으로 다가올 일들도 알려주실 것이다. 또 그분은 나에게서 들은 것을 너희에게 전하여 나를 영광스럽게 하실 것이다."(요한복음 16:12~14)

이처럼 요한복음은 성령을 진리의 영으로 정의한다. 신의 말씀은 진리이고, 예수는 신과 하나였기에 성령 즉 진리 그 자체였다. **그래서 예수는 성령으로 태어났다고** 말할 수 있는 것이다. 예수는 하느님 말씀(하느님의 의지, 우주 법칙, 진리의 영)을 전하기 위하여 이 세상에 왔다. 그러나 안타깝게도 예수가 남긴 참 가르침은 일반 복음서에는 거의 남아 있지 않다. 더군다나 그것도 엉뚱하게 해석되어 바울신학 같은 기상천외한 교리의 소재가 되었다.

예수 탄생 후에 일어난 동방박사 방문, 헤롯왕의 탄압, 이집트 피난과 나사렛 거주(마태 2장), 목자에게 나타난 천사, 예수 할례, 성전에 봉헌, 나사렛 귀환(마가 2:8~40)은 두 복음서 내용이 서로 모순됨을 보여준다.

예수 그리스도 탄생의 참 의미는 무엇일까? 전해지는 고대 지혜의 가르침에 따르면 예수는 자신이 전하는 진리로 누구나가 내면의 참 자아를 밝혀서 그리스도(깨달은 자, 기름 부음을 받은 자)가 되도록, 자발적으로 육체를 입고 이 세상에 태어났다. 우리가 내면의 신성한 빛을 밝힐 때 우리도 그리스도가 된다.

그런 점에서 진리의 상징인 예수 그리스도의 탄생은 1세기에 일어난 과거의 사건도 아니고 크리스마스 때마다 기려야 하는 의례적인 축제도 아니다. 이 순간에 예수가 전한 가르침을 통하여 우리 스스로 내면을 밝혀서 그리스도가 되어야 하는 것이고, 이것은 우리의 새로운 탄생이며 그리스도 의식의 재림이기도 하다.

부처님 오신 날을 맞이하여 사람들이 "성불하세요."라고 하듯이 성탄절을 맞이하여 우리는 사람들에게 "그대 내면의 그리스도 의식이 깨어나소서."라고 해야 한다.

참고로 4복음서는 익명으로 유포되다가 거의 100년이 지난 후에야 복음서 앞에 저자들의 이름이 붙었다. 사도들이 복음서를 직접 쓰지 않았다는 증거일 수 있다.

예수의 소년 시절

누가복음 2:41~52절

해마다 유월절이 되면 예수의 부모는 명절을 지내러 예루살렘으로 가곤 하였는데 예수가 열두 살이 되던 해에도 예년과 마찬가지로 예루살렘으로 올라갔다. 그런데 명절의 기간이 다 끝나 집으로 돌아올 때에 어린 예수는 예루살렘에 그대로 남아있었다. 그런 줄도 모르고 그의 부모는 아들이 일행 중에 끼여 있으려니 하고 하룻길을 갔다. 그제야 생각이 나서 친척들과 친지들 가운데서 찾아보았으나 보이지 않으므로 줄곧 찾아 헤매면서 예루살렘까지 되돌아갔다.

사흘 만에 성전에서 그를 찾아냈는데 거기서 예수는 학자들과 한자리에 앉아 그들의 말을 듣기도 하고 그들에게 묻기도 하는 중이었다. 그리고 듣고 있던 사람들은 모두 그의 지능과 대답하는 모습에 경탄하고 있었다. 그의 부모는 그를 보고 깜짝 놀랐다. 어머니는 예수를 보고 "얘야, 왜 이렇게 우리를 애태우느냐? 너를 찾느라고 아버지와 내가 얼마나 고생했는지 모른다." 하고 말하였다. 그러자 예수는 "왜, 나를 찾으셨습니까? 내가 내 아버지의 집에 있어야 할 줄을 모르셨습니까?" 하고 대답하였다.

그러나 부모는 아들이 한 말이 무슨 뜻인지 알아듣지 못하였다. 예수는 부모를 따라 나사렛으로 돌아와 부모에게 순종하며 살았다. 그 어머니는 이 모든 일을 마음속에 간직하였다. 예수는 몸과 지혜가 날로 자라면서 하느님과 사람의 총애를 더욱 많이 받게 되었다.

해석 12세 이후부터 공생애를 시작할 때까지의 예수 행적에 대한 자료가 없다. 그 사이에 어디에서 무엇을 하였는지 수많은 억측이 있다. 이 기간에 예수가 팔레스타인에 없었다는 증거가 되기도 한다. 이 사라진 기간에 대한 대표적인 주장이 예수가 이집트와 인도 그리고 티베트를 여행하였다는 내용이다. 이 이야기는 비의 단체에서는 상당히 많이 알려진 일이기도 하다.

12살의 예수 행적만이 복음서에 언급이 되고 있다는 것은 상당히 흥미로운 일이다. 12라는 숫자는 12부족, 22개 히브리 문자 중에 12단자 등에서 보듯이 유대인에게는 상당히 중요한 상징이다.

12살 나이에 예수는 이미 학자들과 대담을 나눌 수 있을 정도로 학식이 있었고 이미 독립적인 인격체였음을 보여주는 증거이다. 예수가 살았던 유대 사회의 문맹률을 근거로 예수가 문맹자였다고 주장하는 일부 학자들도 있는데 이는 터무니없는 억측이다.

"내가 내 아버지의 집에 있어야 할 줄을 모르셨습니까?"라고 예수가 말한 이유는 성전과 지성소의 상징을 알아야 한다. 성전/사원(Temple)의 중심인 지성소는 유대인에게 신이 현존하는 신성한 장소로 알려졌고, 예수는 하느님과 하나로 연결되어 있어서 성전은 아버지의 집이면서 동시에 자신의 집이기도 하였기 때문이었다. 또한 상징적으로 성전은 인간의 몸이고 지성소는 인간의 영혼이 거주하는 머리 중심에 위치한 송과선이다. 이것에 대해서는 뒤에서 자세히 다룬다.

누가복음(2;29~30)에서 예수는 베들레헴에서 태어난 후에 나사렛으로 돌아가는 것으로 나오고, 마태복음(2:13~15)에서는 예수가 갓난아이였을 때 헤롯왕의 박해를 피하여 이집트로 피난 갔다가 나사렛으로 돌아오는 것으로 나오는데, 무엇이 올바른 것인지는 알 수가 없다. 비의 단체의 자료에 따르면 예수가 12세에 이집트로 가서 신비지식을 공부하였고, 이어서 티베트로 갔다고 기록되어 있다.

선지자 세례요한과 예수가 지상에 온 이유

요한복음 1:19~28절

유대인들이 예루살렘에서 제사장들과 레위 지파 사람들을 요한에게 보내어 "당신은 누구시오!"라고 요한의 정체를 물었을 때에 요한은 이렇게 증언하였다.

"나는 그리스도가 아니오." 그는 조금도 숨기지 않고 분명히 말해 주었다. 그들이 "그러면 누구란 말이오? 엘리야요?" 하고 다시 묻자, 요한은 또 "아니요"라고 대답하였다(1). "그러면 우리가 기다리던 그 예언자요?" 그들이 다시 물었을 때 요한은 그도 아니라고 하였다.

"우리를 보낸 사람들에게 대답해 줄 말이 있어야 하겠으니, 당신이 누군지 좀 알려주시오. 당신은 자신을 누구라고 생각하고 있소?" 이렇게 다그쳐 묻자, 요한은 그제야 "나는 예언자 이사야의 말대로 '주님의 길을 곧게 하여라.' 하며 광야에서 외치는 이의 소리요." 하고 대답하였다. 그들은 바리새인들이 보낸 사람들이었다.

그들은 또 요한에게 "당신이 그리스도도 아니요 엘리야도 아니요 그 예언자도 아니라면 어찌하여 세례를 베푸는 거요?" 하고 물었다. 요한은 이렇게 대답하였다. "나는 다만 물로 세례를 베풀 따름이오. 그런데 당신들이 알지 못하는 사람 한 분이 당신들 가운데서 계십니다. 이분은 내 뒤에 오시는 분이지만 나는 이분의 신발 끈을 풀어드릴 만한 자격조차 없는 몸이오." 이것은 요한이 세례를 베풀던 요르단 강 건너편 베다니에서 일어난 일이었다.

해석 복음서 저자들에게 요한의 존재는 자신들이 각색한 예수 드라마라는 극본의 핵심 인물이었다. 그가 있어서 예수가 메시아임이 증명되었기에 그들에게 요한이 없는 예수는 생각할 수가 없다. 그래서 4복음서 모두에서 세례요한이 등장하는데 누가복음에서는 세례요한의 탄생을 예수 탄생 못지않게 신비하게 표현하고 있는 정도이다.

요한과 예수의 행적은 요한복음과 공관복음서에서 다르게 묘사되는데 공관복음서에서는 예수가 세례를 받지만, 요한복음서에서는 그런 구절이 없다. 공관복음서에는 예수 공생애의 시작이 요한이 구속된 후로 나오나, 요한복음서에는 두 사람이 상당 기간 경쟁적인 관계를 유지하는 것으로 나온다. 요한과 예수의 활동 시기가 일부 겹치지만, 어떤 학자는 두 사람이 함께 활동한 시기는 없었다는 주장도 한다. 예수의 오심을 미리 전한 요한의 활동이 있었고, 이어서 예수가 활동을 시작했기에 그가 요한에게 세례받을 수가 없었으며, 신과 하나였던 예수 입장에서는 아직 영적으로 완전하지 못한 요한에게 세례를 받을 필요가 없었다는 주장도 있다. 요한복음은 이런 입장에서 저술된 것으로 보인다.

마태복음(11:13~14)에서 예수는 요한의 전생이 엘리야였다고 말했지만, 요한은 자신의 전생을 볼 정도까지 영적으로 성장한 영혼은 아니었다. 그래서 "당신이 엘리야입니까?(1)"라는 질문에 아니라고 한다. 그는 철저히 자기를 낮춘 채 백성들이 메시아 예수를 영접할 수 있도록 예비시키는 선구자의 역할에 충실했다.

성서는 헤롯왕의 부정한 결혼을 비판한 것 때문에 그가 처형당한 것으로 기록하나, 요세푸스의 〈유대고대사〉에서는 세례요한에게 몰려든 군중들이 반란을 일으킬 수도 있다는 두려움 때문이었다고 기록한다. 역사가와 신앙 고백자의 기록 중에 어떤 기록이 정확한지 우리가 알 수는 없지만, 복음서 내용은 저자들이 극적 감흥을 위하여 많이 각색되었음을 기억해야 한다. 영지 복음서에서는 예수가 지상에 온 이유를 이렇게 밝힌다.

> 주님께서 말씀하시길, "나는 아래에 있는 것을 위에 있는 것처럼 만들고, 바깥에 있는 것을 안에 있는 것처럼 만들기 위해 왔다. 나는 이곳에서 그것들을 합체하기 위해 왔다." 그분은 상징과 이미지를 통해 이곳에 자신을 드러내셨다.(빌립 복음서 67절)

이 복음서에서 보듯이 예수는 신으로부터 분리된 인간을 다시 신과 합일시키기 위해서 세상에 왔다. 근원에서 떨어져 나온 것이 분리라면 근원으로 돌아가는 것은 합일이다. 진리가 이미지와 상징을 통하여 세상에 나왔듯이 진리의 화신인 예수도 이미지와 상징으로 세상에 오셨다. 진리와 상징에 대해서는 이렇게 언급한다.

> "진리는 **알몸**(1)으로 이 세상에 온 것이 아니라 **상징과 이미지**로 왔다. 우리는 다른 방식으로는 진리를 받아들일 수 없다. **부활이 있고 부활의 상징이 있다**(2). 상징을 통해 다시 태어나는 것이 분명히 필요하다. 부활이란 무엇인가? 상징은 상징을 통해 다시 살아나야 한다. 신랑과 그 상징은 상징을 통해 진리로 들어가야 한다. 이것이 회복이다.
>
> 이것을 지닌 자들은 아버지와 아들과 성령의 이름을 얻게 되는데 그것을 **자력으로** 얻었다고 말하는 것이 맞을 것이다. 누군가 **자력으로**(3) 그 이름을 얻지 못한다면 그는 "그리스도인"이라는 이름을 빼앗길 것이다. 그러나 사람은 십자가의 권능이 주는 향기로운 성유 속에서 그것들을 받는다. 사도들은 이 권능을 "오른

쪽과 왼쪽"이라고 불렀다. **이 사람은 더 이상 기독교인이 아니라 또 하나의 그리스도(4)**이기 때문이다."(빌립 복음서 65절)

도덕경에 "도를 도라 하면 도가 아니다"라는 유명한 말이 있다. 진리는 인간의 의식 수준에 어울리는 개념과 언어로 표현이 될 뿐이지 진리 그 자체(즉 알몸)가 아니다. 인간의 숫자만큼 신이 존재한다고 하듯이 진리는 의식 수준에 따라 천차만별로 이해되어 받아들여지고 있다. 신이 "I am that I am(나는 나이다, 나는 스스로 있는 자이다)"이듯이 진리는 "Truth is that it is(진리는 있는 그대로이다.)" 즉 진리에 대한 어떤 개념적 정의도 진리에 대한 올바른 설명이 되지 않는다. 진리는 개념을 넘어선 그리고 설명을 넘어선 어떤 것이다.

그래서 예로부터 성인들은 진리가 왜곡되지 않도록 진리를 이미지나 상징으로 표현하였다. 예를 들면 예수 부활은 상징이다(2). 이 상징을 통하여 우리는 다시 태어나는 것인데, 이것의 참된 의미는 잠자는 내면의 신의 불꽃을 깨워서 다시 원래의 신성한 존재로 부활하는 것이다. 즉 육체의 부활이 아니라 영혼의 부활이다. 마찬가지로 신랑으로 표현되는 상징을 이해함에 의하여 그 상징을 통하여 제시되는 진리를 알 수가 있고 회복 즉 구원을 얻는 것이다. 그리고 이런 구원은 믿음을 통한 것이 아니라 영지를 통하여 스스로 얻는 것이다. 예수는 믿음이 아니라 **자력**을 절대적으로 중시했다(3).

또 하나의 그리스도(4)에서 보듯이 누구나 깨달으면 그리스도이다.

물의 세례와 성령의 세례, 그 숨겨진 의미

마가복음 1:1~8절(요한 1:29~34, 마태 3:1~12, 누가 3:1~20)

하느님의 아들 예수 그리스도에 관한 복음의 시작은 이러하다. 예언자 이사야의 글에, "이제 내가 일꾼을 너보다 먼저 보내니 그가 네 갈 길을 미리 닦아놓으리라." 하였고, 또 "광야에서 외치는 이의 소리가 들린다. '너희는 주의 길을 닦고 그의 길을 고르게 하여라.'" 하였는데, 기록되어 있는 대로, 세례요한이 광야에 나타나 "**회개하고** 세례를 받아라. 그러면 죄를 용서받을 것이다." 하고 선포하였다.

그때 온 유대 지방과 예루살렘에 사는 모든 사람이 그에게 와서 죄를 고백하며 요르단강에서 세례를 받았다. 요한은 낙타털 옷을 입고 허리에 가죽 띠를 두르고 메뚜기와 석청을 먹으며 살았다.

그는 사람들에게 이렇게 외쳤다. "나보다 더 훌륭한 분이 내 뒤에 오시오. 나는 몸을 굽혀 그의 신발 끈을 풀어드릴 만한 자격조차 없는 사람이오. 나는 당신들에게 물로 세례를 베풀었지만, 그분은 **성령으로 세례를 베푸실 것이오.**"

해석 복음서에서 예언 성취를 주장하려고 인용된 대다수의 구약 구절이 복음서 구절과는 연관이 없듯이, 여기 나오는 이사야 구절도 세례 요한과는 관련이 없다. 다만 선지자로서 요한의 증언을 강조하려는 의도로 사용되었다고 본다.

성경에는 물의 세례와 성령의 세례, 불의 세례가 나온다. 물의 세례에서 세례는 죄를 회개하고 새롭게 거듭난다는 의미와 하느님 나라의 자녀가 된다는 의미 그리고 구원의 의미가 담겨있다. 세례를 통하여 새롭게 마음을 다지고 하느님 말씀대로 살겠다는 다짐이기도 하다. 반면에 성령의 세례는 진리를 통한 영적 변화를 가져다주는 세례이다. 그러므로 물의 세례는 심리적 위안을 줄 수 있지만, 이 세례만으로 내면의 변화나 은총이 주어지는 것은 아니다. 물의 세례는 성령의 세례 즉 영적 세례의 상징적 행위일 뿐이다. 그래서 영적 세례가 일어나야 성경에서 말하는 하늘나라에 들어갈 수 있다.

성령의 세례는 마음과 의식으로부터 기존의 모든 교리나 신념을 깨끗하게 청소하는 것이다. 이렇게 될 때 왜곡이나 방해 없이 진리에 다가갈 수 있고 진리를 받을 수 있다. 성령으로 세례받을 때 그릇된 오랜 개념이나 생각은 깨끗해지고 과거의 개념에 방해받음이 없이 새로운 것을 받아들일 수 있게 된다. 불은 우리의 고정관념이나 개념을 태워 없애는 의미가 내포되어 있다. 그러므로 불의 세례는 성령세례의 다른 이름이기도 하다. 진리의 불(성령)을 통하여 진리가 아닌 그릇된 생각과 개념은 파괴된다.

왜 고정관념이나 그릇된 생각이 진리 수용에 방해가 되는지는 예수의 다음과 같은 비유에서 잘 알 수 있다.

> "낡은 가죽 부대에 새 포도주를 넣는 사람은 없다. 그렇게 하면 새 포도주가 부대를 터뜨려 포도주도 부대에 다 버리게 된다. 새 포도주는 새 부대에 담아야 한다."(마가복음 2:22)

이 말은 구습(舊習)이나 기존 개념을 버리지 않으면 진리가 이들로 말미암아 왜곡되어 버린다는 것을 말하고 있다. 새 포도주는 새 포대에 담겨야 하고 진리는 깨끗한 마음에 담겨야 한다. 예수는 이렇게 분명하게 말한다.

"정말 잘 들어 두어라. 물과 **성령으로 새로** 나지 않으면 아무도 하느님 나라에 들어갈 수 없다."(요한복음 3:5~6)

"그러므로 너희는 가서 이 세상 모든 사람을 내 제자로 삼아 아버지와 아들과 **성령의 이름으로** 그들에게 세례를 베풀고 내가 너희에게 명한 모든 것을 지키도록 가르쳐라."
(마태복음 28:19~20)

세례요한은 예수가 베풀 세례에 대하여 이렇게 말한다.

"나는 너희를 회개시키려고 물로 세례를 베풀거니와 내 뒤에 오시는 분은 **성령과 불로 세례**를 베푸실 것이다. 그분은 나보다 훌륭한 분이어서 나는 그분의 신발을 들고 다닐 자격조차 없는 사람이다."(마태복음 3:11)

비의 단체에서는 최종적인 자리 즉 근원과 합일하기 위한 5단계 입문/비전 과정이 있다. 여기에서 2번째 단계가 성령의 세례이다. 그것을 살펴보면

첫 번째는 감정과 욕망을 정복하는 것이고 이것은 물질 집착에서 해방이다.

두 번째는 마음 혹은 생각의 정화를 의미하고 세례로 상징된다. 그릇된 생각이나 개념은 각성을 위한 영적 진화에 방해물이다. 잘못된 가르침이나 지식은 우리를 잘못된 길로 이끈다. 감정이나 욕망에 어느 정도 벗어난 구도자들을 볼 수가 있지만 그릇된 가르침이나 개념에 매여 있어 영적 성장이 중단된 것을 볼 수가 있다. 오래된 그릇된 개념을 바른 지식으로 대체하는 것이 필요하다. 잘못된 개념

에서 벗어나 균형 상태로 마음을 가져올 때 우리는 성령으로 세례받을 수 있다. 영의 세례를 통하여 육체는 순수한 상태로 변형된다. 이 상태에서 신을 바로 볼 수가 있고 상위계의 신성 빛이 반영되는 통로가 될 수 있다.

세 번째는 고통, 무지, 부정으로 채워진 세계에서 고통받고 있는 사람들을 위한 자비심을 느끼는 단계이다.

네 번째는 형태에 대한 욕망의 정복이다. 우리 자아는 자신의 형태(육체)를 의식하기 때문에 빛과 자아 사이에 분리가 존재한다. 가장 높은 상태에 이르기 위해서는 육체(형태)에 대한 욕망을 버려야 한다. 이 상태에서 마지막 입문인 신과 합일인 승천 이외에는 우주의 모든 것을 극복한 것이 된다.

다섯 번째는 마지막 비전으로 긴 여행의 완수이며 신 의식과 하나가 됨이다. 빛 그 자체가 된다. 성경에 "극복한 자는 내 사원의 기둥이 될 것이며 그는 더 이상 나가지 않을 것이다."라는 구절은 이 상태를 말함이다.

5단계 입문/비전을 정리한다면 감정이나 욕망의 통제, 마음과 생각의 정화, 신 의식과 연결, 형태에 대한 욕망 극복, 신과 합일이다. 두 번째가 성령의 세례로 상징되는 마음의 정화이다. 그러므로 우리는 신과 만나기 위하여 진리의 성령으로 마음이 정화되어야 한다.

첫 번째 기적

요한복음 2:1~12절

갈릴리 지방 가나에 혼인 잔치가 있었다. 그 자리에는 예수의 어머니도 있었고 예수도 그의 제자들과 함께 초대받고 와있었다. 그런데 잔치 도중에 포도주가 다 떨어지자, 예수의 어머니는 예수에게 포도주가 떨어졌다고 알렸다. 예수는 어머니를 보고 "어머니, 그것이 저에게 무슨 상관이 있다고 그러십니까? 아직 제 때가 오지 않았습니다." 하고 말하였다.

그러자 예수의 어머니는 하인들에게 "무엇이든지 그가 시키는 대로 하여라." 하고 일렀다. 유대인들에게는 정결 예식을 행하는 관습이 있었는데 거기에는 그 예식에 쓰이는 두세 동이들이 돌 항아리 여섯 개가 놓여 있었다.

예수가 하인들에게 "그 항아리마다 모두 물을 가득히 부으시오." 하고 일렀다. 그들이 여섯 항아리에 물을 가득 채우자, 예수는 "이제는 퍼서 잔치 맡은 이에게 갖다주시오."라고 하였다. 하인들이 잔치 맡은 이에게 갖다주었더니 물은 어느새 포도주로 변해 있었다. 물을 떠간 그 하인들은 그 술이 어디에서 났는지 알고 있었지만, 잔치 맡은 이는 아무것도 모른 채 술맛을 보고 나서 신랑을 불러 "누구든지 좋은 포도주는 먼저 내놓고 손님들이 취한 다음에 덜 좋은 것을 내놓는 법인데 이 좋은 포도주가 아직까지 있으니 웬일이오!" 하고 감탄하였다.

이렇게 예수는 첫 번째 기적을 갈릴리 지방 가나에서 행하여 당신의 영광을 드러내었다. 그리하여 제자들은 예수를 믿게 되었다. 이 일이 있은 뒤에 예수는 어머니와 형제들과 제자들과 함께 가버

나움에 내려가서 거기에 여러 동안 머물렀다.

해석 예수는 갈릴리 가나에서 열린 혼인 잔치에 참석하였고 그곳에서 물을 포도주로 만드는 기적을 보였다. 이것은 계획하지 않았던 일이었다. 아들의 능력을 누구보다 잘 알고 있었던 마리아는 아들이 자랑스러웠고 그래서 사람들에게 기적을 보여주고 싶어서 일어난 일로 보인다. 어머니 마리아의 간청도 있었고, 무엇보다 제자들에게 믿음을 주기 위해서 예수는 기적을 행하였다.

사람들은 예수가 위대한 존재이므로 당연히 기적을 행할 수 있었을 거란 생각을 한다. 그렇지 않다. 예수는 이런 것이 일어나는 작동 원리를 알고 그것을 실행했을 뿐이다. 우주 법칙이 모든 것을 다스리고 그 법칙에 따라 우주가 운행된다. 그래서 법칙을 알면 누구나 할 수가 있다.

모든 물질은 진동으로 이루어졌고 그 진동의 차이로 온갖 다양한 물질이 존재한다. 비의 가르침에 보면 예수는 물을 구성하는 물질의 진동을 변화시켜 포도주를 구성하는 물질로 변화시켰다고 한다. 집중된 순수한 생각의 힘이 진동을 변화시킬 수 있다. 이 사건 이후 제자들은 예수에 대한 경외감이 생겼고 그를 성자로 믿기 시작했다.

인자(사람의 아들)의 참 의미

요한복음 3:1~17절

바리새인 출신의 유대지도자 니고데모가 예수의 명성을 듣고 예수에게 찾아왔다. 그는 예수가 전하는 새로운 가르침에 두려움을 느꼈고 혹시 예수란 누구인지 그리고 그와 협력할 여지는 있는지를 알아보려고 온 것이었다.

그는 예수를 찾아와서 "선생님, 우리는 선생님을 하느님께서 보내신 분으로 알고 있습니다. 하느님께서 함께 계시지 않고서야 누가 선생님처럼 그런 기적들을 행할 수 있겠습니까?"라며 약간 아첨이 섞인 말을 하였다.

그러자 예수는 이렇게 말하였다. "내가 솔직하게 말하지만, 누구든지 다시 태어나지 않으면 하느님 나라를 볼 수 없소(1)."

그러자 니고데모는 예수께 물었다. "나이가 들어 늙은 사람이 어떻게 다시 태어나겠습니까? 태어나려고 어머니의 뱃속으로 다시 들어갈 수 없지 않습니까?"

예수는 이것을 다시 다른 상징으로 말했다. "진실로 말하지만. 누구든지 물과 성령으로 새로 태어나지 않으면(2) 하느님 나라에 들어갈 수 없소. 육체에서 난 것은 육체이고 성령으로 난 것은 영입니다(3). 내가 '다시 태어나야 한다.'라고 말한 것을 이상히 생각하지 마시오. 바람은 불고 싶은 대로 불고 당신은 그 소리를 듣고도 그 바람이 어디서 오는지 그리고 어디로 가는지 알지 못하지 않소. 성령으로 태어난 사람도 모두 이와 같소이다."

니고데모는 전혀 알 수가 없어서 이렇게 물었다.

"어떻게 이런 일이 있을 수 있습니까?"

그래도 유대사회에서 덕망 있는 유대지도자인데 이렇게나 무지한 것을 보고 예수는 "이스라엘의 선생이면서도 이런 일을 이해하지 못합니까? 라고 힐난하면서 이렇게 말하였다.

"잘 들으세요. 우리는 아는 것을 말하고 본 것을 증언하는데 당신은 우리의 증언을 받아들이지 않고 있소. 내가 땅의 것을 말해도 당신은 믿지 않는데 하물며 하늘의 것을 말하면 이것을 믿겠소? 하늘에서 내려온 사람, 곧 **사람의 아들**(4) 외에는 하늘로 올라간 사람이 없소이다. 모세가 광야에서 뱀을 들어 올린 것같이 **사람의 아들도 들어 올려져야 합니다**. 그것은 그를 믿는 사람마다 영생을 얻게 하려는 것입니다.

하느님께서는 세상을 사랑하시어 외아들(5)**을** 주셨는데 이는 **그**를 믿는 사람마다 멸망하지 않고 영생을 얻게 하려는 것입니다(6). 하느님께서 자신의 아들을 세상에 보내신 것은 세상을 심판하시려는 것이 아니라 그 아들을 통해 세상을 구원하시려는 것입니다(7)."

해석 "누구든지 다시 태어나지 않으면 하느님 나라를 볼 수 없소(1)."란 말은 뒤에서 설명한다.

"성령으로 새로 태어나지 않으면(2)"의 뜻은 앞에서 설명했지만, 성령은 진리를 말하는 것이고 이 진리로 낡은 개념이나 고정관념을 정화하지 못하면 하늘나라 즉 깨달음을 얻지 못한다는 의미이다. 예수가 말하는 하늘나라 혹은 하느님 나라는 뒤에서 다루겠지만 물질적인 장소가 아니라 모든 욕망에서 벗어난 깨끗한 마음 상태 즉 깨달은 상태를 말한다.

"육체에서 난 것은 육체이고 성령으로 난 것은 영입니다(3)."는 "신은 영이므로 영과 진리로 경배되어야 한다(요한 4:24)."에서 그

의미를 찾을 수 있다. 여기서 영은 물질이 아닌 그 너머의 신성한 존재나 속성을 말한다. 그러므로 우리 육체에서 생겨나는 온갖 욕망이나 감정은 물질적인 것이나 성령 즉 하느님의 진리로 깨어난 사람의 영혼은 영인 것이다. 신의 일부인 영혼은 영적 존재이므로 신의 말씀인 성령으로 깨어나야 한다.

사실 성경에서 영은 여러 가지 의미로 사용된다. 기본적으로 그리스어 프뉴마(영)는 "호흡이나 바람"을 의미하지만, 이 의미에서 확대되어, ①생명을 살아있게 만드는 생명 에너지, ②물질을 넘어서 있는 영적 속성을 띤 존재로 신이나 신의 일부인 인간 영혼, ③천사나 잡신, 사악한 존재, ④신의 말씀 즉 진리의 성령 등으로 사용된다.

성경에 보면 예수가 십자가에서 마지막 순간에 영을 내보냈다고 나오는데, 여기서 영은 생명 에너지를 말한다. 생명력이 나가면 육체는 죽지만 영혼은 그 수준에 따라 윤회하거나 신과 합일 상태가 된다.

"사람의 아들(4)"은 비의 가르침에 따르면 원래는 "사람의 태양"이었는데 구두점도 띄어쓰기도 대소문자 구분도 없는 그리스 사본이 필사되어 전해지는 과정에서 태양(Sun)이 아들(son)로 잘못 기록되었다고 한다. 예로부터 태양은 신을 상징하는 단어였고, 깨달음을 얻어 신과 하나가 된 사람을 지칭하는 단어이기도 하였다. 또한 원래는 순수한 빛이지만 물질에 매여 있는 우리 영혼을 태양 혹은 빛으로 불렀다. 왜냐하면 잠에서 깨어나면 영혼은 신의 눈부신 빛/태양이기 때문이다. 우리 영혼을 물질 속박에서 위로 들어 올려 신과 하나가 되게 결합시키면, 우리는 영생을 얻게 된다. 신과 하나인 예수 같은 사람은 사람의 태양으로 불렸고 그런 점에서 누구든 깨달으면 사람의 태양이 될 수 있다.

그러므로 여기서 인자(사람의 아들/태양)는 예수를 상징하지만 동시에 우리 모두의 신성한 영혼을 상징하기도 한다. 이 영혼은 물질에 사로잡혀 육체에 갇혀 있다. 마음을 정화하여 그 영혼을 하느님에게로 들어올려야 하는 것이 우리가 존재하는 이유이다.

기독교인들이 이교도에게 많이 내세우는 단어가 "독생자(5)"인데, 이것은 예수가 하느님의 유일한 아들이란 말이 아니다. 구약에는 신의 아들들에 대하여 언급하는 여러 구절이 있다("하느님의 아들들이 그 사람의 딸들을 보고 마음에 드는 대로 아리따운 여자를 골라 아내로 삼았다." 창세기 6:2). 이는 신의 아들이 많다는 것이다. 독생자를 이해하려면 카발라 창조론을 알아야 하는데, 여기에 따르면 우주에는 신에 해당하는 우주 의식(영 태양, Spiritual Sun)이 있고 이것은 하나지만 여기에서 수많은 빛(영혼)이 세상으로 발출되어 나왔다. 그래서 영혼 모두가 신의 아들이지만, 지금은 어둠에 갇혀 신과 분리되어서 자신이 신의 아들임을 자각하지 못하고 있다.

하느님은 말씀으로 세상을 창조하고 마지막에 자신의 일부인 영혼을 수많은 광선으로 내려보내 이 세상을 다스리게 하였다. 그러다 뜻하지 않는 사건으로 영혼은 추락하게 되었다(구약에서 이 사건은 상징적으로 에덴동산에서 추방으로 나온다). 반면에 예수는 어둠으로 떨어진 적이 없는 영혼이어서 신과 합일 속에 있었고 신의 빛이 흐르는 통로였다. 예로부터 예수처럼 빛을 전하는 위대한 존재들은 빛의 태양 혹은 사람의 태양(성경에는 사람의 아들, 즉 인자로 나온다)으로 불렸다. 비유적으로 말하면 하느님은 눈부신 태양이고 우리는 그 빛의 일부이다. 영지주의 복음서에도 신의 아들들이란 말이 나온다.

"생명은 너희 것이니라. **하느님의 아들들**로서 기뻐하고 즐거워하여라. 구원받기 위해 그분의 의지를 행하라. 나의 꾸지람을 듣고 **스스로를 구원하여라.** 나는 너희를 대신해 아버지께 탄원할 터이니, 그분께서 너희를 많이 용서하리라."(야고보 비밀의 서 12절)

"야고보 비밀의 서"에서 예수는 제자들을 "하느님의 아들들"로 부르며 기뻐하라고 한다. 정통기독교인들은 상상도 할 수 없는 말을 하느님의 독생자로 알고 있는 예수가 한 것이다. 사실 이런 주장은 모든 위대한 영적 가르침에 나오는 기본적인 내용이어서 놀랄 일도 아니다. 시공간을 초월하여 모든 사조와 사상을 통하여 흐르는 변함없는 진리를 "영원의 철학"이라고 부르기도 하는데 이것은 "고대 지혜의 가르침"으로 불리기도 한다. 고대 지혜의 가르침으로 불리는 이유는 누군가 진리를 새롭게 창조하는 것이 아니라, 고대로부터 존재하는 진리를 드러내는 것뿐이기 때문이다.

인간이 신의 신성한 일부분, 신의 불꽃, 신의 확장이라는 내용은 진실을 전하는 모든 영적 가르침에서는 기본적인 주장이다. 우리 모두는 하느님 아들이다. 우리는 이런 하느님 아들의 자격을 당당히 주장하고 그 권한을 받아들여야 한다.

"그를 믿는 사람마다 멸망하지 않고 영생을 얻게 하려 한다는 것(6)"은 예수가 전하는 진리로 사람들이 깨달아서 더 이상 윤회하지 않고 신과 하나로 영생하라는 의미이다.

"세상을 심판하시려는 것이 아니라 그 아들을 통해 세상을 구원하시려는 것입니다(7)."는 하느님이 예수가 전하는 진리의 영을 통하여 모두가 무지에서 해방되기를 바란다는 의미이다. 구원은 믿음이 아니라 진리 즉 영지 지식의 습득이다. 믿음에 의한 구원은 예수가 아니라 바울이 창조한 이론이다.

새로 태어남의 의미

요한복음(3:3)

예수께서 말씀하시길, "누구든지 다시 태어나지 않으면 하느님 나라를 볼 수 없소." Jesus answered and said unto him, Verily, verily, I say unto thee, Except a man be born again, he cannot see the kingdom of God.(킹 제임스).

해석 한글 성경판은 다시 태어남에 대한 구절에 대해 이렇게 번역하고 있다. 거듭나지 아니하면(개역개정, 개역한글), 새로 나지 아니하면(공동번역), 다시 태어나지 않으면(우리말 성경), 다시 나지 않으면(표준새번역)

여기서 제2의 탄생(거듭남)과 하느님 나라(the kingdom of God)가 정확히 무엇을 의미하는지 알 필요가 있다. 사람들은 정통신앙(이신칭의, 믿음, 구원)에 근거하여 이것을 해석하는데 비의 단체에서는 이것을 이렇게 해석한다.

여기서 다시 태어남은 사람 안에 있는 영적인 속성이 드러난 것을 말한다. 즉 우리 내면의 눈부신 영적인 속성이 물질 속박을 깨뜨리고 자유롭게 되어서, 표현하는 모든 생각과 행동에 영적인 모습이 드러날 때를 제2의 탄생이라 한다. 다른 말로 하면, 눈부신 영혼이 거주하는 머리 중심의 송과선이 열리고 침묵의 소리를 듣기 시작할 때를 말한다.

기독교인들은 하느님 나라를 공간적으로 하늘 높이 있고 하느님이 다스리는 어떤 장소로 이해한다. 그렇지 않다. 이것은 기존의 낡은 개념을 넘어선 마음 상태이다.

하느님은 영과 진리로 예배드려야 한다

요한복음 4:22~24

예수가 말하길 "나의 말을 믿으시오. 그대들이 이 산 위에서도 예루살렘에서도 아닌 곳에서 아버지께 예배드릴 때가 올 것이요. 영과 진리로 참되게 아버지께 예배드릴 때가 올 것이요. 지금이 바로 그때입니다. 하느님은 영이십니다. 그러므로 하느님께 예배드리는 사람은 영과 진리로 예배드려야 합니다." 24. God is a Spirit: and they that worship him must worship him in **spirit and in truth.**[KJV, NIV, NASB]

해석 "이 산 위에서도 예루살렘에서도 아닌 곳에서 아버지께 예배드릴 때가 올 것이며 영과 진리로 참되게 아버지께 예배를 드릴 때가 바로 지금입니다. 하느님은 영이십니다. 그러므로 하느님께 예배를 드리는 사람은 영과 진리로 예배드려야 합니다."에서 보듯이 당시 유대인들은 예루살렘 성전에서, 사마리아 사람들은 산 위에서 신에게 예배드렸다.

당시 사람들은 신을 만족시키기 위하여 양을 잡아 희생 공물로 올렸고, 율법을 신의 뜻으로 알고 그것에 따라 생활을 영위했다. 물질계의 수준에서 신을 판단하고 이해한 까닭에 이러한 어리석은 일을 저지르고 있었다. 어떻게 무한의 신이 희생 공물을 받겠는가? 물질계에서는 영적인 존재인 신의 참 속성을 알 수가 없다. 인간이 아는 신이란 오랜 세월 동안 인간이 생각해 온 온갖 개념과 믿음의 생성물일 뿐이다. 그것은 신이 아니다. 신을 알려면 신의 영역에 올라가 신을 만나야 한다. 그것이 신과 합일이고 깨달음이다.

신은 물질이 아니라 영적인 존재여서 예수는 예배 장소가 중요한 것이 아님을 말하면서 하느님은 물질 너머의 영적 존재이므로 제물이나 물질이 아니라 영과 진리로 예배드려야 한다고 말한 것이었다.

유대인들은 물질에 불과한 예루살렘 성전에 대한 집착이 무척 강하였고 신을 즐겁게 하기 위하여 성전에서 양을 잡아 신에게 공물로 바치는 것을 즐겼다. 구약의 성전을 물질적인 성전으로 오해하여 생겨난 일이었다. 성전은 외부가 아니라 우리 내면에 있다. 유대인의 방식은 하느님을 영으로 그리고 진리로 경배하는 것이 아니었다. 진리를 알면 이런 식으로 하느님을 경배하지는 않는다. 예수가 "진리가 그대를 자유롭게 하리라!"라고 말하지 않았던가! 예수는 이런 외부 의식을 거부하고 각자의 내면 즉 송과선으로 들어가 신에게 예배드릴 것을 전파하였다.

예수의 권위와 우주법칙

요한복음 5:19~30절

이런 사람들을 보고 예수가 그들에게 말하길, "내가 진정으로 말하겠소. 아들은 아버지께서 하시는 것을 따라 할 뿐이요, 아무것이나 마음대로 할 수 없소. 아버지께서 하시는 일은 무엇이든지, 아들도 그대로 합니다. 아버지께서는 아들을 사랑하여, 하시는 일을 모두 아들에게 보여주시기 때문입니다. 또한 이보다 더 큰일들을 아들에게 보여주어서, 당신들을 놀라게 하실 것입니다.

나의 말을 듣고 또 나를 보내신 분을 믿는 사람은 영생을 얻고, 심판을 받지 않습니다. **죽은 사람들이**(1) 하느님의 아들의 음성을 들을 때가 오는데 지금이 바로 그때입니다. 그리고 그 음성을 듣는 사람은 살 것입니다.

아버지께서는 아들에게 심판하는 권한을 주셨는데 그것은 아들이 사람의 아들이기 때문입니다. **나는 아무것도 내 마음대로 할 수 없습니다**(2). 나는 아버지께서 하라고 하시는 대로 심판합니다. 나의 심판은 올바릅니다. 그것은 내가 내 뜻대로 하려 하지 않고, 나를 보내신 분의 뜻대로 하려 하기 때문입니다."

해석 예수는 신과 인간을 창조자와 피조물의 관계로 이해하는 유대인이 얼마나 자신의 말을 받아들이고 이해할 수 있을지 의문이었다. 카발라와 영지주의 가르침에 따르면 인간은 신의 신성한 발출이고 에덴동산에서 아담의 추락은 신과의 분리 사건을 상징적으로 묘사한 것이었다. 분리 전에는 모두가 신의 영역에서 신과 연결되어 살았다. 그래서 추락 전에는 모두는 신의 한 부분, 신의 아들이었고 신과 하나였다. 그러나 신과 분리로 인하여 무지와 암흑 속에 살아가는 사람들은 더 이상 신과 하나는 아니었다. 그래서 다시 원래 상태로 복귀시키는 일이 예수에게 주어진 사명이었다. 그것은 신의 뜻이었고 신의 의지를 실현하는 일이었다.

예수가 전할 영지 지식은 더 이상 죽음을 경험하지 않도록 하고 영생을 보장하는 것이었다. 예수의 가르침을 받아들여 어둠에서 벗어나는 사람은 영생할 것이었다. 예수는 신과 분리가 된 적이 없는 눈 부신 태양 같은 존재였고 그래서 사람의 태양이었다. 그러나 그렇지 못한 사람들은 어둠에 둘러싸여서 영혼이 잠자는 상태에 있었다. 성자들이 인간을 잠자는 신이라 하는 이유이다.

여기에 나오는 죽은 사람들(1)은 바로 영혼이 죽은 상태에 있는 사람들을 가리킨다. 내면의 영혼을 밝혀 신에게 돌아가는 것이 죽은 영혼이 영원히 사는 길이었다. 신에게 돌아가는 사다리는 예수가 전하는 가르침이었다.

예수가 "아무것도 내 마음대로 할 수 없다(2)"라고 한 의미는 예수도 신의 말씀인 우주 법칙에 따라 살아간다는 말이었다. 예수가 잡히기 전에 겟세마네에서 "저의 뜻이 아니라 아버지 뜻대로 하소서!"라고 한 말도 같은 의미이다. 예수의 의지는 신의 의지와 합일되어 있었다. 그러나 사람들은 신의 의지가 아니라 개인의 뜻을 따른다. 우리가 구원받으려면 개인의 의지가 아니라 신의 의지를 우선해야 한다. 신의 의지와 어울리지 못하는 개인의 의지는 욕망에 불과하지만, 신의 의지는 우주 법칙이고 우주 계획이기 때문이다. 신의 의지에 관해서 마태복음(6:33)에 이런 구절이 있다.

> "너희는 먼저 하느님의 나라와 하느님께서 의롭게 여기시는 것을 구하여라. 그러면 이 모든 것도 곁들여 받게 될 것이다."

금식의 참 의미, 새 포도주는 새 부대에 담아야

마가복음 2:18~22절(마태: 9:14~17, 누가 5:33~39)

요한의 제자들과 바리새인들이 단식하고 있던 어느 날, 사람들이 예수에게 와서 "요한의 제자들과 바리새인 제자들은 단식하는데 선생님의 제자들은 왜 단식을 하지 않습니까?" 하고 물었다.

예수는 이렇게 대답하였다. "잔칫집에 온 신랑 친구들이 신랑이 함께 있는 동안에야 어떻게 단식을 할 수 있겠소? 신랑이 함께 있는 동안에는 그럴 수 없지요. 그러나 이제 신랑을 빼앗길 날이 올 것이오. 그때에 가서는 그들도 단식하게 될 것이오."

그리고 예수는 이렇게 말하였다. "낡은 옷에 새 천 조각을 대고 깁는 사람은 없소. 그렇게 하면 낡은 옷이 새 천 조각에 켕겨 더 찢어지게 되오. 또 낡은 가죽 부대에 새 포도주를 넣는 사람도 없소. 그렇게 하면 새 포도주가 부대를 터뜨려 포도주도 부대도 다 버리게 되오. 새 포도주는 새 부대에 담아야 하오."

해석 예수 당시 유대인들은 특히 바리새인들은 엄격한 율법주의자였다. 이들은 구약 율법에 따라 일년에 한번 금식하였다.

> 이것은 너희가 길이 지킬 규정이다. 일곱째 달에 들어 그달 십일이 되면, 본토 주민이든지 너희 가운데 몸 붙여 사는 사람이든지 할 것 없이 모두 단식해야 하며 아무 일도 해서는 안 된다. 그날은 너희의 죄를 벗겨 너희를 정하게 하는 날이므로 너희가 야훼 앞에서 모든 잘못을 벗고 정하게 되리라. 그날은 너희가 철저하게 쉬어야 하는 안식일이다. 너희는 단식해야 한다. 이것이 너희

가 길이 지킬 규정이다.(레위기 16:29~31)

누가복음(18장 12절)에 보면 "나는 이레에 두 번씩 금식하고 또 소득의 십일조를 드리나이다."라고 자랑하는 바리새인 이야기가 나온다. 예수가 금식을 부정한 것은 아니지만 형식적인 금식은 반대하였다. 금식에 대해 예수는 이렇게 말한다.

"금식할 때에 너희는 외식하는 자들과 같이 슬픈 기색을 내지 말라. 너희는 금식하는 것을 사람에게 보이려고 얼굴을 흉하게 하느니라. 내가 진실로 너희에게 이르노니 너희는 자기의 상을 이미 받았느니라. 너희는 금식할 때에 머리에 기름을 바르고 얼굴을 씻으라. 이는 금식하는 자로 사람에게 보이지 않고 오직 은밀한 중에 계신 네 아버지께 보이게 하려 함이라 은밀한 중에 보시는 네 아버지께서 갚으시리라."(마태복음 6:16~18)

유대교는 구약(레위기 11장)에 의거하여 금지하는 음식이 많았다. 이런 문제에 유대인들은 크게 신경을 쓰고 있었다. 유대교 금지 음식을 대략 정리하면 비늘과 지느러미가 없는 생선(뱀장어, 미꾸라지, 메기 종류), 맹금류(독수리, 솔개, 매 등)나 갈매기, 굽이 갈라져도 되새김질을 하지 않는 동물고기(돼지는 되새김질 하지 않아 먹을 수 없으며, 말은 새김질을 하나 굽이 갈라지지 먹을 수 없음). 또한 유대인들은 고기나 고기제품은 우유나 우유제품과 함께 요리하거나 먹어서는 안 되었다.

예수는 마가복음 2:18~22절에서 금식이 마치 대단한 행위인 것처럼 자랑하는 사람들의 위선을 지적하면서 상황에 따라 음식을 즐기는 것이 필요하다는 것을 비유를 들어서 말하였다.

또한 예수는 진리는 낡고 그릇된 개념을 지닌 사람에게 전해질 수 없음을 포도주 부대를 비유로 들면서 설명하였다. 왜냐하면 그릇된 개념을 지닌 사람에게 진리가 전해지면 왜곡되고 오염되기 때문이었다. 이는 포도주와 포도주 부대가 찢어져서 못쓰게 되는 꼴이었다.

예수는 구습에 매여 있는 사람들이 아직 자신의 가르침을 받아들일 준비가 되지 않았음을 알고 있었다. 묵은 포도주 즉 그릇된 개념에 익숙한 사람들은 새 포도주 즉 참 진리를 거부하기 때문이었다. 영지주의 복음서에도 포도주 포대에 대한 내용이 있다.

> "오래된 포도주를 마시고 즉시 새 포도주를 마시기를 원하는 사람은 없나니. 새 포도주는 오래된 포대에 넣지 않으니 이는 포대가 찢어질 수 있기 때문이요, 오래된 포도주를 새 포대에 넣지 않으니 이는 새 포대가 상할 수 있기 때문이니라. 낡은 헝겊으로 새 옷을 기우지 않으니 이는 새 옷이 찢어질 수 있기 때문이니라."(도마복음 47절)

사실 금식이 음식에만 한정되는 것이 아니다. 가장 중요한 것은 모든 물질에 대한 금식 즉 탐욕을 삼가는 일이다. 욕망에서 해방 없이는 천국은 드러나지 않는다. 물질 욕망이 장막처럼 천국을 가리기 때문이다. 티베트 불교에서는 욕망과 무지가 사라진 깨끗한 마음 상태를 "Clear Light"로 표현한다. 한 점 방해됨이 없이 내면의 신성한 빛이 빛나는 상태이다. 마음이 맑게 빛나는 상태가 되어야 하느님 나라를 볼 수 있다. 세상에 대한 금식에 대하여 영지주의 복음서는 이렇게 말한다.

"세상에 대하여 금식하지 않는다면 천국을 찾지 못할 것이니라. 안식일을 안식일답게 지키지 못한다면 아버지를 보지 못할 것이니라."(도마복음 27절)

안식일의 참 의미

마가복음 2:23~28절(마태 12:1~8, 누가 6:1~5, 요한 5:1~18)

안식일에 예수가 밀밭 사이로 지나가게 되었다. 제자들이 길을 내면서, 밀 이삭을 자르기 시작하였다. 바리새파 사람이 예수에게 "보십시오, 어찌하여 이 사람들은 안식일에 해서는 안 되는 일을 합니까?" 그러자 예수가 그들에게 "다윗과 그 일행이 먹을 것이 없어서 굶주렸을 때에, 다윗이 어떻게 하였는지를 당신들은 읽지 못하였소? 아비아달 대제사장 때에, 다윗이 하느님의 집에 들어가서, 제사장들 밖에는 먹지 못하는 제단 빵을 먹고, 그 일행에게도 주지 않았소? 안식일이 사람을 위하여 생긴 것이지, 사람이 안식일을 위하여 생긴 것이 아니요. 그러므로 사람의 아들(태양)은 안식일에조차도 주인이라오."라고 말하였다.

해석 유대인들은 구약에 의거 철저히 안식일을 지켰다. 금요일 해질 때부터 토요일 해질 때까지 안식일을 지켰으며 안식일을 철저히 지키기 위해 온갖 법을 만들었다.

율법에 매인 사람들에게 안식일 준수는 법이고 삶이었다. 안식일에 생계 활동은 물론이고 심지어 물건을 옮기는 것도 금지되었다.

이런 금지를 어긴 예수는 핍박의 대상이었다. 예수는 시공간에 따라 달라질 수밖에 없는 율법에 매인 사람들을 불쌍히 여겼고 이들을 교화시키는 것이 쉽지 않음을 알고 있었다. 율법에 매인 유대인들의 안식일에 대한 준수는 상상할 수 없을 만큼 엄격했고 그 전통은 지금도 이어져 오고 있다.

> 안식일을 기억하여 거룩히 지키라 엿새 동안은 힘써 네 모든 일을 행할 것이나 제 칠일은 너의 하느님 여호와의 안식일인즉 너나 네 아들이나 네 딸이나 네 남종이나 네 여종이나 네 육축이나 네 문안에 유하는 객이라도 아무 일도 하지 말라. 이는 엿새 동안에 나 여호와가 하늘과 땅과 바다와 그 가운데 모든 것을 만들고 제 칠일에 쉬었음이라 그러므로 나 여호와가 안식일을 복되게 하여 그날을 거룩하게 하였느니라.(출애굽기 20:8~11)

> 유다야, 네가 안식일에 발길을 삼가 여행을 하지 않으며, 나의 거룩한 날에 너의 쾌락을 일삼지 않으며, 안식일을 '즐거운 날'이라고 부르며, 주의 거룩한 날을 '존귀한 날'이라고 한다면, 그리고 이 날을 귀하게 여겨서, 네 멋대로 하지 않으며, 너 자신의 쾌락을 찾지 않으며, 함부로 말하지 않으면 그 때에 너는 주 안에서 즐거움을 얻을 것이다. 내가 너를 땅에서 영화롭게 하고, 너의 조상 야곱의 유산을 먹고 살도록 하겠다." 이것은 주님께서 친히 하신 말씀이다.(이사야 58장 13~14절)

이 구절 외에도 안식일은 출애굽기 31장 13절, 에스겔 20장 12절, 20장 20절에서도 언급되고 있다. 유대인들은 안식일에 일을 하는 것이 금지되었다. 모든 음식은 안식일 전에 준비가 되어야 하고 주방용 불을 사용할 수 없어서 찬 음식을 먹었다. 그러나 사제들은 예외였다. 유대인들에게 안식일은 모든 노동을 멈추고 하느님의 섭리를 묵상하는 시간이었다. 그런데 예수 제자들이 밀 이삭을 잘랐으니 위법 행위라는 것이다.

예수는 사제들이 만든 이런 터무니없는 규정을 비난하면서 안식일이 사람을 위하여 생긴 것임을 분명히 하였다.

영지주의 복음서에도 예수가 안식일에 대한 맹목적 준수를 나무라는 구절이 있다.

> "그분은 안식일에조차도 구덩이에 빠진 양을 보시면 그 양을 구하시기 위해 일하셨다. 그분은 그 양을 구덩이에서 꺼내서 그 양에게 생명을 주셨나니, 이는 안식일이 무엇인지 충분히 알게 하시려는 것이다. **안식일에 구원의 일을 태만히 하는 것은 합당치 않다.** 이것은 너희가 밤이 없는 하늘의 낮과, 완전하여 지지 않는 태양에 대하여 말하게 하시려는 것이다. 그러니 마음으로 너희는 완전한 낮이며, 너희 안에는 사라지지 않는 빛이 있다고 말하라."(진리복음서 26절)

그런데 안식일을 만든 이유는 무엇일까? 그것은 특정일에 아무 일도 하지 않고 휴식하라는 말이 아니라 바쁘게 살아가는 사람들에게 일주일에 하루라도 시간을 내어 세속의 욕심을 버리고 자신을 성찰하고 신에게 감사하고 마음을 정화하라는 의미의 휴일이었다.

이렇게 안식일을 정해 놓았기에 바쁜 일상에서도 사람들은 시간을 내어 그날만큼은 형식적이든 아니든 자신에 대하여 성찰하고 신에게 기도한다. 강제성이 없으면 한없이 게으른 것이 인간이기 때문이다. 그러니 안식일이 아침에 면도하고 세수하듯 별 의미를 두지 않고 습관적으로 하는 행사라면 안식일의 의미는 없는 셈이다.

어떤 의미에서 아침이나 저녁에 시간을 내어 기도하고 명상하는 시간이 안식일이고 장소나 시간과 상관없이 깨어서 자신을 성찰하는 순간이 안식일이다. 참된 안식일은 특정일이나 특정 형식을 요구하는 것이 아니라 마음의 태도에 달려있다. 형식에 매여 진실을 놓치는 사람들의 무지와 위선을 보면서 예수는 안타까워했다.

현대 유대교인은 안식일을 철저히 지킨다. 하지 말아야 할 것을 39개 범주로 제시한다. 예수 당시에 이미 유대인들은 그들의 구전 율법인 미쉬나(Mishnah)에 기록된 39개조 안식일 준수 규정을 해석하여 수많은 시행 세칙을 만들어 놓았다.

(안식일 39가지 금지 사항, 미쉬나, shabbat 7:2)

(1) 바느질, (2) (밭)가는 일, (3) 농작물을 거두어들이는 일, (4) 곡식단 묶는 일, (5) 타작, (6) 곡식 등을 까부는 일, (7) 곡식이나 거두어들인 것들 가운데서 좋은 것과 버릴 것을 고르는 일, (8) 곡식 등을 가는 일, (9)체질, (10) 반죽, (11) 빵을 굽는 일, (12) 양털 깎는 일, (13) 그것을 빠는 일, (14) 그것을 치는 일, (15) 그것에 물들이는 일, (16) 실을 잣는 일, (17) (실 따위를) 엮는 일, (18) 두개의 고리를 만드는 일, (19) 두 개의 실을 엮는 일, (20) 두 개의 실을 푸는 일, (21) 묶는 일, (22) 푸는 일, (23) 두 조각을 꿰매는 일, (24) 두 조각을 꿰매기 위해 찢는 일, (25) 사슴을 덫으로 잡는 일, (26) 그것을 도살하는 일, (27) 사슴의 거죽을 벗기는 일, (28) 그것에 소금을 치는 일, (29) 그 가죽을 가공하는 일, (30) 그것을 반반하게 만드는 일, (31) 그것을 자르는 일, (32) 두 글자를 쓰는 일, (33) 두 글자를 쓰기 위해 두 글자를 지우는 일, (34) (건물을) 짓는 일, (35) 그것을 부수는

일, (36) 불을 끄는 일, (37) 불을 켜는 일, (38) 망치질, (39) 물건을 한 곳에서 다른 곳으로 옮기는 일.

(위의 규정에 따른 오늘날 유대인의 안식일 세부 규칙)

1 청 소

가. 집안 청소는 안식일에 해야 한다.

나. 청소 중, 빗자루가 부러지면 수리할 수 없다.

다. 먼지 나는 맨 땅에 물 뿌리는 것은 허락되지만, 타일 바닥 청소는 금한다.

라. 식사 중, 식탁보에 물 혹은 우유 같은 것이 흘렀을 때, 행주로 훔쳐 내는 것은 허락되지만, 씻거나 빠는 것은 금물.

2. 중앙난방

가. 안식일에 작동은 근본적으로 금할 뿐 아니라, 온수를 작동하는 것도 불허한다.

나. 그러나 이방인이 난방 스위치를 대신 작동하는 것은 가능하다. 이때 안식일에 정한 온도에 맞추어야 한다.

다. 안식일 사용 가능 온도는 섭씨 45도이다.

라. 젖은 손을 라디에이터에 손을 말리는 것도 금물이다.

3. 도구사용

가. 셔터 문이 고장 난 것을 수리하는 것은 금한다.

나. 안식일에는 전기로 사용하는 벨을 사용하는 것은 금물이다.

다. 엘리베이터, 에스컬레이터 사용하지 않는다.

라. 햇빛 가리개도 사용 못한다.

마. 자동문 사용을 금지한다.

4. 위급상황

가. 위험한 동물, 벌레들은 안식일에도 죽일 수 있다.

나. 광견, 독사, 전갈 등.

다. 깨진 유리, 바늘 등을 제거할 수 있다.

라. 가습기를 사용할 수 없다 그러나 안식일 전에 젖은 옷으로 가습을 시도할 수 있다.

5. 동식물

가. 나무와 같은 식물에게 물을 줄 수 없다.

나. 열매따기, 나무 오르기는 물론 사다리를 사용할 수 없다.

다. 풀밭에 앉는 것은 허락된다.

라. 꽃 냄새를 맡을 수 있으나, 과일 냄새를 맡는 것은 불가하다. 왜냐하면 과일 냄새를 맡고 먹고 싶은 욕심이 발동하기 때문이다.

마. 동물을 사용하는 것은 금물이다.

바. 젖소, 젖짜기를 불허한다. 그러나 젖소의 고통을 줄이기 위하여 이방인이 젖소 젖을 짜는 것은 가능하다.

6. 그 밖의 일

가. 업무 편지, 건축 설계도면, 은행 보고서, 여권, 신분증과 같은 우편물을 개봉할 수 없다.

나. 시계태엽 감기는 불허하지만, 병자의 위급한 상황이나 이방인이 작동 시에 가능하다.

다. 입으로 부는 휘파람은 가능하지만 도구로 부는 것을 일체 금물이다.

라. 원천적으로 '춤'을 불허하지만, '심하 토라'라는 명절에는 춤을 허락한다.

마. 어린이 유모차를 인도에서 사용하는 것은 금물이지만, 소리가 덜 나는 모래 길 위에서 사용하는 것은 가능하다.

바. 정결 의식을 행하는 탕(Mikveh: 침례탕과 비슷)의 물을 데우는 것은 허락된다.

사. 안식일에 초를 키는 것은 허락된다.

아. 달리기, 게임 등은 금물이다.

자. 가게의 물품을 진열창을 통하여 볼 수 있으나, 가격을 알아보는 것은 금물이다.

차. 안식일에 생명을 구하는 것은 허용되는 것이다.

하. 안식일에는 어떤 폭행도 금지된다.

(출처: Tong-HopeinX님의 History of Israel통)

놀랍게도 예수 당시의 유대인 생각(특히 바리새인)이 현대 유대인들에게 그대로 전승되고 있음을 알 수 있다. 위의 규정을 보면 사람이 안식일을 위하여 존재하는 것처럼 되어 있다. 예수는 이런 문제를 직시하고 종교 지도자들의 우둔함과 위선을 비판하면서 "안식일은 사람을 위하여 있는 것"(마태복음 2:27)이라고 말한다.

예수의 이 말은 안식일만 아니라 다른 종교 규칙에도 해당된다. 종교 교리는 시공을 떠나 변화하지 않는 진리와 시대적 상황에 따라 변화하는 규칙으로 구분되는데 시대와 상황이 바뀌었는데 이 가변적인 규칙을 무조건 지키려는 종교 근본주의자들(이슬람 근본주의자, 기독교 근본주의자)이 있어 문제가 된다. 성경이나 코란은 그것이 편찬된 시절의 사람들의 의식 수준과 시대적 상황을 반영한 것이므로 모든 내용을 무조건 진리로 받아들여 자구하나 못 고친다고 할 것이 아니라 이성을 가지고 진리와 규범, 도덕 등을 구별하여야 한다. 안식일의 참 의미는 도마복음 27절에서도 엿볼 수 있다.

> "세상에 대하여 금식하지 않는다면 천국을 찾지 못할 것이니라. 안식일을 안식일답게 지키지 못한다면 아버지를 보지 못할 것이니라."

12 제자 선정

누가복음 6:12~16절(마가 3:13~19, 마태 10;1~4)

그 무렵에 예수는 기도하려고 산에 들어가 밤을 새우며 하느님께 기도하였다. 날이 밝자 제자들을 불러 그중에서 열둘을 뽑아 사도로 삼았다. 열두 제자는 시몬 베드로, 세베대의 아들 야고보와 요한, 안드레, 빌립, 바돌로매, 마태, 도마, 알패오의 아들 야고보, 다대오, 가나안 사람 시몬, 가롯 유다였다.

해석 12명은 이스라엘의 12지파, 히브리 12문자, 12황도대, 12영센터 등을 상징하는 숫자였다. 이곳에서 비로소 예수의 열두 제자가 확정되었고 그들은 자신의 일과 가족을 버리고 예수의 사역에 자신들의 삶을 바치게 된다. 이들 중에는 세례요한의 제자들이 많았고 그들은 예수 사역을 위하여 미리 준비된 사람이었다.

예수는 제자들이 자신을 메시아로 부르지 못하게 하였다. 예수는 자신을 지칭할 때는 사람의 아들(태양)로 하였다. 이는 메시아에 대하여 유대인들의 지닌 그릇된 개념을 우려했기 때문이었다. 제자들은 존경하는 스승이나 선생의 의미로 사용되었던 '랍비(rabbi)'라는 호칭으로 예수를 불렀다.

유대인들은 암울한 로마 지배로부터 자신들을 구원해 줄 메시아를 기다리고 있었다. 메시아에 대한 유대교 교리는 다윗 왕이 기름부음을 받으면서 들었던 약속, 즉 그와 그의 자손들이 마지막 시대까지 이스라엘을 다스릴 것이며 이민족을 다스리게 될 것이라는 믿음에 그 기초를 두고 있었다. 왕국 멸망 후에는 이 믿음은 다윗 왕가의 통치가 기적적으로 회복되리라는 예언자적인 대망으로 변했다.

마태복음과 누가복음 저자는 이런 믿음에 부응하여 예수 탄생을 각색하였음을 이미 앞에서 언급하였다.

유대인들은 메시아가 정치적, 군사적 지도자로 실제적인 국가를 세울 것으로 생각했다. 이런 점에서 예수는 유대인의 기대에 부응할 만한 것을 가지지 못하였다. 그는 민족주의자가 아니었고 더군다나 구원을 위해서는 율법에 대한 순종이 아니라 회개와 사랑을 주장했기에 바리새인들이 예수를 받아들일 수는 없었다. 예수는 심판자이며 율법주의자 같은 하느님의 이미지를 위협하였고 사람들이 형식적인 율법에서 벗어나도록 가르쳤기에 정통 유대인들의 분노를 샀다.

마음이 가난한 자는 왜 복이 있는가?

마태복음 5:3

"마음이 가난한 사람은 행복하다. 하늘나라가 그들의 것이다."

해석 우리가 많이 듣는 말이고 이것이 무엇을 의미하는지 잘 안다고 생각한다. 그런데 막상 생각하면 별로 아는 것이 없음을 알게 되는 경우도 많다.

마음이 가난하다는 것은 어떤 의미일까? 물질적으로 못살아도 마음은 부자인 경우도 있고 반대로 재산은 많으면서도 마음은 가난한 사람도 있다. 그러므로 예수가 마음이 가난하다고 한 말은 위의 개념이 아니라는 것은 쉽게 짐작할 수 있다. 마이스터 엑하르트[1]는

1) Meister Eckhart(1260~1329), 기독교 신비사상가.

마음이 가난한 자를 이렇게 설명하기도 하였다.

마음이 가난한 사람은
아무것도 더 바라지 않고
아무것도 더 알려고 하지 않으며
아무것도 더 가지려고 하지 않는다.
욕망으로부터, 지식으로부터, 소유로부터,
신으로부터 자유로운 사람만이 진정으로 마음이 가난한 사람이다.

가난한 마음은 욕망과 탐욕에서 벗어난 청빈한 마음을 상기시킨다. 그러나 욕망이나 소유에서 자유로운 마음이나 청빈한 마음은 마태복음 5장 6절에 나오는 "마음이 깨끗한 사람은 행복하다."에 더 어울린다.

예수는, 율법을 엄격히 지키면서 이런 자신이 최고라고 생각하는 바리새인들과 그리스나 로마문화를 받아들여 다른 유대인들은 융통성이 없고 어리석다고 생각하며 귀족 생활을 즐기는 사두개인들을 보면서, 마음이 가난한 사람은 복이 있다는 말을 하였다.

자신이 최고라는 오만함과 자긍심 등으로 마음이 차 있다면 즉 마음이 가난하지 않으면 하늘나라에 들어갈 수 없다. 현재 수준에 만족하여 우쭐거리는 것보다는 자신의 결점을 자각하고, 아직도 갈 길이 먼 초보자임을 인정하는 겸손한 사람이 마음이 가난한 자이며 이들이 하늘나라를 알게 되어 복이 있다는 말이다.

예수가 "슬퍼하는 사람만이 하늘나라에 들어갈 수 있다."(마태 5:4)라고 한 말도 같은 맥락으로 이해해야 한다. 이 말은 현 상황이나 수준에 만족해하여 더 이상 진리를 구하지 않고 주어지는 것에 만족하여 살아가는 사람은 하늘나라에 들어갈 수 없다는 것이다.

영적 성장을 위하여 현실에 만족하지 않고 아직 이루지 못한 것을 슬퍼하며 끊임없이 진리를 추구하는 사람이 하늘나라에 들어간다는 말이다.

율법의 완성인가 법칙의 완성인가!

마태복음 5:17~20절

"내가 율법(법칙, law, νομον)이나 예언서의 말씀을 없애러 온 줄로 생각하지 마라. 없애러 온 것이 아니라 오히려 완성하러 왔다. 분명히 말해 두는데, 천지가 없어지는 일이 있더라도 율법(법칙)은 일점일획도 없어지지 않고, 다 이루어질 것이다.

그러므로 가장 작은 법칙 중에 하나라도 스스로 어기거나, 어기도록 남을 가르치는 사람은 누구나 하늘나라에서 대접받지 못할 것이다. 그러나 스스로 율법(법칙)을 지키고, 남에게도 지키도록 가르치는 사람은 누구나 하늘나라에서 큰 대접을 받을 것이다. 잘 들어라. 너희가 율법학자들이나 바리새인들보다 더 옳게 살지 못한다면 결코 하늘나라에 들어가지 못할 것이다."

해석 이 구절은 율법과 관련하여 논란이 많다. 율법에 매인 바리새인을 비난하던 예수가 율법의 완성을 외치니 모순된다는 것이다. 그런데 이런 오해는 여기에 나오는 법칙(law, νομον)을 유대 계율로 이해하는 데서 생겨난다. 이 그리스어는 원칙, 법칙, 율법 등의 의미로 사용되었는데 사실 예수는 여기서 율법이 아닌 우주 법칙을 말하고 있다. 율법에 심하게 구속된 바리새인을 비난한 예수를 생각하면 이해가 될 것이다.

하느님의 말씀이고 진리인 우주 법칙은 아무도 거역할 수가 없다. 예수는 가장 작은 법칙도 어기면 안 된다고 말한다. 이 법칙을 거역하는 사람은 자신을 파괴하는 것이 된다. 우주 법칙을 알고 이와 조화롭게 사는 것이 필요하다. 우주법칙에는 음양의 법칙, 진동의 법칙, 리듬의 법칙, 순환의 법칙, 진화의 법칙 등이 있다.

악에 저항하지 말라

마태복음 5:38~42절

'눈에는 눈으로, 이에는 이로.'라는 말을 너희는 들었을 것이다. 그러나 나는 이렇게 말한다. "악에 저항하지 마라(That ye resist not evil). 누가 오른뺨을 치거든 왼뺨마저 돌려대고 또 재판에 걸어 속옷을 가지려고 하거든 겉옷까지도 내주어라. 누가 억지로 오리를 가자고 하거든 십리를 같이 가주어라. 달라는 사람에게 주고 꾸려는 사람의 청을 물리치지 마라."

해석 예수는 "원수를 사랑하라(마태 5:44)."라고 한다. 이것과 비슷한 구절이 바로 "악에 저항하지 말라(마태 5:39)."라는 구절이다. 그런데 원수를 사랑하고 안하고는 우리 마음의 문제지만 악에 저항하지 말라는 말은 행동의 제약이 뒤따르는 문제라 실행하기 더 어려워 보이기도 한다. 누군가가 해코지하거나 위협을 가할 때 저항하지 않을 수 있겠는가? 성경 구절 자구 하나에도 신의 의지가 개입되어 있다면서 성경을 철저하게 믿고 따르는 원리주의자들이 예수의 이 말을 실천하고 있는지 모르겠다.

기독교도만이라도 예수의 이 말을 실행해 왔다면 세상이 변했을 텐데 이런 훌륭한 가르침은 실행하지 못하면서 다른 종교를 신봉한다거나 이단이라는 이유로 사람들을 박해하고 죽이기까지 하였다. 일부 기독교인 행태를 보면 이런 예수 가르침은 삶 속에 실천되는 규범이 아니라 문자로만 존재하는 죽은 규범 같다.

그런데 예수의 이 말을 사람들은 어떻게 이해하고 있을까? 올바르게 알고는 있을까? 이 말은 올바름 혹은 선함이 파괴되어도 그냥 보고만 있으라는 말이 아니라는 것은 누구나 알고 있을 것이다.

예수가 의미하는 것은 악의 세력이나 적이 우리를 파괴하도록 그냥 두라는 말이 아니라 상대방에게 적의를 가지고 행동하지 말라는 뜻이다. 적의 없이 방어하면 악은 힘을 잃는다. 악에 대하여 적의를 가지고 물리적으로 대항하거나 부정적 생각을 보내면 악에 힘을 더하는 것이고 불 위에 기름을 붓는 격이다. 이렇게 되면 악은 더욱 커지고 카르마를 쌓게 된다. 그러므로 악에는 악으로 저항하지 말아야 한다.

개입할 필요가 없는 사안은 그것에서 물러나는 것이 좋고(소극적 대처), 개입해야 하는 사안에는 미움이나 악이 아니라 사랑과 정의의 마음으로 대항하여야 한다(적극적 대처). 이렇게 되면 악에 힘을 보태지 않게 되고 궁극적으로는 악은 소멸이 된다.

성경에 보면 회당에서 악을 행하는 고리대금업자를 보고 예수가 화를 내며 그들을 회당에서 강제로 쫓아낸다. 예수에게는 미워하는 마음이 없었다. 오히려 그들에게 연민을 느꼈고 사랑했기에 그런 행동을 하였다. 악의 없이 초연한 마음으로 행한 사랑의 행동이었다.

예수의 이 구절을 생각하면 티베트가 처한 상황이 떠오른다. 1949년 중국은 문화, 역사, 인종, 언어 면에서 자신과는 매우 다른 티베트를 침략하여 자신의 영토로 삼았다. 이 과정에서 수많은 불경서고와 수천 개의 사원이 파괴되었다. 1959년 티베트 민중봉기와 그 진압에 따른 탄압 그리고 문화혁명에 이어 자행된 탄압으로 지금까지 120여만 명의 티베트인이 살해되었다고 한다.

그러나 달라이 라마는 폭력으로 자신의 나라를 뺏은 중국에 대하여 철저하게 비폭력적으로 대항한다. 나라를 침탈하고 동족 120만을 학살하였다면 무력투쟁을 통한 독립과 보복을 생각할 터인데 참으로 놀라운 인내력이며 이런 사례는 역사적으로 어느 나라에서도 거의 찾아볼 수 없는 기적 같은 일이다.

달라이 라마는 대담에서 자신의 나라를 뺏은 중국에 대하여 어떤 미움도 지니고 있지 않으며 오히려 연민을 느낀다고 말하였다. 소극적 방법이지만 악에 저항하지 않는 살아있는 실례이다. 적극적으로 악에 대처하는 방법(상대방에 대한 적의 없이 무장 항쟁)도 있겠지만 티베트가 처해있는 현 상황에서는 최선책이 아닐까 싶다.

원수를 사랑하라!

마태복음 5:43~48절

'네 이웃을 사랑하고 원수를 미워하여라.'란 말을 들었을 것이다. 그러나 나는 이렇게 말한다. "원수를 사랑하고 너희를 박해하는 사람들을 위하여 기도하여라. 그래야만 너희는 하늘에 계신 **아버지의 아들**(1)이 될 것이다. 아버지께서는 악한 사람에게나 선한 사람에게나 똑같이 햇빛을 주시고 옳은 사람에게나 옳지 못한 사람에게나 똑같이 비를 내려주신다. 너희가 자기를 사랑하는 사람들만 사랑한다면 무슨 상을 받겠느냐? 세리들도 그만큼은 하지 않느냐? 또 너희가 자기 형제들에게만 인사를 한다면 남보다 나을 것이 무엇이냐? 이방인들도 그만큼은 하지 않느냐?

해석 이 구절은 "악에 저항하지 말라는 말"과 같은 의미를 내포하고 있다. 원수에게 미운 감정을 가지고 대하지 말고 그들을 사랑하는 마음으로 대하라는 말이다. 여기서 사랑은 필요에 따라서는 힘이나 꾸중, 엄함이 수반된 정의로운 행위이다. 자녀가 잘되라고 엄하게 훈육하는 것이 사랑이듯, 자신에게 못된 짓을 한 사람을 좋게 변화시키기 위하여 행하는 엄한 행동도 사랑이다. 핵심은 분노의 감정 없이 정의를 행한다는 공평한 마음으로 해야 한다.

"아버지의 아들이 된다(1)."는 말은 바로 우리 영혼이 깨어나서 신과 하나가 된다는 의미이다. 그런데 예수가 이렇게 분명하게 말해도 기독교인들은 절대 그렇게 받아들이지 못한다.

너희도 하느님처럼 완전한 사람이 되어라.

마태복음 5:48절

"하늘에 계신 아버지께서 완전하신 것같이 너희도 완전한 사람이 되라."

해석 이 말은 정통 기독교인들이 생각도 할 수 없는 무척 불경스러운 말일 것이다. 그런데 예수는 분명하게 우리도 신처럼 완전하게 되라고 말한다. 예수의 가르침이 무엇인지, 카발라와 영지주의가 무엇인지 안다면 이런 내용은 너무도 자연스러운 말이다.

이것은 신의 불꽃인 영혼을 깨워서 우리가 신과 동조하게 되면 신과 하나가 되고 신처럼 완전하게 된다는 말이고 카발라와 영지 가르침의 핵심이다. 이 말은 요한복음에 나오는 "우리가 신이다."란 구절이나. "우리가 신 안에 신이 우리 안에 있다."라는 구절과 같은 취지의 말이다.

이 구절 하나만으로도 예수가 세상에 어떤 가르침을 펼쳤는지 분명하게 알 수가 있다. 그러나 기독교인들은 예수가 아닌 바울이 창작한 비이성적이고 모순투성이 교리에 목숨을 걸고 있다.

위대한 성자들은 "우리가 영적으로 성장해 갈수록 신에 대한 인식은 확대되고 마침내 자신이 신의 일부이고 그래서 자신이 바로 신임을 자각하게 되는 수준에 도달한다고" 한다. 이 말은 예수가 요한복음에서 한 말이기도 하다.

34. 예수께서는 이렇게 말씀하셨다. "너희의 율법서를 보면 하느님께서 '내가 너희를 신이라 불렀다.' 하신 기록이 있지 않느

냐?

35. 이렇게 성서에서는 하느님의 말씀을 받은 사람들을 모두 신이라고 불렀다. 성경 말씀은 영원히 참되시다.(요한복음 10장 34~35)

신방과 지성소

마태복음 6:5~15절

“기도할 때에도 위선자들처럼 하지 마라. 그들은 남에게 보이려고 회당이나 한길 모퉁이에 서서 기도하기를 좋아한다. 나는 분명히 말한다. 그들은 이미 받을 상을 다 받았다. 너는 기도할 때에 골방(inner room)(1)에 들어가 문을 닫고 보이지 않는 네 아버지께 기도하여라. 그러면 숨은 일도 보시는 아버지께서 다 들어주실 것이다.

너희는 기도할 때에 이방인들처럼 빈말을 되풀이하지 마라(2). 그들은 말을 많이 해야만 하느님께서 들어주시는 줄 안다. 그러니 그들을 본받지 마라. 너희의 아버지께서는 구하기도 전에 벌써 너희에게 필요한 것을 알고 계신다(3). 그러므로 이렇게 기도하여라.

하늘에 계신 우리 아버지, 온 세상이 아버지를 하느님으로 받들게 하시며 아버지의 나라가 오게 하시며 아버지의 뜻이 하늘에서와 같이 땅에서도 이루어지게 하소서. 오늘 우리에게 필요한 양식을 주시고 우리가 우리에게 잘못한 이를 용서하듯이 우리의 잘못을 용서하시고 우리를 유혹에 빠지지 않게 하시고 악에서 구하소서. 아멘

너희가 남의 잘못을 용서하면 하늘에 계신 아버지께서도 너희를

용서하실 것이다. 그러나 너희가 남의 잘못을 용서하지 않으면 아버지께서도 너희의 잘못을 용서하지 않으실 것이다."

해석 '골방(1)'에서 기도하라고 하는데 이 그리스 단어 tameion(ταμεῖον)은 영어로 골방(closet)이나 구석방(Inner room)으로 번역되어 있고, 한국 성경은 골방으로 나온다. 이것은 내부에 있는 깊숙한 방의 의미로 '내부 신전(Inner Sanctuary)', '내부 성소(inner Holy, 지성소)'를 상징한다.

예수가 한 말은 골방에서 기도하라는 말이 아니라 자신 안의 내부 성소에 들어가서 기도하라는 말이었다. 오컬트 가르침에 따르면 머릿속의 공동(空洞)인 제3뇌실(腦室)이 내부 성소이다. 예로부터 신비단체에서는 이 내부 성소에 있는 송과선을 혼이 거주하는 장소로 보았다. 이 책에서 송과선이 여러 번 언급되는데, 그것은 이것이 비의적으로 중요한 의미를 지니고 있다는 뜻이다.

참된 기도는 명상을 통하여 내면의 성소(聖所)인 송과선에 몰입하여 침묵으로 들어가는 것이다. 참된 기도를 하기 위해서는 마음에서 조화롭지 못한 생각을 제거하여 의식 속에 완전한 평화와 조화만을 유지하여야 한다. 이렇게 될 때 마음속에 침묵이 자리 잡는다. 이렇게 되면 신과 동조가 되어 기도가 응답이 된다.

예수는 기도에서 빈말이나 말을 많이 하지 말라고 한다(2). 그러나 사람들은 큰 목소리에 절절한 감정을 담아 기도한다. 기도도 신에 대한 온갖 찬양과 자신에 대한 겸손과 속죄의 말로 구성된다. 그런 말로 감정을 불러일으켜 스스로 최면 상태에 빠지기도 하고, 기도를 주도하는 목사의 경우는 사람들을 격한 감정 상태에 빠뜨려 일종의 집단최면 상태로 이끌기도 한다. 예수는 이런 기도는 응답이 없다고 분명하게 말한다.

모든 것을 주관하는 절대자는 이미 우리의 기도 내용을 알고 있으나(3) 우리 의식이 신 의식과 조화로운 상태에 있지 않아 그 문제를 해결할 수 있는 영적 지침이나 힘을 내려보낼 수가 없다. 그러므로 기도가 응답이 되도록 의식을 평온한 상태에 두어야 한다.

영지 가르침에서 이 골방(송과선)은 신방 혹은 지성소로 상징되는데 이는 마치 남녀가 신방에서 합방하듯 신에게서 떨어져 나온 우리 영혼이 다시 신과 합일하는 장소이기 때문이다. 상징적으로 육체는 신의 사원, 머리의 3뇌실은 사원의 성소, 송과선은 신의 제단이 놓인 지성소이다. 영지 복음서에는 신방(新房)에 대한 언급이 많다.

(1)많은 이들이 문 앞에 서있으나, 홀로된 자만이 **신방**에 들어가리라.(도마복음서 75절)

(2)**신방**은 짐승들을 위한 것도, 노예들을 위한 것도, 더러운 여인들을 위한 것도 아니다. 그것은 자유인들과 처녀들을 위한 방이다.(빌립 복음서 75절)

(3)**지성소는 신방이다**. 세례는 부활과 구원을 수반한다. **구원은 신방에서 일어난다**. 신방은 그 어느 것들보다 더 높은 곳에 있다. 너희는 그와 같은 것을 발견하지 못할 것이다.(빌립 복음서 78절)

(4)**신방**에서 하나로 합일한 사람들은 더 이상 분리되지 않는다. 이처럼 신방의 이브는 아담과 합일되지 않았기 때문에 아담으로부터 분리되었다.(빌립 복음서 81절)

(5)성유식은 세례보다 더 높다. 왜냐하면 우리가 그리스도인들이 라고 불린 것은 세례라는 말 때문이 아니라 성유식이라는 말에서 오기 때문이다. 그리스도가 그의 이름을 지니신 것은 성유식 때문이다. 아버지께서 그 아들에게 기름을 부으셨으며, 아들이 사도들에게, 그리고 사도들이 우리에게 기름을 부었기 때문이다. 기름부음을 받은 자는 모든 것을 소유한다. 그는 부활과 빛과 십자가와 성령을 소유한다. 아버지께서는 **신방에서** 이것을 그에게 주셨으며, 그는 그것을 선물로 받았다. 아버지는 아들 안에 계시며 아들은 아버지 안에 있다. 이것이 하늘의 왕국**이다.**(빌립복음서 95절)

(1)에 대한 설명: 여기서 홀로된 자가 상징하는 것은 명예나 재산 등에 대한 집착을 다 버린 사람을 의미한다. 도마복음 54절에서 마음에 욕심이 없는 자가 하늘나라에 간다고 하듯이, 마음이 세속적 욕망으로부터 비워져서 철저히 혼자인 사람이 신방으로 들어간다는 말이다.

(2)에 대한 설명: 자유로운 사람과 처녀는 도마복음 75절의 홀로된 자와 같은 의미이다. 동물이나 노예나 불경한 여자가 의미하는 것은 그러한 속성을 지닌 사람들은 신방(송과선)에 들어가지 못함을 말한다. 마음이 정화되고 욕망에서 해방되어야 우리는 신방에 들어갈 수 있다. 신랑과 신부가 하나가 되는 신방은 근원(신)에서 분리되어 참모습을 보지 못하던 우리가 마침내 근원과 합일하여 원래의 모습을 발견하는 곳이다.

우리가 깨끗한 마음으로 신의 속성을 지닌 영혼이 거주하는 송과선에 들어가 영혼과 합일하면 우리는 이 영혼을 통하여 전체(신)와 합일하게 된다. 이전까지는 우리는 무지와 부정적인 생각 등으로 영혼의 희미한 빛만으로 살아왔다. 그래서 비의 가르침은 마음의 정화와 무지의 극복을 깨달음의 중요한 조건으로 강조하고 있다.

(3)에 대한 설명: 성소와 지성소에는 중요한 상징이 숨겨져 있다. 이 상징을 이해 못하면 의미 파악을 할 수가 없다. 비의 가르침에서는 상징적으로 우리 몸은 사원이고 머리의 3뇌실이 성소, 영혼이 거주하는 송과선은 지성소로 본다. 그리고 이 지성소를 신방으로 부른다. 왜냐하면 이곳에서 영혼과 신의 합일이 일어나서 신과 하나 즉 구원이 일어나기 때문이다.

(4)에 대한 설명: 아담과 이브는 원래 하나였다. 인간의 영혼은 에덴동산에서 추락하기 전에는 하나였는데 분리로 인하여 남녀로 존재하게 되었다. 신방에서 다시 합일이 일어난다. 경우에 따라 우리 영혼(soul)을 여성으로, 신의 속성인 띤 영(Spirit)을 남성으로 보고, 이 두 남녀의 결합을 아담과 이브의 합일로 설명하기도 한다.

(5)에 대한 설명: 참된 세례는 진리의 성령을 통하여 마음에서 그릇된 개념이나 부정함을 없애는 것이고(p34~37 참조), 그다음 단계가 성유식 즉 기름 붓는 의식(Ritual)이다. 그리스도가 기름 부음을 받은 깨달은 자를 상징하듯이 이것은 우리로 하여금 그리스도가 되게 한다. 그러므로 세례보다 성유식이 더 높다. 성유식에 사용되는 성유는 성령 즉 진리를 상징하고 이것을 통하여 우리는 깨닫게 된다.

신방은 외적 자아(에고)와 내적 자아(참 자아) 그리고 더 나아가서는 신 의식과 합일하는 장소를 상징하는 단어이다. 앞에서 설명하였듯이 신방이 상징하는 것은 인간의 혼이 거주하는 머리 중심의 송과선이며 여기에서 합일과 구원의 신비가 일어난다.

빌립 복음서 95절의 "아버지는 아들 안에 계시며 아들은 아버지 안에 있다. 이것이 하늘의 왕국이다."라는 구절은 요한복음(14:20, 그 날이 오면 너희는 내가 아버지 안에 있다는 것과 너희가 내 안에 있고 내가 너희 안에 있다는 것을 깨닫게 될 것이다)과 같은 말이다.

하느님과 예수와 우리는 하나인데 신과 분리로 인하여 우리의 비극이 시작되었다. 진리를 통하여 다시 하나가 되는 날 우리는 천국에 있게 된다. 이처럼 분명하게 마태복음서나 요한복음서 그리고 영지주의 복음서는 다 같은 말을 하고 있다. 놀랍지 않은가!

참된 기도의 비밀

마태 6:5~6

"기도할 때에도 위선자들처럼 하지 말아라. 그들은 남에게 보이려고 회당이나 한길 모퉁이에 서서 기도하기를 좋아한다. 나는 분명히 말한다. 그들은 이미 받을 상을 다 받았다. 너는 기도할 때에 골방에 들어가 문을 닫고 보이지 않는 네 아버지께 기도하여라. 그러면 숨은 일도 보시는 아버지께서 다 들어 주실 것이다."(마태 6:5~6)

해석 앞에서 골방의 의미와 신방의 신비에 대하여 설명하면서 기도에 대해 언급했지만 충분하지는 못하였다. 여기서는 기도의 비밀에 대한 내용이다. 기도의 비밀을 안다면 원하는 것은 다 이루어진다. 그러나 그 방법을 몰라 기도가 응답 되는 경우는 드물다. 사람들의 기도 목적은 대부분 물질적 성공(취직, 승진, 합격, 부자, 결혼 등)이나 건강 혹은 마음의 평화에 맞추어진다. 사람들은 평소에는 기도하지 않다가 어려울 때 비로소 무엇인가를 신에게 갈구한다. 그러니 그 목적은 개인의 욕망 충족에 치우칠 수밖에 없다.

사람들은 기도가 무엇인지 잘 모르니 당연히 기도의 시기, 조건, 목적, 방법에 대하여 무지하다. 성경에 나오는 기도 관련 구절이 도움은 되겠지만 가장 핵심이 되는 정보가 빠져있거나 글에 숨겨진 의미를 끄집어낼 줄 몰라서 큰 도움이 안 된다.

기도의 원리는 물질 성공법칙(물질 현시 법칙), 치유법칙, 카르마 법칙, 깨달음(근원과 합일)에 그대로 적용된다. 그러므로 기도만 제대로 할 수 있다면 이루어지는 데 걸리는 시간의 간격은 있겠지만 물질 성공, 건강, 영적 각성이 동시에 이루어질 수 있다.

기도의 핵심은 신과 동조 혹은 연결이다. 무엇을 전달하고 받기 위해서는 서로 간에 통로가 열려있어야 한다. 통로가 닫혀있으면 천 년을 기도해도, 목숨을 걸 정도로 강렬하게 갈구해도 소용이 없다. 사람들은 믿음이 이런 장애물을 제거하리라 생각하지만, 지혜와 지성이 동반되지 않는 믿음만으로 소용이 없다.

신과 인간 사이에 놓인 장애물은 무엇인가? 신이 인간을 시험하기 위하여 장애물을 놓은 것이 아니라 인간의 마음속에 존재하는 부정적 속성이 바로 장애물이다. 신은 빛이며 사랑이며 질서이며 조화이며 아름다움이며 평온이며 고요함이며 침묵이며 균형이다. 같은 속성을 지닌 것은 서로 끌어당기고 반대 속성은 서로를 밀어낸다. 그러므로 마음속의 부정적 속성(부조화, 혼란, 소란, 불균형, 욕망 등)을 정화하지 않으면 신과 연결이 되지 않는다.

신과 동조할 수 있는 유일한 방법은 내면(송과선)으로 들어가 침묵 속에 머무는 것이다. 침묵으로 들어가는 방법은 명상이다. 명상은 외부로 현시된 의식을 내면의 존재(참 자아)와 동조시키고 이어서 그 참 자아를 신 의식과 동조시킨다. 이렇게 되면 우리는 신성한 에너지 통로가 되고 신성한 힘이 충분히 그리고 완전히 현시된다. 참 자아와 동조를 위해서는 즉 침묵으로 들어가기 위해서는 가능한 마음을 순수하게 만들어야 한다.

기도에 사용되는 법칙

①(동조의 법칙)

가장 중요한 법칙이다. 앞에서 말했지만, 내면의 상위 자아와 동조가 되지 않으면 상위의 힘이 내려올 수 없다. 동조가 되지 않는 이유는 마음이 여러 문제로 채워져 내면의 참 자아와 접촉을 할 수 없기 때문이다. 기도의 응답이 없거나 문제해결이 되지 않는 이유는 마음에 문제를 가득 채우고 고민하고 고민하니 이것이 내면의 자아와 연결을 가로막는 장애물로 작동하여 내면의 자아가 문제를 해결할 수 있는 방법이나 지침을 내려보낼 수가 없기 때문이다. 채널이 막혀있는 것이다. 내면의 참 자아는 늘 신 의식과 하나로 연결되어 있다.

내면의 참 자아는 우리의 문제를 알고 있다. 그러나 마음이 고민이나 문제로 사로잡혀있다면 기도를 해도 내면의 상위 자아가 해결할 수 없다. 조화롭지 못한 속성을 띠고 있는 고민이나 문제가 조화로운 속성을 지닌 고급 자아를 밀어내기 때문이다. 마음이 조화롭지 못한 문제로 채워져 있으면 이것은 참 자아의 현시를 방해하는 장애물로 존재하고 상위 자아와 자신을 분리한다.

공간은 그 공간을 차지하고 있는 존재의 속성에 의하여 특성화된다. 어느 장소를 가든 장소마다 고유한 진동이 있다. 그곳의 거주자들 진동이 그 공간을 특성화시켰기 때문이다. 마음을 신성으로 채

우면 주변이 신성화된다.

②(생각의 법칙)

그러므로 핵심은 기도의 응답을 듣기 전(문제를 해결하기 전)에 마음에서 문제를 제거해야 한다. 마음에 문제를 지니고 있으면 신 의식의 완전한 현시를 가져올 수 없다. 그런데 마음속으로 무엇을 없애려 하면 그것은 더욱 달라붙고, 움켜잡으려 하면 떠나버린다. 무엇을 기억하려고 분투하면 할수록 기억이 나지 않고 무엇을 마음에서 밀어내려 할수록 더욱 마음에 나타난다. 이것은 많은 사람을 당황케 하는 생각의 속성이다. 이 속성을 안다면 문제해결이나 성공에 이 법칙을 유용하게 이용할 수도 있다. 즉 성공하려고 혹은 문제를 해결하려고 마음으로 분투하면 할수록 그것은 성취되지 않는다. 그러므로 그 반대를 행하여야 한다.

③(끌어당김의 법칙)

"생각하는 대로 된다." 유명한 격언이다. 부정과 부조화를 생각하는 사람은 삶에 그 조건을 가지고 오고 선함과 조화로움을 생각하는 사람은 삶에 그 조건을 가져온다. 생각은 눈에 보이지 않지만, 소용돌이 같은 생각 패턴을 창조하고 주변으로부터 같은 생각 패턴을 끌어당긴다.

그러므로 생각에 신중해야 한다. 부정적 생각을 하면 부정적 생각을 끌어당긴다. 해결하기 어려워 보이는 문제에 몰입하면 같은 속성을 끌어당기게 되어 해결이 아니라 상황이 더욱 악화된다. 그러므로 문제의 존재를 의식하지 않고 생각을 조화롭게 하면 조건은 사라지기 시작한다. 이 법칙을 이해하고 사용하게 될 때 문제해결의 비법을 얻은 것이고 신에게 기도할 수 있는 자격을 얻은 것이 된다. 이것은 또한 물질 현시의 첫걸음이다. 긍정적 생각, 조화로운 생각은 성공으로 이끄는 열쇠이다. 이것이 성공의 법칙이다.

④(창조법칙)

기도에 여러 법칙이 응용되지만, 결정적인 것은 원하는 것을 구체화하는 창조법칙이다. 왜 창조가 일어나는가? 창조의 메커니즘은 무엇인가? 기도가 성취되는 과정은 무엇인가? 손으로 건물을 짓듯이 마음으로 무엇을 창조하는 것이 가능한가? 이것에 대한 답은 카발라 창조법칙[2)]에 있다.

명상을 통하여 마음을 고요히 하여 내면으로 들어가면 침묵 속에 있게 되고 침묵 속에서 상위 자아와 만나게 된다. 이 상태에서는 상위 자아의 신성한 힘을 아무런 방해 없이 접하게 되므로 상위 자아(영혼)의 힘과 지침이 우리에게 전해지고 기도는 응답되고 문제는 해결된다.

상위 자아의 존재와 신성한 힘의 존재 근거를 따지고 든다면 우주의 기원과 우주 창조를 다루어야 하고 이 분야는 머리로 분석하고 따지는 과학의 영역이 아니라 형이상학 영역이다. 세상을 신이 창조하였다면 그 창조한 신을 낳은 존재는 무엇인가라는 끊임없는 무익한 논쟁이 시작될 것이다. 중요한 것은 인간은 육체만이 아니라 영혼이 있음이고, 질서정연하게 운영되는 우주를 생각하면 이름 지을 수 없는 절대자의 존재를 생각하지 않을 수 없다.

내면의 자아가 근원 존재와 어떠한 관계인지 피조물인지 발출물인지 아니면 신의 확장인지도 종교에 따라 논쟁의 대상이다. 많은

---

2) 김태항 <카발라의 신비의 열쇠> 153쪽 참조.

가르침이 내면의 자아를 신의 일부분으로 본다. 이러한 견해를 받아들이면 내면의 자아는 신의 속성을 지닌 위대한 존재이다.

기독교인의 기도는 얼핏 보면 내면의 자아를 통하지 않고 직접 신과 교섭하려는 것으로 보이지만 내면의 자아는 신과 자신을 연결하는 통로이므로 내면으로 들어감이 없이는 기도가 응답이 되지 않는다. 기도에 실패하는 이유이다. 성경 구절[3]만 잘 해석해도 내면으로 들어감이 기도의 필수조건임을 알 수 있다.

신의 일부분인 영혼을 통하여 끊임없이 절대 존재의 신성한 힘이 흘러들어온다. 이 에너지가 없다면 인간은 존재할 수 없다. 인간은 음식과 공기만으로 살 수는 없다. 눈에 보이지 않지만, 신체를 유지하는 여러 에너지[4]와 마음을 작동시키는 에너지와 질료도 있다. 그 중에 창조 에너지도 있다.

위대한 오컬트 명언에 "위와 같이 그렇게 아래도 같다."라는 말이 있다. 신이 우주를 창조하는 방식 그대로 인간은 살아가면서 자신의 운명을 창조한다. 카발라에 의하면 신이 자신의 숨(창조 에너지)으로 10개의 신성 빛을 내보내 4계로 형성된 우주를 창조하였듯이 (P232 참조) 인간도 내면에 흐르는 신의 숨으로 물질 창조를 한다. 우리 생각은 이 물질 창조 과정을 통하여 삶에 현시된다. 생각은 도면/설계도이고 내면의 자아는 창조 에너지를 사용하여 이 설계도를 구체화한다.

그러므로 생각이 얼마나 중요한지 알 수 있다. 창조력이 투입되면 생각하는 대로 그대로 이루어지기 때문이다. 기도의 성취(치유, 성공 등)는 창조의 한 단면이다. 모든 것은 "생각하는 대로 이루어진

---

3) 마태복음 6:6, "기도할 때에 골방에 들어가 문을 닫고 보이지 않는 네 아버지께 기도하여라. 그러면 숨은 일도 보시는 아버지께서 다 들어 주실 것이다."
4) 프라나 에너지, 생명 에너지, 기 에너지, 쿤달리니 등.

다.” 이 과정은 4단계로 구성되는데 이를 위해서는 카발라의 4계 법칙에 대한 이해가 요구된다.

창조 계획 혹은 생각(설계도)은 창조 에너지로 구체화 된다. 물질 현시 법칙의 요건 중에 바라는 것은 이미 이루어졌다라고 심상하는 것이 있다. 왜냐하면 과정(길)을 생각하면 과정(길)이 구체화 되니 목적 즉 바라는 것은 늘 미래의 일이 되고 만다. 그러므로 길은 장애물로 존재하고 계속 길을 걷게 된다. 목적을 생각하면 그것이 구체화 된다. 이것이 창조 법칙의 핵심이다. 성경에도 기도가 이미 이루어진 것으로 생각하라는 구절이 있다.

> “그러므로 내 말을 잘 들어 두어라. 너희가 기도하며 구하는 것이 무엇이든 그것을 이미 받았다고 믿기만 하면 그대로 다 될 것이다.”(마태 11:24).

그것은 목적이 이루진 것으로 생각하라는 말이다. 목적을 이루는 방법이나 수단은 생각할 필요가 없다. 그 과정은 신이 알아서 행한다. 목적만 바로 세우고 믿어야 한다. 성공하는 사람은 수단이나 방법을 생각하지 않고 이미 성취한 것을 생각한다. 길을 생각하지 않고 목적을 의식한다.

사람들은 어떤 목적에 도달하기 위해서는 길을 걸어야 한다고 생각한다. 목적이 있으면 그것을 이루기 위한 과정/길을 거쳐야 함을 당연시한다. 이것은 물질 개념에 매여 있어 일어나는 일이다. 물질세계에서 어떤 지점에서 어떤 지점까지 가기 위해서는 지점과 지점 사이에 놓인 거리를 거쳐야 한다. 그래서 마음속에 어떤 목적(깨달음, 건강, 성공 등)을 설정하면 자신도 모르게 습관적으로 그 목적에 이르기 위한 여정을 생각하게 된다. 대다수 사람은 끊임없이 길(수단)을 생각하지 길의 끝인 목적을 의식하지 않는다.

3차원인 물질세계에서는 거리가 존재하지만, 마음의 세계에는 거리가 없다. 순식간에 먼 거리를 이동하고 모든 것(개념)이 한 공간에 존재한다. 이 공간에서는 마음먹기에 따라 1분이 10년이 될 수도 있고 무엇이든 생각대로 만들 수도 있다. 정확히 같은 것은 아니지만 꿈속에서 일어나는 일을 생각하면 쉽게 이해가 될 수도 있다. 이 상태에서 필요한 것이 개념의 통제이다. 그런데 우리는 아무리 이루기 힘든 목적도 무한히 멀리 있는 것이 아니라 바로 우리 마음속에 존재함을 잊고 있다.

그러므로 모든 개념이 존재하는 내면의 세계로 들어가면 길과 목적은 거리가 아니라 생각으로 존재하고 그 생각 즉 길과 목적이 분리되어 있는 것이 아니라 하나라는 개념으로 바꾸면 그것은 외부로 현시된다. 이 상태에 도달하면 뜻하는 것, 바라는 것은 다 이루어진다. 이것은 기도의 법칙에도 동일하게 적용된다.

우리가 이들 법칙을 안다면 기도의 성취, 성공, 물질현시는 이루어진다. 그러나 이 법칙이 물질적 욕망 추구에만 사용되는 것은 아니다. 치유가 일어난 완전한 상태를 생각하면 치유는 일어난다. 정말 언급하고 싶은 말은 이 법칙을 통한 영적인 성장이다. 우리가 신의 완전성, 무한성, 공성을 마음속에 유지한다면 이런 속성에 동조되어 결국 우리는 신처럼 완전한 존재가 될 수 있다. 물론 이러한 생각을 유지하기 위한 전제 조건으로 우선 마음의 정화, 침묵 상태 유지, 내면의 자아와 동조가 있어야 한다.

제3의 눈

마태복음 6:22~23절

“그 눈은 몸의 등불이다. 그러므로 그대의 그 눈이 성하면 온몸이 밝을 것이며 그 눈이 성하지 못하면 온몸이 어두울 것이다. 그러니 그대 안에 있는 빛이 어두우면 그 어두움이 얼마나 심하겠느냐?(The light of the body is the eye: if therefore **thine eye be single,** thy whole body shall be full of light. But if thine eye be evil, thy whole body shall be full of darkness. If therefore the light that is in thee be darkness, how great is that darkness.)”

해석 성경학자들은 “Single eye”를 바른 눈(성한 눈)으로 해석하지만 비의 단체에서는 “Single Eye”를 영혼이 거주한다는 제3의 눈 즉 머리 중심의 송과선으로 본다. 이 눈이 깨어나면 내면의 빛이 온몸을 빛으로 채운다. 일반인의 경우 이 제3의 눈은 부분적으로 열려있어서 거의 죽어있는 것과 마찬가지이다. 그러나 영적 수준이 높은 사람은 제3의 눈이 열려있어서 그 눈을 통하여 내면의 빛이 빛난다. 앞에서 설명했지만, 예수가 기도할 때 들어가라는 골방도 바로 제3의 눈이고 송과선이다.

부처상 이마에 박힌 보석은 제3의 눈을 상징하며 그 눈을 통하여 진리가 온 세상으로 나옴을 상징한다. 우리는 이 눈을 깨워야 한다. 그래야 영적인 빛이 나와 우리 몸과 마음을 밝히고 우리에게 존재하는 어둠을 몰아낸다. 예수가 의미한 것은 모든 외적 힘과 외적 시각을 송과선에 모아서 물질 눈이 아닌 내부의 눈(송과선)으로 지각하라는 것이었다. 의식을 송과선에 돌려서 그곳에 집중하여 영적인 힘을 끌어내라는 것이었고, 다른 말로 송과선을 열라는 것이었다. 단어에 담겨진 비의적 의미를 찾지 못하면, 전혀 다른 말이 된다. 아쉽게도 예수의 이런 비의적 가르침이 오늘날 바르게 이해되지 않고 있다.

영지주의 복음서에도 제3의 눈을 언급하고 있다. 여기서는 세례 요한의 제3의 눈이 파괴되지 않았다고 나온다.

> 예수께서 말씀하시길, "아담으로부터 세례요한까지 여자에게서 태어난 사람들 가운데 세례요한보다 더 위대한 자가 없으니, **그의 눈이 파괴되지 않았기 때문이니라.** 그러나 너희 가운데 어린아이가 되는 사람은 누구든지 왕국을 알게 될 것이며 요한보다 위대하게 될 것이라고 나는 말하였느니라."(도마복음 46절)

먼저 하느님 나라를 구하라!

마태복음 6:33(누가복음 12:22~32)

너희는 먼저 하느님의 나라와 하느님께서 의롭게 여기는 것을 구하여라. 그러면 이 모든 것도 곁들여 받게 될 것이다. 그러므로 내일 일은 걱정하지 마라. 내일 걱정은 내일에 맡겨라. 하루의 괴로움은 그날에 겪는 것만으로 족하다."

해석 적지 않은 사람들은 하느님의 나라를 저 높은 하늘 어딘가에서 하느님이 다스리는 장소로 이해한다. 그래서 그곳에 가기 위하여 하느님에게 순종하면서 구원을 구하고 하느님의 대변자라고 지칭하는 교회에서 제공한 교리를 무조건 따른다.

> 예수께서 말씀하시길. "만약 너희 인도자들이 너희에게, '보라 천국이 하늘에 있노라'라고 말한다면 공중의 새들이 너희를 앞설 것이요, 만일 그들이 '천국이 바다에 있노라'라고 한다면 물고기들이 너희를 앞설 것이니라. 오히려 천국은 너희 안에도 있으며 너희 바깥에도 있느니라."(도마복음 3-1절)

이 말은 하느님 나라는 깨달은 마음 상태라는 것이다. 그래서 마태복음 구절은 우리가 세속적인 욕망을 뒤로하고 먼저 깨달음(하느님과 하나가 되는 일)을 얻는 일에 전력을 다한다면 모든 것이 다 주어질 거란 말이다. 그래서 우리에게는 하느님과 우리를 가로막고 있는 무지의 벽인 잘못된 개념을 넘어서는 일이 가장 중요하다. 예수는 사람들이 이런 장벽을 넘어 하느님과 하나가 되기를 바란다. 그 방법으로 예수가 전한 것이 영지 가르침이다. 우리가 내면의 신성(신성한 영적 힘과 영)을 자각하게 되면 우리 삶은 이 신성한 속성으로 완전히 변하게 된다.

우리가 신의 속성을 지닌 신성한 존재라는 것을 알게 되고 신과 연결되어 있음을 깨닫게 되면, 우리의 근심 걱정은 사라진다. 하늘나라의 풍족함이 우리를 통하여 넘쳐날 것이기 때문이다.

마지막 문장은 과거는 이미 지나갔고, 미래는 오지 않았으니 지금 이 순간에 살라는 의미이다. 이것은 영원한 지금(eternal now)으로 불린다. 오직 지금만이 존재하기 때문이다.

구하라, 찾으라, 문을 두드려라!

마태복음 7:7~11절

"구하라, 받을 것이다. 찾아라, 얻을 것이다. 문을 두드려라, 열릴 것이다. 누구든지 구하면 받고, 찾으면 얻고, 문을 두드리면 열릴 것이다. 너희 중에 아들이 빵을 달라는데 돌을 줄 사람이 어디 있으며 생선을 달라는데 뱀을 줄 사람이 어디 있겠느냐? 너희는 악하면서도 자기 자녀에게 좋은 것을 줄 줄 알거든 하물며 하늘에 계신 너희 아버지께서야 구하는 사람에게 더 좋은 것을 주지 않겠느냐?"

해석 행동함이 없이 맹목적 믿음이나 율법 준수로는 아무것도 주어지지 않는다. 진리를 구하고 두드려야 그 문이 열린다. 먼저 요청하고 구하지 않으면 높은 것을 얻을 수 없다. 지혜의 보관자는 사람들이 가르침을 얻으려고 행동으로 보여주지 않으면 지혜의 문을 열지 않는다. 요청하고 구하는 자만이 지혜의 문을 여는 열쇠를 발견한다. 우주에는 우연히 주어지는 것이 아무것도 없다. 원인과 결과의 법칙만이 작동한다. 구함과 관련하여 영지주의 복음서에 흥미로운 구절이 있다.

> 예수께서 말씀하시길. "구하는 자는 찾을 때까지 구함을 멈추지 말라. 그가 찾게 될 때 불안하게 될 것이요, 그 불안은 놀라움으로 바뀔 것이며 마침내 그는 모든 것을 지배하리라."(도마복음 2절)

이 말은 진리를 얻을 때까지 멈추지 말라는 말이다. 진리를 찾아

나서는 사람은 많으나 끝까지 남아 진리를 발견하는 사람은 드물다. 쉬운 길을 찾아 이곳저곳 헤매다 흥미를 잃고 그만두는 것이 일반적이다. 세속적인 박사학위도 초등학교에서 시작하면 20년 이상이 걸리는데 사람들은 그보다 비교할 수 없을 만큼 소중한 자신의 본질을 찾는 일에는 시간을 아까워한다.

우리는 중요한 일에 시간과 노력을 기울이지 않고 중요하지 않은 일에 99%의 노력을 투자한다. 자신이 누구인지 모르고 살아간다면 그 삶이 어떠하든 아무런 의미 없는 일이 된다. 왜 존재하는지, 신과 나와의 관계는 무엇인지, 우주와 인간의 신비 등 너무나 궁금해야 할 일이 많이 있다. 진리를 구하는데 정해진 시한은 없다. 삶이 구도 여행이 되어야 하는 이유이다.

재미있는 구절은 "진리를 찾게 되면 불안하게 된다는 것이다." 진리가 마음을 편안케 하지 않고 불안하게 한다면 이상하지 않은가? 참된 가르침에서는 하나 같이 그대는 신성한 존재이고 이 세상은 환영이니 물질 집착을 버리라고 한다. 보이는 것을 진실하다고 믿고 사랑하는 가족과 천년만년 살고 싶어 하는 것이 사람들의 마음인데, 모든 것은 꿈이니 집착하지 말라고 하니 불안할 수밖에 없을 것이다.

더군다나 자신이 신의 속성을 지닌 신성한 존재라고 하니 이것은 절대자에 대한 불경(不敬)을 저지르는 것 같아 마음은 두려움으로 불안해질 것이다. 누구나 신에 대한 경외감과 두려움을 지니고 있다. 여러 종교에서 신은 인간의 형상을 한 심판자의 모습으로 나타난다. 오직 신의 말만 따라야 하고 이를 어기면 벌을 주는 심판자의 모습으로 존재한다. 특히 구약의 신은 분노하고 질투하고 징벌하는 파괴적인 모습이 많다. 이런 문화적 배경을 지닌 유대 사회에서 우리가 신이 일부분이라는 주장은 확실히 불안한 일이었을 것이다.

자신이 신이라는 불경스러운 말에 불안해하다가 마침내 자신 내부에 모든 잠재성이 숨어있고, 성경말씀(요한복음 14:18, 20~21)처럼 '하느님 안에 자신이 있고 자신 안에 하느님이 있음'을 알게 되자 놀라게 된다. 외부가 아니라 자신 내부에 신이 있고 자신이 종이 아니라 주인임을 알게 된다. 이렇게 되면 삶의 주인으로 세상의 주인으로 살아가게 된다. 영지주의 복음서에 이런 흥미로운 구절이 있다.

> 당나귀가 맷돌을 돌리면서 100마일에 해당하는 거리를 걸었으나 당나귀가 맷돌에서 풀려나서 보니 여전히 제자리에 있음을 알았다. 이와 같이 많은 여행을 했으나 목적지로 조금도 나아가지 못하는 사람들이 있다. 그들에게 저녁이 찾아왔을 때, 그들은 도시나 마을도, 인공물이나 자연 현상도, 힘이나 천사도 보지 못했다. 그 가련한 자들은 헛수고하였다.(빌립 복음서 48절)

이 구절은 지혜 없이 열심히 살아가는 것만이 능사는 아님을 말한다. 거짓 가르침에 속아서 세월을 허비하는 사람이 많다. 그러므로 영지 같은 올바른 가르침을 만나는 일이 무척 중요하다. 맷돌을 돌리듯 기존 가르침에 따라 습관적으로 살아가면 영적으로 거의 한 발짝도 나아가지 못한다. 영혼이 죽고 육체가 산다면 무슨 소용이 있겠는가? 내적 성장 없는 제자리걸음은 윤회의 반복을 가져온다.

황금률 정신

마태복음 7:12

“너희는 남에게서 바라는 대로 남에게 해주어라. 이것이 율법과 예언서의 정신이다.”

해석 예수가 강조한 것이 이 황금률 정신이다. 자신의 종교를 인정받고 싶으면 타종교를 존중해야 하고, 자신의 교리가 존중되기를 바란다면 다른 교리도 존중해야 한다. 존중 정신이 없다면 존중받지 못한다. 소극적 황금률은 “그대에게 싫은 것을 남들에게 행하지 말라.”이다.

좁은 문, 중도의 길

마태복음 7:13~14절(누가 13:24)

“좁은 문으로 들어가거라. 멸망에 이르는 문은 크고 또 그 길이 넓어서 그리로 가는 사람이 많지만, 생명에 이르는 문은 좁고 또 그 길이 험해서 그리로 찾아드는 사람이 적다.”

해석 대중이 걷는 길은 넓지만, 그것은 어둠으로 이끄는 길이다. 반면에 진리로 이끄는 길은 험하고 좁다. 맹목적 믿음이나 율법 준수는 대중들이 좋아하는 쉬운 길이고, 내면을 성찰하여 지혜를 얻는 것은 소수만이 추구할 수 있는 좁고 힘든 길이다. 이것은 준비된 소수의 사람만이 찾아낼 수 있는 문이다. 진리를 추구하는 사람은 힘은 드나 좁고 바른길로 걸어가야 한다.

그런데 사람들은 이 구절을 그다지 어렵게 받아들이지는 않는 것 같다. 구원에 이르는 문은 누구나 쉽게 들어갈 수 없다는 뜻으로 문자적 해석을 한다. 재미있는 것은 교회는 오직 믿음을 강조하면서 사람들이 자신이 죄인임을 인정하고 자신들의 죄를 대신하여 십자가에 매달려 돌아가셨다가 3일 만에 부활한 예수를 믿어 구원받으라고 한다.

그런데 이런 주장이라면 과연 이것이 좁은 문인가? 믿음만으로 들어갈 수 있는 문이라면 넓고 쉬운 길이 아닌가? 평생 공부하고 명상하고 수련하는 것보다는 믿음이 얼마나 쉬운 길인가?

사실 예수의 가르침은 도덕적 훈계나 믿음을 강조하는 그런 것이 아니라 준비된 자만이 접근할 수 있는 신비 가르침이었다. 이것을 예수의 비밀 가르침이라 하고 영지 가르침이라 한다. 그래서 아무나 찾아낼 수 없는 좁은 길이었다. 예수는 이신칭의를 말한 적도 없고, 보혈을 통한 구원을 말한 적이 없다. 이것은 후대에 교부들의 주장이었다. 맹목적 믿음을 내세우는 교리는 멸망으로 이끄는 넓은 문이다.

성경의 좁은 문은 불교의 중도(Narrow Gate and Middle Path)는 같은 의미를 담고 있는 말이다.

예수가 말한 좁은 길은 붓다가 말한 중도의 길과 같은 것이었다. 붓다가 말한 중도는 깨달음을 위하여 양극단인 고통과 쾌락의 길을 피하고 가운데 길을 걸으라는 것이다. 중도는 8정도의 길이고 이 길은 좁은 길이나 구원의 길이다.

8정도의 첫째는 정견[正見]으로 바른 견해이다. 바른 견해가 없으면 이어지는 바른 생각이 없고 바른 생각이 없으면 바른 행동도 없다. 둘째는 정사유(正思惟)이다. 바른 생각으로 갈망, 욕망, 악한 생각, 잔악함에서 자유로운 마음이다. 셋째는 정언[正言]이다. 남에게 유익한 바른말을 하는 것으로, 진실을 말하고 허풍을 피하고, 악담을 피하고, 가십을 피함을 의미한다. 넷째는 정업[正業]이다. 죽이고 훔치고 탐하고, 속이지 않고 바른 행위를 하는 것을 의미한다. 다섯째는 정명[正命]이다. 바른 직업과 규칙적인 생활에 의한 바른 생활이다. 즉 정업에 의하여 살아감을 말한다. 여섯째는 정정진[正精進]이다. 이것은 악을 극복하고, 선함을 발전시켜 이것을 유지하려는 노력을 말한다. 일곱 번째는 정념[正念, 마음챙김]이다. 이것은 육체, 느낌, 마음, 현상에 대한 주의 깊음을 유지하는 것이다. 이것은 우리가 잘 알고 있는 위빠사나 수련법이다. 여덟 번째는 정정[正定, 삼매]이다. 이것은 정념 즉 지켜보기를 통하여 무념무상의 마음 상태에 도달하는 것을 말한다. 8정도의 실천은 소수의 사람만이 찾아내어 실행할 수 있는 좁은 길이다. 예수의 참 가르침(영지 가르침)은 만나기 어렵고 만나더라도 실행하기 어려운 좁은 문이다.

열매를 보고 나무를 안다, 카르마 법칙

마태복음 7:15~20절

“거짓 예언자들을 조심하여라. 그들은 양의 탈을 쓰고 너희에게 나타나지만, 속에는 사나운 이리가 들어 있다. 너희는 행위를 보고 그들을 알게 될 것이다. 가시나무에서 어떻게 포도를 딸 수 있으며 엉겅퀴에서 어떻게 무화과를 딸 수 있겠느냐? 이와 같이 좋은 나무는 좋은 열매를 맺고 나쁜 나무는 나쁜 열매를 맺게 마련이다. 좋은 나무가 나쁜 열매를 맺을 수 없고 나쁜 나무가 좋은 열매를 맺을 수 없다. 좋은 열매를 맺지 못하는 나무는 모두 찍혀 불에 던져진다. 그러므로 너희는 그 행위를 보아 그들이 어떤 사람인지 알게 된다."

해석 "좋은 나무는 좋은 열매를 맺고 나쁜 나무는 나쁜 열매를 맺게 마련이다."는 한 마디로 "뿌린 대로 거두리라!"라는 말이다. "콩 심은 데 콩 나고 팥 심은 데 팥 난다."라는 우리 속담과도 어울리는 말이다. 악업을 쌓은 사람이 좋은 결과를 바라는 것은 가시나무에서 포도를 구하는 것과 마찬가지이다. 선업을 쌓은 사람은 자신의 삶에 좋은 것을 가져오고 악업을 쌓은 사람은 자신의 삶에 나쁜 것을 가져온다.

우리가 잘 알고 있는 카르마는 원인과 결과의 법칙이라고도 하는데 이것은 우주를 지배하는 주요 법칙 중의 하나이다. 세상에는 우연은 없고 모든 것은 이 법칙에 따라 운행된다. 누구도 이 법칙을 벗어날 수 없다. 사람들이 이 법칙을 이해하고 살아간다면 세상은 참으로 살기 좋은 곳이 될 것이다. 도마복음에 유사한 구절이 나온다.

> 예수께서 말씀하시길, "가시나무에서 포도를 엉겅퀴에서 무화과를 수확하지 못하느니라. 이는 이들이 과실을 산출하지 못하기 때문이니라. 선한 자들은 자신의 창고에서 좋은 것을 가져오고 악한 자는 그들 마음속의 악한 창고에서 악한 것을 가져오고 악한 것을 말하느니라. 이는 그 마음에 넘쳐나는 악으로부터 그들

이 나쁜 것을 가져옴이라."(도마복음 45절)

구원은 믿음이 아니라 영지, 대속론 비판

마태복음 7:21~23절

"나더러 '주님, 주님!'하고 부른다고 다 하늘나라에 들어가는 것이 아니다. 하늘에 계신 내 아버지의 뜻을 실천하는 사람이라야 들어간다. 그날에는 많은 사람이 나를 보고 '주님, 주님! 우리가 주님의 이름으로 예언하고 주님의 이름으로 마귀를 쫓아내고 또 주님의 이름으로 많은 기적을 행하지 않았습니까?' 하고 말할 것이다. 그러나 그때 나는 분명히 그들에게 '악한 일을 일삼는 자들아, 나에게서 물러가거라. 나는 너희를 도무지 알지 못한다.' 하고 말할 것이다."

해석 예수는 맹목적 믿음이 아니라 하느님의 뜻을 실천하는 사람이 하늘나라에 들어간다고 분명하게 말한다. 그러면 하느님의 뜻은 무엇인가? 인간을 창조해서 유혹 많고 험한 물질 세상에 내놓고는 구원받으려면 무조건 나를 믿으라는 것이 하느님의 뜻인가? 창조의 목적이 무엇인지 궁금하지 않을 수 없다. 이것은 뒤에서(p247 참조) 다룬다.

오늘날 교회는 바울이 주장한 대속론을 믿는다. 바울의 대속론은 구약시대의 희생 제사의 신앙 전통 속에서 나왔다. 문명화되지 않았던 옛날 사람들이 동물을 신에게 희생 제물로 바치면 자신들의 죄가 사해진다고 믿었는데, 놀랍게도 바울은 예수가 제물로 나와 인간의 죗값을 대신 치렀으니, 인간의 죄가 사하여진다는 논리를 전개했다. 하느님이 인간의 죗값으로 예수를 십자가에 매달리게 하셨다는 바울의 주장은 신이 인간을 용서하기 위해서 제물이 필요했다는 논리로, 이것은 무한의 신을 제물이나 받는 아주 이상한 존재로 만들어버린 셈이다.

예수 같은 위대한 영혼이 봉사를 위하여 무덤과 같은 육체에 들어와 살아간다는 것은 엄청난 희생이다. 구원 방법과 관련하여 "야고보 비밀의 서"에 아주 흥미로운 구절이 있다.

> "대변자가 필요한 자들에게 화가 있도다! 은혜가 필요한 자들에게 화가 있도다! 솔직하게 의견을 말하고 자신의 힘으로 은혜를 얻은 자들에게 복이 있도다.(야고보 비밀의 서 13절)

여기서 예수는 자신들의 노력이 아니라 대변자 즉 자신들을 대신해서 자신들을 하늘나라로 이끌어줄 사람을 필요로 하는 사람은 화가 있고, 노력 없이 신의 은총으로 구원받기를 바라는 사람은 화가 있을 거라고 말한다. 제자들은 예수 같은 대변자를 추종하려고 했고, 신으로부터 일방적인 은총을 기대하였다. 예수는 분명하게 자신의 힘으로 구원을 얻은 자는 복이 있다고 말한다. 정통적인 기독교 구원관을 부정하는 내용이다. 이것은 구원에 대한 예수의 분명한 입장을 보여준다. 도마복음에도 구원과 관련된 이런 구절이 있다.

> 예수께서 말씀하시길, "모든 것을 알되 자기 자신을 모르는 사람은 아무것도 모르는 사람이니라."(도마복음 67절)

> "너희가 네 자신을 알게 되면 너희는 알려질 것이요 살아계신

아버지의 자녀가 자신임을 깨닫게 되리라. 그러나 자신을 모른다면 빈곤 가운데 사는 것이며 빈곤 그 자체이다."(도마복음 3-2절)

예수께서 말씀하시길, "자기 자신을 발견하는 사람은 누구나 이 세상보다 더 위대하다."(도마복음 111절)

붓다, 예수, 소크라테스 등과 같은 현자들은 하나같이 "자기 자신을 알라"라고 한다. 모든 것의 출발점은 자기 자신이다. 자신이 누구인지 모르면 세상의 어떤 명예, 학위, 부귀도 관중 없이 혼자 돌아가는 영사기 필름처럼 의미 없는 것이다. 매일 신에게 기도하고 십일조에다 감사헌금하고 성경 말씀을 따르고 열심히 전도까지 해도 자기 자신을 모르면 하늘나라에 결코 갈 수 없다.

예수만 믿으면 구원을 얻는다고 믿는 기독교인들이 많다. 그러나 영지복음서에서 예수는 일관되게 내면에 천국이 있고 자기 자신을 알게 되면 모든 것을 알게 되고 자신이 하느님 자녀임을 알게 된다고 한다. 구원에 대해 흥미로운 구절이 "야고보 비밀의 서"에 나온다.

생명은 너희 것이니라. 하느님의 아들들로서 기뻐하고 즐거워하여라. 구원 받기 위해 그분의 의지를 행하라. 나의 꾸지람을 듣고 **스스로를 구원하여라.**(야고보 비밀의 서 12절)

예수께서 "진실로 너희에게 말하노니, 내가 명령한다 해도 어느 누구도 하늘의 왕국에 들어갈 수는 없으니라. 다만 **너희들 자신이 충만하게 되어야 들어갈 수 있노라.** 내가 야고보와 베드로 두 사람을 충만하게 할 터이니 두 사람은 따로 남으라." 라고 말했

습니다.(야고보 비밀의 서 2절)

여기서 예수는 스스로 자신을 구원하라고 하고 각자가 자신을 충만하게 하여야 하늘나라에 들어간다고 말하고 있다. 예수는 자신이 명령한다 해도 제자들 스스로가 충만하게 되지 않으면 하늘나라 즉 구원이 불가능하다고 말한다. 이것은 예수 자신에 대한 믿음이 아니라 우리가 내적으로 지혜롭게 되어야 하늘나라에 들어갈 자격이 된다는 말이다. 이것이 정통 기독교와 영지주의 가르침의 결정적인 차이이다. 여기서 충만하게 되기 위해서 필요한 것이 바로 예수가 전하는 비밀 지식 혹은 영지(그노시스)이다.

사실 이것은 너무도 상식적인 말이지만 믿음을 최고로 강조하는 기독교 종파에서는 이것을 받아들이지 못한다. 우주법칙 중에 중요한 것이 원인과 결과의 법칙(카르마 법칙)인데 이것은 쉽게 말해서 뿌린 대로 거둔다는 말이다. 그러므로 어느 누구도 우리를 대신할 수 없다는 말이기도 하다. 예수가 우리에게 지혜를 전해서 우리가 영적으로 성숙하도록 도와줄 수는 있어도 아직 영적으로 성숙하지 못한 사람을 예수 마음대로 하늘나라에 보낼 수는 없다. 만약 그렇지 않다면 조화롭게 운행되는 우주는 대혼란에 빠질 것이다. 하느님도 우주 법칙에 따라 우주를 다스리고 그 우주 법칙은 신의 의지(말씀)이기도 하다.

말씀을 듣고 실행하라.

마태복음 7:24~27절

“그러므로 지금 내가 한 말을 듣고 그대로 실행하는 사람은 반석 위에 집을 짓는 슬기로운 사람과 같소. 비가 내려 큰물이 밀려오고 또 바람이 불어 들이쳐도 그 집은 반석 위에 세워졌기 때문에 무너지지 않소. 그러나 지금 내가 한 말을 듣고도 실행하지 않는 사람은 모래 위에 집을 짓는 어리석은 사람과 같소이다. 비가 내려 큰물이 밀려오고 또 바람이 불어 들이치면 그 집은 여지없이 무너지고 말 것이오.” 예수가 이 말을 마치자, 군중은 그의 가르침을 듣고 놀랐다. 그의 가르침에는 율법학자들과는 달리 권위가 있었기 때문이었다.

해석 예수는 자신이 전하는 진리를 실행하라고 한다. 진리가 삶에 응용되지 않으면 그것은 머릿속의 지식으로만 존재하지, 우리를 하늘나라로 인도하지는 않는다. “내가 한 말을 듣고 그대로 실행하는 사람” 구절과 관련하여 영지주의 복음서에 유사한 구절이 있다.

> 예수께서 말씀하시길, “나의 입으로부터 나오는 것을 마시는 사람은 **나와 같이 될 것이며**, 내 자신이 바로 그 사람이 될 것이니라. 그러면 감추어진 것들이 그에게 드러나게 될 것이니라.”(도마복음 108조)

여기서 예수는 진리를 받아들인 사람은 자신과 같아지며 자신이 그 사람이 된다고 말한다. 요한복음서에 나오는 “하느님이 그대 안에 있고 그대가 하느님 안에 있다.”라는 말과 같은 내용이다. 이처럼 신과 하나가 되면 모든 신비가 드러나게 된다.

예수는 설교하면서 자신의 권위를 위하여 성경이나 전승 자료를 인용하지 않았는데 이는 예수의 말은 진리 그 자체였기 때문이었다. 무엇에도 흔들리지 않는 것은 진리뿐이다.

세례요한에 대한 예수의 증언. 윤회와 전생

누가복음 7:27~35절(마태 11:7~19)

세례자 요한에 대한 예수의 증언은 이렇다.

"'너보다 앞서 내 사자를 보내니 그가 네 갈 길을 미리 닦아놓으리라.' 하신 성경 말씀은 바로 이 사람을 가리킨 것이오. 분명히 말하지만, 일찍이 여자의 몸에서 태어난 사람 중에 세례자 요한보다 더 큰 인물은 없었소. 그러나 하늘나라에서 가장 작은 사람이라도 그 사람보다는 크다오(1). 세례자 요한 때부터 지금까지 하늘나라는 폭행을 당해 왔소. 그리고 폭행을 쓰는 사람들이 하늘나라를 빼앗으려고 하오. 그런데 모든 예언서와 율법이 예언한 것이 요한까지요. 당신들이 그 예언을 받아들인다면 요한이 바로 오기로 되어있는 엘리야라오(2).

해석 "일찍이 여자의 몸에서 태어난 사람 중에 세례자 요한보다 더 큰 인물은 없었소. 그러나 하늘나라에서 가장 작은 사람이라도 그 사람보다는 크다오(1)."는 지상에서 태어난 사람 중에 요한만한 사람이 없었으나 하늘나라 즉 깨달은 사람에 비교한다면 요한은 수준이 낮다는 것이다. "요한이 엘리야란 말은(2)" 그의 전생을 말하는 것으로 윤회를 전제로 한 말이다.

이와 유사한 내용이 영지주의 복음서에 나온다.

> 예수께서 말씀하시길, "아담으로부터 세례 요한까지 여자에게서 태어난 사람들 가운데 세례요한보다 더 위대한 자가 없으니 왜냐하면 그의 눈이 파괴되지 않았기 때문이니라. 그러나 너희 가운데 어린아이가 되는 사람은 누구든지 왕국을 알게 될 것이며 요한보다 위대하게 될 것이라고 나는 말하였느니라."(도마복음 46절)

여기서 "그의 눈이 파괴되지 않았기 때문이라."는 흥미로운 말이 나온다. 이 눈은 앞에서 언급했듯이 영혼이 거주하는 송과선(제3의 눈)을 의미한다.

예수는 요한을 엘리야라고 두 번이나 말한다(마태복음 11:14, 17:10~13). 엘리야가 세례요한이므로 엘리야가 윤회하여 세례요한으로 태어난 것이 되는 셈이다. 이것은 성경에서 윤회와 관련되는 구절 중의 하나이다.

사실 4세기까지만 하여도 기독교 사회에서 윤회가 큰 거부감 없이 논의되었고 특히 기독교 영지주의 학파에서는 윤회가 교리의 중심에 있었다. 정통교회가 여러 학파와의 다툼에서 승리하고 로마 황제가 정통교회를 인정한 후에 영지주의 가르침은 탄압을 당하여 사라지고 윤회사상도 같은 운명에 처하였다.

성경 구절을 떠나서도 윤회 없이는 삶의 현상이 이성적으로 설명이 되지 않는다. 기독교 교리에서처럼 인간에게 출생 후 한 번의 기회만 주어지고 그 결과에 따라 천당과 지옥이 결정된다면 논리적으로 이해가 되지 않는 부분이 너무 많다.

목사 집안에 태어나서 예수 믿은 사람은 천국 가고, 이슬람 집안이나 불교 집안에 태어나 예수를 접할 수 없어 예수를 믿지 않은 사람은 지옥에 간다면 참으로 불공평한 경쟁이 아닌가? 이것은 출발부터 공정치 못한 게임이다. 신이 출생할 때마다 혼을 창조한다면 이러한 차별적인 조건은 정의롭다고 할 수 없다.

이러한 논리적 모순을 설명하는 가장 합리적인 교리가 윤회이다. 지금 자신이 처한 상황은 과거 자신이 설정한 원인 때문으로 이해한다면 출발부터 불공정한 게임은 아니며 누구를 비난할 일도 아닌 것이다. 그리고 윤회를 통하여 자신의 부족한 점을 극복할 기회가 주어지니 합리적이다.

기독교에서는 윤회를 이교도 가르침으로 생각하여 무척이나 거부감을 가지고 있다. 그러나 다행스럽게도 성경에는 윤회를 인정하는 구절이 살아남아 있다. 성경의 예수 어록에서 윤회의 증거를 찾으면 윤회에 대한 기독교인의 거부감이 사라질지 모르겠다. 그러나 교리 전체가 무너지는 충격을 감내하면서 윤회를 받아들이려는 기독교인이 얼마나 될지 의문이다. 성경에 이런 윤회 구절이 있다.

> 그때에 제자들이 '율법학자들은 엘리야가 먼저 와야 한다고 하는데 어떻게 된 일입니까?' 하고 물었다. 예수께서는 '과연 엘리야가 와서 모든 준비를 갖추어 놓을 것이다. 그런데 실상 엘리야는 벌써 왔다. 그러나 사람들이 그를 알아보지 못하고 제 멋대로 다루었다. 사람의 아들도 이와 같이 그들에게 고난을 받을 것이다.' 하고 대답하셨다. 그제야 비로소 제자들은 이것이 세례자 요한을 두고 한 말인 줄을 깨달았다."(마태복음 17:10~13)
>
> = 예수가 세례요한이 엘리야임을 밝힌다. 이것보다 더 명확한

윤회 인정 구절은 없다.

"나는 승리하는 자를 내 하느님의 성전 기둥으로 삼을 것이며, 그는 다시는 그 성전을 떠나지 않게 될 것이다."(요한계시록 3:12)
= 상징적인 글인데, 여기서 승리하는 자는 윤회를 통하여 깨달은 영혼이고, 떠나지 않게 될 것이란 말은 더 이상 윤회하지 않게 됨을 의미한다. 이것은 윤회를 인정하는 구절이다.

"너희는 남에게서 바라는 대로 남에게 해 주어라. 이것이 율법과 예언서의 정신이다."(마태복음 7:12)
= 성경만이 아니라 거의 모든 경전에 나오는 '황금률'이다. 예수가 이 말을 한 이유는 카르마 법칙을 말하고자 함이다. 즉 좋은 원인을 쌓으면 좋은 결과를 받는다는 말이다. 원인과 결과의 법칙이 아니라 신의 일방적 행동으로 모든 것이 결정된다면 도덕적으로 혹은 황금률에 따라 살 필요가 없기 때문이다. 카르마 법칙은 윤회를 인정해야 존재한다. 황금률처럼 모든 종교나 문화에서 언급되는 격언이 "뿌린 대로 거두리라, As you sow so shall you reap"라는 문구이다. 이 말도 카르마 법칙을 의미하고 윤회를 인정한다는 것이다.

"너희는 행위를 보고 그들을 알게 될 것이다. 가시나무에서 어떻게 포도를 딸 수 있으며 엉겅퀴에서 어떻게 무화과를 딸 수 있겠느냐? 이와 같이 좋은 나무는 좋은 열매를 맺고 나쁜 나무는 나쁜 열매를 맺게 마련이다. 좋은 나무가 나쁜 열매를 맺을 수 없고 나쁜 나무가 좋은 열매를 맺을 수 없다. 좋은 열매를 맺지 못하는 나무는 모두 찍혀 불에 던져진다. 그러므로 너희는 그 행

위를 보아 그들이 어떤 사람인지 알게 된다."(마태복음 7:16~20)
= 카르마 법칙을 말하고 있다.

"주님께서 일을 시작하시던 그 태초에, 님께서 모든 것을 지으시기 전에, 이미 주님께서는 나를 데리고 계셨다. 영원 전, 아득한 그 옛날, 땅도 생기기 전에, 나는 이미 세움을 받았다. 아직 깊은 바다가 생기기도 전에, 물이 가득한 샘이 생기기도 전에, 나는 이미 태어났다. 아직 산의 기초가 생기기 전에, 언덕이 생기기 전에, 나는 이미 태어났다. 주님께서 아직 땅도 들도 만들지 않으시고, 세상의 첫 흙덩이도 만들지 않으신 때이다. 주님께서 하늘을 제자리에 두시며, 깊은 바다 둘레에 경계선을 그으실 때에도, 내가 거기에 있었다. 주님께서 구름 떠도는 창공을 저 위 높이 달아매시고, 깊은 샘물을 솟구치게 하셨을 때에, 바다의 경계를 정하시고, 물이 그분의 명을 거스르지 못하게 하시고, 땅의 기초를 세우셨을 때에, 나는 그분 곁에서 창조의 명공이 되어, 날마다 그분을 즐겁게 하여 드리고, 나 또한 그분 앞에서 늘 기뻐하였다."(잠언 8:22~30)
= 솔로몬의 잠언에서 솔로몬은 태초에 이미 존재하고 있었음을 말하고 있다. 태어날 때마다 영혼이 새롭게 창조된다는 영혼 창조설이 설 근거가 없다. 윤회를 인정하지 않으면 이해할 수 없는 구절이다.

십자가의 비밀

누가 9:23

“또 무리에게 이르시되 아무든지 나를 따라오려거든 자기를 부인하고 날마다 제 십자가를 지고 나를 따를 것이니라.”

해석 자신의 십자가를 지고 나를 따르라는 예수의 말은 설교에서 많이 인용되는 구절이다. 여기서 보듯 예수가 십자가에 못 박히기 전에 이미 십자가는 여러 가지 의미를 지닌 상징물이었다.

기독교와 십자가의 인연은 십자가에서 예수님의 죽음과 이어지는 부활에서 시작되었다. 그러나 십자가가 기독교의 상징으로 묘사된 것은 4세기 중엽부터이다. 4세기 초 기독교가 공인되면서 십자가가 기독교 예술 전면에 등장했고 787년 제2차 니케아 공의회에서 공식적으로 승인되었다. 십자가가 죽음의 상징에서 영광의 상징, 생명의 상징, 평화의 상징으로 자리 잡은 것이다.

십자가의 근원을 따라가면 기독교가 십자가를 사용하기 오래전에 이미 존재한 상징이었다. 십자가는 오래전부터 영적 상징으로 존경받아 왔다. 십자가를 기독교 상징으로 받아들인 것은 예수님의 십자가 사건 이외에도 십자가에 대한 종교적 상징 때문이었다. 여러 종교 단체는 고대로부터 십자가 형태를 성스러운 상징으로 사용하였기 때문이다.

초기 십자가의 한 형태는 고대 이집트의 고리 달린 십자가[5)]가 있으며 이 앙크는 지금도 로마 가톨릭에서 사용된다. 고대 유럽 이

5) 꼭대기에 고리가 달려 있다. 앙크로 불리며 이집트 미술에서 볼 수 있는 위에 고리가 붙은 T자형 십자가로 생식, 장수의 상징이다.

교도들의 십자가로는 가로와 세로 똑같은 크기의 태양 십자가(+)와 원이 있는 십자가(켈트 십자가라고도 한다)가 있다. 흥미로운 것은 불교의 스와스티카[만(卍)자]도 십자가의 또 다른 형태이다. 이 신성하고 신비스러운 상징을 히틀러가 왜곡하여 사용하였다(시계 반대 방향으로 회전하는 모습).

이런 사연을 모르는 유럽인들은 불교 만자에 대하여 오해한다. 연혁에서 보았듯이 엄밀한 의미에서 십자가는 기독교적인 것이 아니라 기독교를 넘어서 있다. 기독교가 고대 신비 십자가 상징을 차용한 것이므로 비기독교인은 십자가에 대한 심리적 저항을 가질 필요는 없다. 오늘날 기독교인들의 십자가에 대한 태도는 복합적이다. 예수의 수난을 상징하는 고통과 슬픔의 상징이고 동시에 부활의 상징이기도 하다.

예수는 자신처럼 자신의 십자가를 짊어지지 않은 사람은 가치없는 사람이라는 말을 한다. 자신의 십자가를 짊어지지 않으려는 사람이 너무도 많다. 많은 기독인은 예수가 자신들의 죄를 대신하여 십자가에 못 박혀 죽었다고 한다. 그러므로 자신들은 예수를 믿기만 하면 구원받는다고 믿는다.

이것은 자신의 십자가를 짊어지지 않으려는 터무니없는 생각이며 예수의 가르침과는 전혀 다른 주장이다. 예수는 우리의 죄를 대신하여 십자가에 못 박혀 돌아가신 것이 아니다. 그것은 부활을 통하여 인간이 죽음도 극복할 수 있음을 보여주기 위함이었다. 인간이 극복해야 할 마지막 적은 죽음이다. 죽음을 극복함은 다른 말로 깨달음이며 신과 하나 되는 것이기도 하다.

개개인은 각자 극복해야 할 업(과거에 설정한 행위의 결과)이 있으며 자신을 대신하여 업을 짊어질 사람은 존재하지 않는다. 업을 해소하는 수단으로 윤회가 존재하는 것이다. 신은 법칙으로 움직이지 인간처럼 개인에 대한 호감이나 특정한 감정으로 판단하지 않는다. 법칙이 무너지면 우주의 존재 근거는 사라진다. 신은 질서이며 우주도 질서이고 우리도 질서 속에 살아가고 있다. 신은 우주법칙으로 자신을 드러낸다.

예수는 분명히 말한다. 자신의 십자가를 짊어지지 않은 사람은 가치 없는 사람이라고. 우리는 자신의 십자가(업)를 짊어져야 한다. 그러나 십자가에는 우리가 알고 있는 이런 표면적 의미 외에 카발라 차원에서 깊이 숨겨진 의미가 있다.

간단히 설명한다면 이 우주는 4계[6]로 이루어져 있으며 우리 인간은 욕망과 부정에 빠져 우리가 사는 물질계 너머의 상위 계를 모른다. 이 4계를 극복하고 균형을 이룰 때 우리는 근원(무한자)으로 돌아가서 하나가 된다. 십자가 4개의 점은 4개의 세계를 의미하며 십자가 중심은 모든 것이 나온 원천, 즉 무한자/신을 상징한다. 그래서 십자가는 완성을 의미하며 깨달음의 상징이다.

예수님이 십자가에 못 박히신 것은 신과 합일의 상징이기도 하였다. 예수가 사람들에게 자신의 십자가를 지고 따르라고 한 깊은 뜻은 누구나 십자가가 되어 궁극적인 자리로 돌아가라는 말이기도 하였다.

---

6) 영계, 멘탈계, 아스트럴계, 물질계의 4개 세계

인자보다 위대한 성령의 힘, 삼위일체

마태복음 12:31~32절(마가 3:19~30, 누가 11:14~23)

그러므로 잘 들으시오. 사람들이 어떤 죄를 짓거나 모독하는 말을 하더라도 그것은 다 용서받을 수 있지만 **성령을 거슬러 모독한 죄만은 용서받지 못할 것이오.** 또 사람의 아들을 거역해서 말하는 사람은 용서받을 수 있어도 성령을 거역해서 말하는 사람은 현세에서도 내세에서도 용서받지 못할 것이오

해석 "인자(사람의 아들)를 거역해서 말하는 사람은 용서받을 수 있어도 성령을 거역해서 말하는 사람은 현세에서도 내세에서도 용서받지 못할 것이오"는 쉽게 이해가 되지 않을 수 있다. 유사한 구절이 도마복음에 나온다.

> **예수께서 말씀하시길, "아버지에 불경(不敬)을 저지르는 사람은 용서받을 것이며** 그 아들에게 불경을 저지르는 사람도 용서받을 것이나 성령에게 불경을 저지르는 사람은 지상에서나 하늘에서 용서받지 못할 것이다."(도마복음 44절)

이 구절을 보면 하느님이나 예수에게 불경을 저지르는 것은 용서되나 성령에 저지르는 불경은 용서되지 않는다 한다. 성령이 신에서 나온 것인데 이것이 가능한가? 이것은 성령의 의미를 바로 알면 이해가 된다.

앞에서(p21~27) 성령을 신의 말씀, 진리로 해석하였다. 무지에서 해방 즉 구원은 예수를 통해서가 아니라 예수가 전하는 말씀을 통

하여 가능하다. 비유를 든다면 대통령에 대한 불경은 용서되지만, 대통령이 공포하여 시행 중인 법을 위반하면 벌을 받는 것과 마찬가지이다.

하느님은 아들을 통하여 자신의 말씀을 전하였다. 그 말씀은 우주 법칙이며 변할 수 없는 진리이다. 이 진리가 우리를 자유롭게 하듯 이 진리에 대한 불경은 우리를 어둠 속에 가두어 버릴 것이다. 가장 큰 죄는 진리에 대한 불경(不敬)이다. 하느님의 말씀인 진리의 영은 우주 법칙이고, 그 법칙이 사람들을 모든 속박에서 자유롭게 만든다. 그러므로 하느님의 말씀인 진리의 성령을 거역하면 용서받지 못한다.

이 구절에서 삼위일체 사상을 엿볼 수 있다.

삼위일체는 성부(聖父), 성자(聖子), 성령(聖靈)의 세 위격이 하나의 실체인 하느님 안에 존재한다는 교의이다. 삼위일체란 단어는 성경에는 없으나 교회는 그것을 아버지와 아들과 성령이 하느님이신 진리를 가장 적절하게 표현하는 말로 받아들였다. 그러나 기독교와 구약을 공유하는 유대교에서는 삼위일체 교리는 논의의 대상이 아니다. 유대교인에게 하느님은 오직 한 분뿐이니 3위가 존재할 수가 없다. 크리스천 카발라 학자들은 카발라의 생명나무를 구성하는 10개의 빛에서 상위 3개의 빛(케테르, 호크마. 비나)을 삼위일체를 설명하기 위하여 사용하기도 하였다.

우리가 당연하게 받아들이는 삼위일체는 예수가 주장한 것이 아니라 제 1회 니케아회의(AD 325, 여기서는 예수와 하느님이 본질적으로 같다는 선언은 했지만 성령에 대해서는 언급이 없었다.)를 거쳐 콘스탄티노플 공의회(AD 381)에서 확정된 이론이다. 이 교리는 수세기에 걸쳐 많은 논쟁을 통해 점진적으로 발전되었다. 삼위일체를 통하여 가톨릭은 성부와 성자, 성령 관계를 정립하였다. 로마 가톨릭교회와 동방정교회는 성령을 성부와 성자를 잇는 끈으로 보고 성부와 성자는 성령을 통해서 완전히 합일한다고 보았다.

지금 삼위일체는 교회의 핵심 교리로 자리 잡고 있다. 정통교회에서는 삼위일체의 인정 여부를 이단의 기준으로 삼고 있는 실정이다. 그런데 교부들이 발전시킨 이 교리가 예수의 가르침과 일치하는 것일까? 교부들이 발전시킨 대부분의 교리는 예수의 가르침과 많이 다르다. 다만 삼위일체 가르침을 기독교적이 아니라 비의적으로 해석하면 어느 정도 진리를 담고 있다고 볼 수 있는데 이것은 우연의 산물이라고 할 수 있다.

신과 하나로 연결된 예수, 이 예수를 매개체로 신의 말씀(진리의 성령)이 내려오는 것이다. 그러므로 신이 있는 곳에 예수가 있고 진리가 있는 곳에 예수가 있다. 누구나 깨달으면 예수처럼 신의 통로(성자)가 될 수 있다.

불교 삼신불(법신, 보신, 화신) 사상은 기독교 3위 일체(성부 성신 성자)와 매우 유사한 개념이다. 우주의 근원(신, 공, 불성)으로 불리는 법신(法身)은 성부(聖父), 이 법신이 모습을 드러낸 보신(報身)은 성신(聖神), 이 법신과 보신을 근거로 구체적으로 모습을 나타낸 화신(化身)은 성자(聖子)로 대치해 볼 수도 있다.

신은 모든 곳에 편재하며 작은 풀잎 하나에도 스치는 바람에도 신의 말씀이 스며들어 있다. 그러므로 다른 종교 가르침에 존재하는 진리를 이유 없이 비하하는 사람은 진리에 대한 불경을 저지르는 셈이다. 슬픈 일이지만 종교 근본주의자 같은 무지한 사람들은 자신들이 무슨 죄를 저지르는지 모른다. 무지는 사람을 용감하게 만드나 그 죄는 피할 수 없다. 가장 큰 죄는 진리에 대한 불경(不敬)이기 때문이다.

유대신비 가르침인 카발라에서는 영계(케테르, 호크마 비나)를 아버지, 멘탈계(티페레트, 헤세드, 게부라)를 어머니, 아스트럴계(예소드, 네차흐, 호드)를 아들로 보고 이것을 삼위일체의 근원으로 본다. 즉 영계의 3개 세피로트, 멘탈계의 3개 세피로트, 아스트럴계의 3개의 세피로트가 각각 삼위일체를 구성하고 이것이 또한 전체로 즉 영계, 멘탈계, 아스트럴계가 삼위일체를 이룬다.(생명나무 그림 p237 참조)

어리석고 허무한 삶이여!

누가복음 12:16~21

군중 속에서 어떤 사람이 예수께 "선생님, 제 형더러 저에게 아버지의 유산을 나누어주라고 일러주십시오." 하고 부탁하자, 예수는 "누가 나를 그대들의 재판관이나 재산 분배자로 세웠단 말이오?" 하고 대답하였다. 그리고 사람들에게 "어떤 탐욕에도 빠져들지 않도록 조심하시오. 사람이 제아무리 부유하다 하더라도 그의 재산이 생명을 보장해 주지는 못하오." 하고는 비유를 들어 이렇게 말하였다.

"어떤 부자가 밭에서 많은 소출을 얻게 되어 이 곡식을 쌓아둘 곳이 없으니 어떻게 할까? 하며 혼자 궁리하다가 옳지! 좋은 수가 있다. 내 창고를 헐고 더 큰 것을 지어 거기에다 내 모든 곡식과 재산을 넣어두어야지. 그리고 내 영혼에게 말하리라. '영혼아, 많은 재산을 쌓아두었으니 너는 이제 몇 년 동안 걱정할 것 없다. 그러니 실컷 쉬고 먹고 마시며 즐겨라.' 하고 말했소. 그러나 하느님께서는 '이 어리석은 자야, 바로 오늘 밤에 네 영혼이 너에게서 떠나가리라. 그러니 네가 쌓아둔 것은 누구의 차지가 되겠느냐?' 하였소. 이렇게 자기를 위해서는 재산을 모으면서도 하느님께 인색한 사람은 바로 이와 같이 될 것이오."

해석 첫 번째 문단과 비슷한 구절이 영지 복음서에도 나온다.

> 한 사람이 예수께, "나의 형제들에게 말씀하시어 내 아버지의 재산을 나와 나누도록 해주소서."라고 요청하자, 예수께서 그 사람에게 말씀하시길, "이 사람아, 누가 나를 나누는 자로 만들었는가?" 하시고는 제자들에게 돌아서서 "나는 나누는 자가 아니다. 그렇지 아니한가?"라고 말씀하셨다.(도마복음 72절)

예수는 진리를 전하는 영적 스승이지 개인의 사소한 금전 문제를 해결해 주는 세속적인 지도자는 아니었다. 예수는 우리 내면에 있는 천국을 보여주기 위하여 이 세상에 왔지, 세속의 지도자가 되려고 오지 않았다. 예수의 위대함을 보지 못하고 이런 사소한 질문을 하는 사람에게 답을 해야 하는 예수의 당혹스러움이 느껴진다. 당시 사람들의 관심이 진리보다는 세속적 욕망에 있었음을 보여주는 예이다.

이런 문자적 해석 외에 다른 숨은 의미는 없을까? 예수가 제자들에게 돌아서서 "나는 나누는 자가 아니로다. 그렇지 아니한가?"라고 말하셨을 때, 예수는 자신이 신과 인간을 분리하는 나누는 자가 아니라 두 개를 조율시켜 서로 합일시키는 자임을 말하고 있다. 근원에서 떨어져 나온 것이 분리라면 근원으로 돌아가는 것이 합일이다.

부자의 어리석음을 말하는 2번째 단락과 유사한 내용이 영지 복음서에도 있다.

> 예수께서 말씀하시길, "많은 돈을 가진 부자가 있었느니라. 그가 '내가 나의 돈을 들여 씨를 뿌리고 길러서 수확하여 창고에 가득 채워 아무런 부족함이 없게 하리라.' 생각하였으나 그날 밤 그는 죽었느니라. 여기 귀 가진 자들은 들으라."(도마복음 63절)

참으로 어리석은 사람 이야기다. 100년도 못살면서 천년만년 살아갈 듯 재산을 모으는 사람들이 얼마나 많은가? 잠자리에 들어 다음날 깨어나지 못할 수 있는 것이 삶임을 예수는 말하고 있다. 그러나 우리는 죽을 때까지 재산과 명예에 집착하며 살아간다. 우리는 삶에 있어서 무엇이 가장 중요한지 모르고 살아간다. 자신이 누구인지 모르면 백만장자가 되고 높은 직위에 올라도 그 삶은 주인 없는 삶이 된다.

언제 죽을지 모르는 불안한 삶에서 운명의 주인이 되는 당당한 삶을 살아야 한다. 하늘나라는 이 순간에 우리 안에 있기 때문이다. 주인이 되는 삶은 살아서 하늘나라를 즐기는 삶이며 그것은 바로 깨달음의 삶이다. 법구비유경에 이와 비슷한 어리석은 중생 이야기가 나온다.

> 옛날 부처님께서 사위국에 계셨다. 그때 성안에 80살 먹은 어떤 바라문이 있었는데, 그 사람은 재물이 수없이 많았으나, 그의 사람됨이 완고하고 미련하며 인색하고 탐욕이 많아 교화하기가 어려웠다. 도덕을 알지도 못하고 무상함을 생각하지도 않았다. 게

다가 집짓기를 좋아하여 앞에는 사랑채를 짓고, 뒤에는 별당을 지었으며, 시원한 다락과 따뜻한 방을 만들고, 동서 양쪽으로는 수십 칸의 행랑을 지었다. 다만 뒤채 별당의 앞 차양을 아직 마치지 못했을 뿐이었는데, 그 바라문은 직접 그 공사를 맡아서 온갖 일을 지휘하고 있었다.

부처님께서는 도의 눈(道眼, 도안)으로 그 노인이 그날이 다하기 전에 죽을 것을 아셨다. 그러나 그는 그런 줄도 모르고 한창 바삐 돌아다니느라 몸은 여위고 힘은 다 빠져 정신이 없었으니 매우 가엾은 일이었다. 부처님께서 아난을 데리고 그 집으로 가서 그를 위로하셨다.

"노인장, 얼마나 고생스럽소? 지금 이 집들을 이렇게 지어 누가 살려고 하는 것이오?" 그는 "앞 사랑채에서는 손님을 대접하고 뒤채 별당에서는 내가 살고, 동·서 양쪽의 행랑에서는 자식과 종들을 살게 하고 또 재물을 보관할 것입니다. 여름에는 시원한 다락에 오르고 겨울에는 따뜻한 방에 들어갈 것입니다."라고 말하였다.

이에 부처님께서 이렇게 말씀하셨다. "노인장의 이름은 이미 오래전에 들었는데 만나 이야기하는 것이 늦었소. 마침 생사(生死)와 관련된 중요한 게송이 있어 일러주고 싶었는데, 잠깐 일을 멈추고 같이 앉아 이야기할 수 없겠소?"

그가 이렇게 대답하였다. "지금 한창 바빠 앉아서 이야기할 겨를이 없습니다. 뒷날 다시 오시면 함께 대화를 나누도록 하겠습니다. 중요한 게송이 있다고 하셨으니 그 게송이나 말씀해 주십시오." 이에 세존께서는 게송을 말씀하셨다.

자식이 있고 재물이 있다 하여
어리석은 사람 공연히 허덕이누나.
나[我(아)]라 하는 이 몸도 내가 아니거니
자식과 재물을 무엇 때문에 걱정하리.
더울 때는 여기서 머물고
추울 때는 저기서 머물겠다고
어리석은 사람 미리 걱정 많건만
다가오는 변고는 알지 못하네.
어리석고도 어리석은 사람은
자신을 두고 지혜롭다 하나니
어리석은데 뛰어나게 지혜롭다고 말하면
그야말로 지극히 어리석은 사람이라네.

재산을 바로 사용하지 못하는 것도 죄악이다. 욕심부리고 살다가 죽고 나면 그 재산은 누구 것이 되겠는가? 자식이 어리석어 재산을 헛되이 낭비한다면 죽은 자의 책임도 면할 수 없는 법이다. 그러므로 현자는 혈연관계를 떠나 자신의 재산을 바르게 사용할 수 있는 사람에게 물려주며 죽기 전에 자선을 베풀어 하늘나라에 공덕을 쌓는다.

사회나 공익단체에 재산을 기부하고 자선을 베푸는 것은 개인의 공덕이 되고 사회의 정의를 세우는 일이다. 우주에서 나의 것이라고 주장할 것은 아무것도 없다. 재산이란 신이 우주적 차원에서 영적 성장과 사회 정의를 위하여 우리에게 잘 사용하라고 위탁한 것이다. 잘못 사용하면 책임이 따른다. 모든 금전 철학에서 주장하듯 우리는 돈이 흐르는 통로가 되어야 하지 돈이 머무는 댐이 되어서는 안 된다.

재산 축적이나 자선과 관련하여 유대인에게 배울 점이 있다. 오늘날 유대인에 대한 사람들의 고정관념은 돈에 크게 집착하는 좋지 않은 이미지를 지니나 이들의 금전 철학을 이해한다면 공감할 것이 많이 있다. 유대인들은 생계에 투자하고 남는 시간은 지혜(토라)를 공부하는 시간으로 본다.

유대 전통은 돈을 탐욕의 수단이나 억압의 도구가 아니라 사회정의와 더 나은 세계를 이루기 위한 긍정적 도구로 보며 영적인 공부와 학습을 위한 시간 확보 수단으로 본다.

유대인의 금전 철학에 있어 가장 중요한 요소가 〈체다카〉이다. 이 〈체다카〉는 '자선'이란 단어로 번역되기도 하나 〈체다카〉는 '사랑'의 의미를 지닌 자선과는 개념이 다르다. 〈체다카〉는 "정의 또는 정의롭게 하기"라는 의미를 지니고 있다.

유대교는 이 체다카를 중시하여 일상생활이 이 체다카로 채워질 것을 요구한다. 유대인들은 사회를 정의롭게 하기위한 차원에서 돈을 기부하고 남을 돕는다. 그들은 체다카를 통하여 부에 대한 강박관념이나 욕망의 불꽃을 현명하게 잠재운다.

나는 평화가 아니라 칼을 주러 왔다.

마태 10:34~39(누가복음 12:49~53)

"내가 세상에 평화를 주러 온 줄로 생각하지 마라. 평화가 아니라 칼을 주러 왔다. 나는 아들은 아버지와 맞서고 딸은 어머니와, 며느리는 시어머니와 서로 맞서게 하려고 왔다(1). 집안 식구가 바로 자기 원수다. 아버지나 어머니를 나보다 더 사랑하는 사람은 내 사람이 될 자격이 없고(2) 아들이나 딸을 나보다 더 사랑하는 사람도 내 사람이 될 자격이 없다. 또 자기 십자가를 지고 나를 따라오지 않는 사람도 내 사람이 될 자격이 없다(3). 자기 목숨을 얻으려는 사람은 잃을 것이며 나를 위하여 자기 목숨을 잃는 사람은 얻을 것이다."

해석 "예수는 칼을 주러왔으며 아들은 아버지와 맞서고 딸은 어머니와, 며느리는 시어머니와 서로 맞서게 하려고 왔다(1)."라고 말한다. 예수가 보았을 때 사람들은 자신 내면의 신성과 하늘나라를 잊어버리고 물질세계에 취하여 살아가는 어리석은 중생이었다. 사람들이 그토록 믿고 의지하고 살아가는 가족제도, 사회 제도, 사회 가치관, 문화, 종교는 물질에 취한 사람들의 어리석은 의식의 반영일 뿐이었다. 이들에게 하느님 말씀을 전하는 일은 기존 틀을 흔드는 파괴적인 힘이어야 했다. 구습, 고정관념, 그릇된 가치를 태워 없애야 그 자리에 새로운 가치관이 들어설 수 있는 법이다.

새 포도주는 새 포대에 담아야 한다는 말도 같은 맥락으로 이해하면 된다. 우주적 차원에서 이런 예수 행동은 사랑이겠지만 물질계에 집착하여 살아가는 사람들에게는 파괴자로 비칠 것이다. 예수는 곧 사라질 재산이나 명예, 육체에 집착하여 살아가는 사람들에게 영원히 존재하는 내면의 신성한 영혼에 대하여 알려주려고 하는 것이다. 예수는 사람들의 기존 가치관을 흔드는 진리의 불꽃을 던져놓고 이것이 타오르기를 기다리고 있다. 예수가 전하는 진리는 사람들이 믿고 따르는 기존의 체계를 태워버리고 난 후에 뿌리내려야 하였다. 예수의 복음에 대하여 사람들 사이에 심지어 가족 간에 의견이 분분하고 갈등과 반목이 생겨날 터였다.

"아버지나 어머니를 나보다 더 사랑하는 사람은 내 사람이 될 자격이 없다(2)."는 예수에 대한 사랑을 가족보다 중시하라는 것이 아니라 예수가 전하는 진리를 가장 소중히 하라는 말이다. 우리는 예수가 전한 진리보다 예수에게 집착하는 사람들을 많이 본다. 우리가 깨달으면 우리가 예수의 역할을 할 수 있는 것이다.

"또 자기 십자가를 지고 나를 따라오지 않는 사람도 내 사람이 될 자격이 없다(3)."는 자신처럼 각자가 자신의 십자가를 짊어지지 않은 사람은 가치 없는 사람이라는 말을 한 것이다.(p104 참조)

이와 유사한 구절이 영지주의 복음서에도 있다.

> 예수께서 말하길, "세상 사람들은 내가 이 세상에 평화를 주기위하여 온 것으로 알고 있으나 내가 세상에 불과 검과 전쟁이라는 분쟁을 주러 온 줄 모르고 있도다. 왜냐하면 집안에 다섯 사람이 있는데 세 사람이 두 사람과 다투고 두 사람은 세 사람과 다투고 아버지는 아들과 아들은 아버지와 다툴 것이기 때문이다. 그래서 그들은 서로 분리되어 있을 것이다."(도마복음 16절)

> 예수께서 말씀하시길. "나는 이 세상에 불을 던졌노라. 보라, 이

것이 타오를 때까지 내가 지키고 있노라."(도마복음 10절)

"자신의 아버지나 어머니를 미워하지 않는 사람은 나의 제자가 될 수 없도다. 자신의 형제자매를 미워하지 않는 사람과 나처럼 자신의 십자가를 짊어지지 않은 사람은 나에게는 가치 없는 사람이니라."(도마복음 55절)

회개의 참 의미, 신에게 복귀

누가복음 13:1~5

어떤 사람들이 예수에게 와서 빌라도가 희생물을 드리던 갈릴리 사람들을 학살하여 그 흘린 피가 제물에 물들었다는 이야기를 일러드렸다. 예수는 이 말을 듣고, 그들에게 말하길, "그 갈릴리 사람들이 다른 지역 갈릴리 사람보다 죄가 커서 그런 변을 당한 줄 아시오? 잘 들으시오. 그대들도 회개하지 않으면 모두 그렇게 망할 것이오. 또 실로암 탑이 무너질 때 깔려 죽은 열여덟 사람은 예루살렘에 사는 다른 모든 사람보다 죄가 더 많은 사람인 줄 아시오? 잘 들으시오. 그대들도 **회개**하지 않으면 모두 그렇게 망할 것이오."

해석 타인의 재난이 자신에게는 예외라는 생각을 하는 사람들에게 "그대들도 회개하지 않으면 모두 그렇게 망할 것이오."라고 말한다. 예수가 말하는 회개의 참된 의미는 무엇일까? 기독교인들이 생각하는 회개는 하느님 앞에 자신이 죄인임을 인정하고 예수에 대한 절대적 믿음을 받아들이는 것이다. 그리스도인은 회개를 이렇게 감정적 수준에서 받아들이는 경향이 크다.

반면 카르마(원인과 결과의 법칙)를 믿는 불교도의 경우는 자신이 행한 일은 반드시 그 결과를 받을 것이란 것을 알기에 단박에 구원받는 그런 허황된 생각보다는 차분히 선업을 쌓으려고 노력한다. 또한 잘못을 범하려다가도 그 행위로 나중에 받게 될 카르마를 생각하고는 멈추는 경우가 많다. 원인과 결과의 법칙은 우주를 정의롭게 하고 우주를 지배하는 법칙이다. 이 법칙에 벗어날 방도는 없다. 회개는 평생 계속해서 이루어지는 일이며 안에 있는 부정적 속성과 잘못된 습관이 끊어질 때까지 지속적으로 반복해서 돌이키는 일이다. 회개를 어떻게 이해하는가의 문제겠지만 참된 의미에서 회개는 자기 수련 과정이며 동양의 명상과 다를 바가 없다.

진정한 회개와 구원은 무엇일까? 구약을 신비적으로 해석하는 카발라 사상에 보면 인간의 회개는 우주적 차원의 복귀 과정이고 구원은 신에게 돌아가는 것을 의미한다. 여기서 신에게 돌아간다는 것은 우리가 신의 피조물로서 천국에 거주하는 그런 차원이 아니라 신과 하나가 됨을 의미하는 것이다.

카발라의 대표적 문헌인 〈조하르〉에 보면 두 종류의 회개가 나온다. 그것은 낮은 회개와 높은 회개인데 전자는 신에 대한 두려움 즉 징벌에 대한 두려움에서 생겨나는 회개이고, 후자는 신에 대한 경건한 두려움에서 생겨나는 회개이다. 신의 거대함과 위대함을 명상할 때 우리를 압도하는 경건한 두려움이 그러하다. 징벌의 두려움으로 생겨나는 회개는 저열하고 낮은 수준의 회개이지만 이것은 높은 회개(경건한 두려움)의 디딤돌로 작동한다. 많은 사람들은 낮은 수준의 회개에 머문다.

이런 회개 위에는 또 다른 회개가 있는데 이것은 "회개의 회개"로 불린다. 이것은(회개의 회개) 높은 회개를 성취하게 되면 그때 신에게 돌아가지 못한 것에 대한 후회로 아파하는 마음을 말한다. 여기에서 근원과 합일의 열망이 생겨난다. 이런 회개를 통하여 신에게 돌아갔을 때 이것이 카발라에서 말하는 구원이다. 카발라에는 자신을 완전하게 하는 방법으로 히브리문자 명상, 신의 문자 명상 등이 있다. 이것은 자기 구원의 성격이 강하다. 유대 하시디즘(후대 카발라 학파)에서는 이렇게 말한다.

> "회개는 온 마음과 영혼을 다하여 신에게 복귀하는 것이다. 회개의 핵심은 마음 깊이 후회하여 **내면의 최고 빛을 불러내는 것이다.** 빛을 끌어내어서 세상을 밝히기 위해서는 자선이나 체다카(세상을 정의롭게 하는 행동) 같은 실제적인 행동이 필요하다."

여기서 말하는 내면의 최고 빛은 신성한 영혼의 불꽃이다. 회개의 의미를 바로 알고 회개 방식을 바꾸지 않는다면 회개는 내면의 변화를 가져오지 못하고 단지 자기위안과 자기기만에 가까운 습관적 행위가 될 것이다. 영지주의 복음서에서는 회개를 이렇게 설명한다.

> 이것이 위로부터의 구원을 기다리는 자들이 플레로마를 발견하도록 하는 복음의 말씀이다. 그들이 기다리고 있는 희망이 아직 오지 않고 있지만, 그들의 형상이 그림자 없는 빛이 되면(1) 그때에 플레로마가 올 것이다. 물질의 결핍은 결핍이 있으면 오는 아버지의 무한함 때문에 생긴 것이 아니다. 아무도 불멸이신 분

이 이런 식으로 오리라고는 말할 수 없다. 오히려 아버지의 심연은 깊어지고, 오류의 생각은 그분과 함께하지 않는다. 이것은 넘어졌다가 원래 상태로 되돌아가려는 그에게 오신 분을 발견하게 하여 다시 가뿐히 일어서게 한다. **이 되돌아가려는 것을 "회개(2)"라고 부른다.**(진리복음서 31절)

여기서 플레로마는 충만함이고 합일이며 이것은 우리가 진리를 통하여 깨달음을 얻을 때 온다. "형상이 그림자 없는 빛이 되면(1)"의 뜻은 형상 너머의 근원과 합일한다는 의미이다. 원래 자리인 근원으로 돌아가려는 것이 바로 회개(2)이다. 이것은 기독교인이 알고 있는 회개와는 아주 다르다. **회개는 신과의 분리 상태에서 벗어나 원래의 상태인 신과 합일하려는 우리의 의지이고 행동이다.**

누가 내 어머니이며, 내 형제이냐?

마태복음 12:46~50절(마가 3:31~35, 누가 8:19~21)

예수가 군중에게 말하고 있을 때에 예수의 어머니와 형제들이 밖에 와 서서 예수와 이야기를 나눌 기회를 찾고 있었다. 그래서 어떤 사람이 예수에게 "선생님, 선생님의 어머님과 형제분들이 선생님과 이야기하겠다고, 밖에 서서 찾고 계십니다." 하고 알려드렸다. 예수는 말을 전해 준 사람에게 "누가 내 어머니이고 내 형제란 말이오?" 하고 물었다.

그리고 제자들을 가리키며 “바로 이 사람들이 내 어머니이고 내 형제들이오. 하늘에 계신 내 아버지의 뜻을 실천하는 사람이면 누구나 다 내 형제요 자매요 어머니요.” 하고 말하였다.

해석 예수는 진리의 길 위에 서있는 사람이 자신의 형제임을 밝힌다. 혈연관계의 집착에서 벗어난 예수였다. 어떤 상황에서도 초연함을 유지할 수 있는 존재였다. 이런 내용은 영지주의 복음서에도 나온다.

> 제자들이 예수께 “당신의 형제들과 어머니가 밖에 서 있나이다.” 라고 하니 예수께서 제자들에게 말씀하시길, “내 아버지가 뜻하시는 바대로 행하는 자들이 나의 형제요 나의 어머니이니라. 그들이 내 아버지의 나라에 들어갈 사람들이니라.”(도마복음 99절)

이 구절을 보고 예수를 부모 형제도 모르는 척하는 냉정한 사람으로 오해할 수도 있으나 깨달은 자에게 부모나 형제자매는 무지 속에 헤매는 가련한 영혼일 뿐이다. 아직도 세속적 잣대를 가지고 예수를 자식이나 형제로 생각하는 가족에게 예수는 하느님 말씀을 따르는 사람이 바로 자신의 형제이며 부모라고 말한다.

큰 의미에서 보면 우리 모두는 신에게서 나온 신성한 존재들이다. 무지에서 벗어나 신 의식 속에 하나가 되면 모든 사람은 하나이다. 타인은 또 다른 우리 자신이기 때문에, 보살이 모든 중생이 깨달음을 얻을 때까지 해탈을 뒤로 미루면서 봉사하고, 깨달은 영혼이 무덤처럼 갑갑한 육체로 들어와서 가르침을 펴는 것이다.

비유로 말씀하신 이유

마태복음 13:10~17절(누가 8:9~10, 마가 4:10~12)

제자들이 예수에게 가까이 와서 "저 사람들에게는 왜 비유로 말씀하십니까?" 하고 묻자, 예수께서 이렇게 대답하였다. "너희는 하늘나라의 신비를 알 수 있는 특권을 받았지만, 다른 사람들은 받지 못하였다. 가진 사람은 더 받아 넉넉하게 되겠지만 못 가진 사람은 그 가진 것마저 빼앗길 것이다(1). 내가 그들에게 비유로 말하는 이유는 그들이 보아도 보지 못하고 들어도 듣지 못하고 깨닫지도 못하기 때문이다.(14~15절 생략). 그러나 너희의 눈은 볼 수 있으니 행복하고 귀는 들을 수 있으니 행복하다. 나는 분명히 말한다. 많은 예언자와 의인들이 너희가 지금 보는 것을 보려고 했으나 보지 못하였고 너희가 지금 듣는 것을 들으려고 했으나 듣지 못하였다(2)."

해석 여러 비유에서 보듯이 당시 대중들은 예수의 말씀을 일상적인 일과 관련된 비유를 통하여서만 그것도 약간만 이해했다. 대중의 수준이 너무 낮았다. 대중은 수준이 낮아서 수준 높은 우주법칙 즉 진리에 대한 설명은 늘 이들의 생활에서 알 수 있는 일상사에 대한 비유를 통하여 이루어졌다. 초등학생에게 칸트철학을 혹은 불교의 4성제를 설명한다고 생각해 보라. 무슨 말로 이해시킬 것인가?

예수는 수준 낮은 사람들에게 친숙한 주제를 가지고 비유로 혹은 아주 단순하게 설명할 수밖에 없었다. 그래서 진리와는 멀어진 설명이 되었다. 그러나 준비된 제자들에게는 분명하게 이야기했다. 이와 관련 도마복음 62절에 이런 구절이 있다.

예수께서 말씀하시길, "나의 비밀을 받을만한 가치 있는 자들에게만 나의 비밀을 말하노라. 그대 오른손이 하는 일을 왼손이 알지 못하도록 하라."(도마복음 62절)

"가진 사람은 더 받아 넉넉하게 되겠지만 못 가진 사람은 그 가진 것마저 빼앗길 것이다(1)."는 영적으로 부유한 사람은 그 지혜로 더욱 영적으로 부유해지고 반대로 영적으로 가난한 사람은 더욱 영접 결핍에 빠질 것이라는 말이다. 영지주의 복음서에도 이런 구절이 있다.

예수께서 말씀하시길, "가진 자는 더 많이 받을 것이며 가진 것이 없는 사람은 자신이 가진 작은 것마저 빼앗길 것이니라."(도마복음 41절)

"너희가 네 자신을 알게 되면 너희는 알려질 것이요 **살아계신 아버지의 자녀가 자신임**을 깨닫게 되리라. 그러나 자신을 모른다면 빈곤 가운데 사는 것이며 빈곤 그 자체이니라."(도마복음 3-2절)

도마복음 3절에서 예수는 우리가 누구인지 알게 될 때 모든 것이 드러나며 우리 자신이 바로 하느님의 자녀 즉 신의 일부분임을 알게 된다고 한다. 그렇게 되면 우리는 세상의 주인이 되어 영적으로 풍족한 삶을 살게 되지만 자신이 누구인지 모르는 사람은 등불 없이 어두운 산속 길을 걷는 것과 같으며 무지로 인하여 일어나는 온갖 고난에 시달리며 살아가게 된다. 이것이야말로 자신을 몰라서 일어나는 빈곤 그 자체인 셈이다.

"많은 예언자와 의인들이 너희가 지금 보는 것을 보려고 했으나 보지 못하였고 너희가 지금 듣는 것을 들으려고 했으나 듣지 못하였다(2)"의 의미는 예수가 전하는 가르침이 최고의 진리란 것이다. 이와 유사한 내용이 영지주의 복음서에 나온다.

> 제자들이 예수에게 말하길, "이스라엘에서 24명의 예언자가 말씀하였고 그들 모두는 당신에 대하여 말하였나이다." 예수가 말씀하길, "그대들은 그대들 앞에 있는 살아있는 자를 빠트리고 죽은 자에 대하여 말하고 있도다."(도마복음 52절)

보물과 진주와 그물의 비유

마태복음 13:44~51절

또 예수는 제자들에게 이런 비유를 말하였다. "하늘나라는 밭에 묻혀 있는 보물과 같다. 그 보물을 찾아낸 사람은 그것을 다시 묻어 두고 기뻐하며 돌아가서 있는 것을 다 팔아 그 밭을 산다. 또 하늘나라는 어떤 장사꾼이 좋은 진주(1)를 찾아다니는 것에 비유될 수 있다. 그는 값진 진주를 하나 발견하면 돌아가서 있는 것을 다 팔아 그것을 산다.

또 하늘나라는 바다에 그물을 쳐서 온갖 것을 끌어올리는 것에 비유될 수 있다. 어부들(2)은 그물이 가득 차면 해변에 끌어올려 놓고 앉아서 좋은 것은 추려 그릇에 담고 나쁜 것은 내버린다.

세상의 마지막 날에도 이와 같을 것이다(3). 천사들이 나타나 선한 사람들 사이에 끼여 있는 악한 자들을 가려내어 불구덩이에 처넣을 것이다. 그러면 거기서 그들은 가슴을 치며 통곡할 것이다." 예수는 이 말을 마치고 "지금 한 말을 다 알아듣겠느냐?"하고 물었다. 그러자 제자들은 "예."하고 대답하였다.

해석 여기서 보물이나 진주(1)는 진리나 우리 내면의 신성한 영혼을 상징하고 장사꾼은 진주의 가치를 아는 사람이다. 그는 가진 것 모두를 팔아 진주를 구입한다. 현명한 자는 장사꾼처럼 진리를 발견하면 다른 것에 집착하지 않고 그 진리만 구한다.

석가가 왕위와 부귀영화를 버리고 왕궁을 나선 것도 이 진주를 찾기 위함이었다. 우리가 찾아 나서야 할 것이 바로 이 진주이다. 티베트 불교에서 영혼을 연꽃 속의 진주(Mani Padme)라 한다. 이 영혼을 흘낏 본 사람은 그것을 완전히 드러내려고 모든 시간과 재산을 그것에 투자한다. 다른 것에 대한 욕망은 사라진다. 이와 유사한 구절이 도마복음에 나온다.

> 예수께서 말씀하시길, "아버지의 나라는 많은 물건을 가지고 있던 중에 진주 하나를 발견 장사꾼과 같도다. 그 장사꾼은 현명한 사람이어서 가지고 있던 모든 물건을 팔아서는 자기 자신을 위하여 단지 진주 하나만을 샀느니라." 그러므로 그대도 벌레가 먹지 않고 좀도 슬지 않는 곳에 영원히 존재하는 그런 보물을 찾으라."(도마복음 76절)

두 번째 단락에서 어부들(2)은 신이나 신의 사역자들을 가리키고 바다는 세계, 물고기는 인간을 상징한다. 그물에 끌어올려진 고기란 죽어서 심판대에 선 혼들을 상징한다. 영적으로 성숙하여 더 이상 세계로 나갈 필요가 없는 혼(큰 고기)은 하늘나라에 머물게 되고 나머지 작은 물고기(아직 영적으로 성숙하지 못하여 좀 더 경험이 필요한 혼)는 바다로 돌려보내진다. 이것은 윤회를 말하고 있다. 유사한 구절이 도마복음에 나온다.

> 예수께서 말씀하시길, "그 사람은 그물을 바다에 던져 작은 물고기를 가득 잡아 올리는 지혜로운 어부 같도다. 지혜로운 어부는 그 가운데서 크고 좋은 물고기 한 마리를 찾아내어 나머지 작은 물고기들을 바다에 되던지고 어려움 없이 그 큰 물고기를 선택하였느니라. 귀 있는 자들은 들어라!"(도마복음 8절)

"세상 마지막 날에도 이와 같을 것이다(3)."라는 구절은 세상의 마지막 날이 있다는 것이고 그날까지도 윤회에서 벗어나지 못하고 미망 속에 헤매는 혼은 걸러져 버려진다는 말이다. 그 이전에는 수많은 윤회를 통하여 개선의 기회가 주어진다. 이 구절은 카발라 우주 창조론을 알아야 이해가 된다.

예언자는 고향에서 존경받지 못한다. 위약효과

마태복음 13:53~58절(마가 6:1~5, 누가 4:16~30)

예수는 그곳을 떠나 제자들과 함께 고향으로 돌아갔다. 안식일이 되어 회당에서 가르치자, 사람들은 놀라서 말하였다. "이 사람이 어디에서 이런 지혜와 놀라운 능력을 얻었을까? 이 사람은 목수의 아들이 아닌가? 그의 어머니는 마리아이고, 그의 아우들은 야고보와 요셉과 시몬과 유다가 아닌가? 또 그의 누이들은 모두 우리와 같이 살고 있지 않은가? 그런데 이 사람이 이 모든 것을 어디에서 얻었을까?" 그러면서 그들은 예수를 달갑지 않게 여겼다. 예수는 그들에게 "어디서나 존경을 받는 예언자도 제 고향과 제 집에서만은 존경받지 못하오." 하고 말하였다. 예수는 그들이 믿지 않으므로 거기에서는 기적을 많이 행하지 않았다

해석 비슷한 내용이 영지주의 복음서에 나온다.

> 예수께서 말하길, "예언자는 자신의 고향에서 환영받지 못하고 의사는 자신을 아는 사람을 치유하지 못하노라."(도마복음 31절)

예언자나 성자가 영적으로 크게 성장하여 고향에 돌아오더라도 자라는 과정을 지켜본 사람들은 항상 자신의 기억 속에 각인된 이미지로 그들을 판단하는 경향이 있다. 어린 시절부터 예수를 지켜본 사람들은 예수를 항상 목수의 아들로 기억할 뿐이다. 하느님 아들 그리스도로 추앙받는 예수를 고향 사람들이 인정하기는 어려울 것이다. 이것은 가족이나 친지의 경우도 마찬가지이다. 자식이나 형제, 조카였던 사람을 성자로 받아들이기는 어려운 일이다. 부모에게 자식은 영원히 자식일 뿐이다.

천주교는 마리아가 동정녀였고 그 후에도 평생 동정녀로 지냈다며 성경에 나오는 예수 형제들은 마리아의 자녀가 아니라 사촌이라고 주장한다.

의사가 자신을 아는 사람을 치유하지 못한다는 말도 같은 의미이다. 치유의 첫 번째 조건은 치유에 대한 믿음이다. 그런데 자신이 어린 시절부터 보아온 사람이 자신을 치유한다면 일단 믿음이 가지 않는다. 마음에 의심이 있거나 믿음이 없으면 아무리 훌륭한 의사가

좋은 약을 쓰더라도 치유는 일어나기 어렵다. 이것은 위약효과로 설명이 된다.

위약효과(플라시보 효과)는 어떤 약 속에 특정한 유효성분이 들어 있는 것처럼 속여 환자에게 투여할 때 일어나는 심리적 효과를 말한다. 불면증 환자에게 소화제를 수면제로 위장하여 주면 환자가 편안하게 잠드는 경우가 있고 증류수를 해열제로 속이고 의사가 주사하면 실제 열이 내리기도 한다. 살충제를 먹고 자살한 사람이 있는데 실제로 그가 마신 것은 살충제가 아니라 독이 없는 액체였다.

위약효과가 침술에서도 작동함을 보여주는 사례도 있다. 환자들에게 편두통 완화를 위한 침술을 시술한다고 하고 흉내만 낸 경우에도 실제 시술한 경우(효과 51%)보다는 효과는 낮지만, 편두통 감소를 경험한 환자가 15%나 되었다(독일 뮌헨 공과대학의 클라우스 린데 박사 연구팀이 2002년과 2003년에 302명의 편두통 환자를 연구해 나온 결론)

"생각하는 대로 된다."라는 말이 있듯이 치유는 생각의 힘이 큰 역할을 한다. 생각에는 창조력이 있어 그 작동 메커니즘만 알면 우리는 엄청난 창조력을 발휘할 수 있다. 어떻게 생각에 창조력이 숨어있을까? 창조력은 우리가 많이 들어 알고 있는 잠재의식의 힘과 관련이 된다. 그러나 이 잠재의식에 왜 이런 힘이 나오는지를 알려면 좀 더 근원적인 영역인 영혼으로 들어갈 필요가 있다.

의사는 단지 환자 내부에 있는 치유의 힘을 깨워주는 마중물 역할을 할 뿐이다. 예수는 이 말을 하고 있다.

열두 제자의 전도 여행과 예수의 당부

마태복음 10:5~15절(마가 6:7~13, 누가 9:1~6)

예수께서 이 열 두 사람을 파견하면서 이렇게 분부하였다. "이방인들이 사는 곳으로도 가지 말고 사마리아 사람들의 도시에도 들어가지 마라. 이스라엘 백성 중의 길 잃은 양들을 찾아가라. 가서 하늘나라가 다가왔다고 선포하여라. 앓는 사람은 고쳐주고 죽은 사람은 살려주어라. 나병환자는 깨끗이 낫게 해주고 마귀는 쫓아내어라. 너희가 거저 받았으니 거저 주어라.

전대에 금이나 은이나 동전을 넣어서 다니지 말 것이며 식량 자루나 여벌의 옷이나 신이나 지팡이도 가지고 다니지 마라. 일하는 사람은 자기 먹을 것을 얻을 자격이 있다. 어떤 도시나 마을에 들어가든지 먼저 그 고장에서 마땅한 사람을 찾아내어 거기에서 떠날 때까지 그 집에 머물러 있어라.

그 집에 들어갈 때에는 '평화를 빕니다!' 하고 인사하여라. 그 집이 평화를 누릴 만하면 너희가 비는 평화가 그 집에 내릴 것이고 그렇지 못하면 그 평화는 너희에게 되돌아올 것이다. 어디서든지 너희를 받아들이지도 않고 말도 듣지 않거든 그 집이나 그 도시를 떠날 때에 발에 묻은 먼지를 털어버려라. 나는 분명히 말한다. 심판날이 오면 소돔과 고모라 땅이 오히려 그 도시보다 가벼운 벌을 받을 것이다."

해석 예수는 자신과 함께하면서 많은 가르침을 받아서 어느 정도 성장한 제자들을 이스라엘 여러 지역으로 파견한다. 흥미로운 것은 이 구절에서 제자들이 예수와 같은 치유 능력을 지닌 것으로 나온다. 성경에는 나오지 않지만, 예수가 제자들에게 여러 우주 법칙을 가르쳤음을 보여주는 내용이다. 사람들은 예수가 기적을 행하였다고 하지만 기적이 아니라 우주 법칙을 알았기에 가능한 일이었다.

그런데 제자들이 우주 법칙에 대하여 전수받았지만 실제로 예수처럼 기적을 행하였다는 말은 아니다. 이론과 실제는 다른 문제이기 때문이다. 성공 여부는 우주법칙과 자신을 조화롭게 동조할 수 있는 능력에 달려있다.

예수가 제자들을 이방인이나 사마리아 사람들이 사는 마을로 들어가지 못하게 한 것은 일전에 예수가 사마리아에서 사람들에게 가르침을 준 것과 모순되지만 이유가 있다. 제자들이 아직 이방인의 교리에 맞서 그 사람들을 가르치고 설교할 수준이 되지 않았기 때문이다. 제자들은 유대 교리에 친숙하므로 이스라엘 땅에서 유대 사람들을 만나 예수가 전하는 새로운 메시지를 전할 수 있도록 했다. 이를 통하여 예수의 존재가 곳곳에 전해질 것이었다.

여기서 예수는 제자들을 떠나보내기에 앞서 부모가 어린 자녀에게 하듯 여러 주의 사항을 말한다. 이것은 제자들이 아직 충분하게 준비가 되지 않아서 신경을 써야 할 일이 많았기 때문이었다. 이런 심정을 알 수 있는 구절이 영지주의 복음서에 나온다.

> 제자들이 예수에게 묻기를, "저희가 금식하기를 원하십니까? 어떻게 기도해야 합니까? 저희가 자선을 베풀어야 하나요? 어떤 음식을 삼가해야 합니까?" 예수께서 말씀하시길 "거짓말하지 말라! 그리고 너희가 미워하는 일을 하지 말라! 모든 것은 천국 앞에 드러나기 때문이다. 감추어지고 가려진 것은 드러날 것이기 때문이다."(도마복음 6절)

예수가 말씀하시길, "그대들이 금식하면 자신에게 죄를 불러올 것이며, 그대들이 기도하면 비난받을 것이며 그대들이 자선을 베푼다면 그대 영혼에 해가 될 것이니라. 그대들이 어느 지역을 방문하든 그 지역 사람들의 초대를 받는 경우 그들이 제공하는 음식을 먹을 것이며 아픈 사람들을 치료하라. 입으로 들어가는 것이 그대들을 더럽히는 것이 아니라 그대들 입에서 나오는 것이 그대들을 더럽히기 때문이니라."(도마복음 14절)

토라를 배우고 이것의 실천으로 자선을 베풀고, 기도하고, 율법에 따라 음식을 가려먹고, 금식하는 것을, 죄를 사해 받고 하늘에 공덕을 쌓는 일로 보았던 제자들이었다.

음식과 금식, 기도 그리고 자선에 대해서 질문하는 제자들에게 예수는 신랄하게 꾸짖는다. 신에게 또는 사람들에게 보이기 위한 겉과 속이 다른 위선적인 행동으로 변해버린 의식을 그만두라는 의미로 한 말이었다. 제자들도 주변 사람들과 마찬가지로 금식이나 기도, 자선을 형식적으로 할 뿐이지 이것의 진정한 의미를 생각하지 않고 있었다.

전도 여행 중에 사람들이 제공하는 음식이 율법에 어긋나는 것이어도 먹어야 하는지 아니면 거절해야 하는지 제자들은 난감해할 것이 확실하였다. 그래서 예수는 "입으로 들어가는 것이 그대들을 더럽히는 것이 아니라 그대들 입에서 나오는 것이 그대들을 더럽힐 것이라.(마가 7:15~16)"라고 하였다.

예수가 전하는 진리인 생명의 떡

요한복음 6:48~65절

"나는 생명의 빵이오. 그대 조상들은 광야에서 만나를 먹고도 다 죽었지만, 하늘에서 내려온 이 빵을 먹는 사람은 죽지 않소. 나는 하늘에서 내려온 살아 있는 빵이오. 이 빵을 먹는 사람은 누구든지 영원히 살 것이오. 내가 줄 빵은 곧 나의 살이오. 세상은 그것으로 생명을 얻게 될 것이오." 하고 말씀하셨다. 유다인들이 이 말씀을 듣고 "이 사람이 어떻게 자기 살을 우리에게 먹으라고 내어줄 수 있단 말인가?" 하며 서로 따졌다.

예수는 다시 이렇게 말하였다. "잘 들으시오. 만일 그대들이 사람의 아들의 살과 피를 먹고 마시지 않으면 그대 안에 생명을 간직하지 못할 것이오(1). 그러나 내 살을 먹고 내 피를 마시는 사람은 영원한 생명을 누릴 것이며 내가 마지막 날에 그를 살릴 것이오. 내 살은 참된 양식이며 내 피는 참된 음료이기 때문이오. 내 살을 먹고 내 피를 마시는 사람은 내 안에서 살고 나도 그 안에서 사오. 살아 계신 아버지께서 나를 보내셨고 내가 아버지의 힘으로 사는 것과 같이 나를 먹는 사람도 나의 힘으로 살 것이오. 이것이 바로 하늘에서 내려온 빵이오. 이 빵은 그대 조상들이 먹고도 결국 죽어간 그런 빵이 아니오. 이 빵을 먹는 사람은 영원히 살 것이오."

제자들 가운데 여럿이 이 말을 듣고 "이렇게 말이 어려워서야 누가 알아들을 수 있겠는가?"하며 수군거렸다. (생략)

해석 예수는 비유로 자신의 전하는 진리에 대하여 설명을 하지만 사람들은 알아듣지 못한다. 빵과 살은 예수가 전하는 진리의 상징이고 세상이 이것을 받아들이면 세상 사람들이 하늘나라 즉 깨달음을 얻게 된다는 뜻이었다. 진리의 상징인 예수는 사람들의 영혼을 살리는 생명의 빵과 같았기에 그 빵이 자신의 살과 같다는 비유를 한다. 그러나 의식 수준이 낮은 사람들은 이 말을 이해하지 못하고 "어떻게 자기 살을 자신들에게 먹으라고 할 수 있는지."라며 따진다. 예수의 살과 피는 영생의 음식으로 깨달음으로 안내하는 진리의 상징이었고 영생의 열쇠였다.

"사람의 아들의 살과 피를 먹고 마시지 않으면 그대 안에 생명을 간직하지 못할 것이오(1)."는 사람들의 오해를 불러일으켰다. 당시에는 여러 나라에서 피 희생의식이 있었다. 예수가 하는 말의 상징을 놓치고 이런 식인 풍습을 생각한 사람들은 이것은 말도 안 되는 것이라고 생각했다. 예수가 말하는 상징을 이해하지 못한 무지한 사람들은 예수가 자신을 죽여 그 살을 먹어야 한다고 말하는 것으로 생각했을 것이다. 지금 우리는 이런 우매한 대중의 행동을 도저히 이해할 수 없겠지만 그 당시에는 가능한 일이었다. 그래서 수많은 사람이 예수를 떠났다.

예수가 이렇게 상징으로 말을 한 것은 자신을 이해할 수 없는 수준이 낮은 사람들이 떠나도록 하기 위함이었다고 보인다.

강요가 아닌 선택, 자유의지

요한복음 6:66~69

이때부터 많은 제자들이 예수를 버리고 물러갔으며 더 이상 따라다니지 않았다. 그래서 예수는 열두 제자를 보고 "자, 너희는 어떻게 하겠느냐? 너희도 떠나가겠느냐?"하고 물었다. 그러자 시몬 베드로가 나서서 "주님, 주님께서는 영원한 생명을 주는 말씀을 가지셨는데 우리가 주님을 두고 누구를 찾아가겠습니까? 우리는 주님께서 하느님이 보내신 거룩한 분이심을 믿고 또 압니다." 하고 대답하였다.

해석 성자는 어떤 사상이나 신조를 다른 사람에게 절대 강요하지 않는다. 그 사람의 자유의지를 존중하지 않고 강요하면 즉시 그 사람의 카르마를 떠안기 때문이다. 성자는 가르침을 주지만 각자 자유의지로 그것을 받아들이거나 거절하게 한다.

예수도 마찬가지였다. 요한복음 6장에서 무지하여 예수의 말을 받아들이지 못한 수천 명의 추종자들이 떠나는 상황에서 예수는 그들을 잡으려 하지 않았다. 심지어 남은 12제자에게도 "너희도 나를 떠나가겠느냐?"라며 그들의 생각을 물어보았다. 예수는 철저히 사람들의 자유의지를 존중하고 있었다.

예수가 자신이 하느님의 아들임을 상기시켰거나 어떤 방법을 써서 그들이 자신에게 남도록 강요했다면 그들의 카르마를 짊어져야 했을 것이고 신의 계획을 망쳤을 수도 있었다. 물론 위대한 예수는 이런 우주 법칙을 잘 알고 있어서 실수할 수가 없었다.

믿음을 강요하면 우주 법칙을 어기는 것이다. 가르침을 전하고 그 선택은 사람들의 자유의지 몫이다.

예수를 떠나지 않고 남은 12명의 제자는 하늘나라의 신비를 받았다. 떠난 사람들은 예수 말을 문자 그대로 받아들여 영적인 의미를 보지 못하였다. 지금이야 요한복음 6장 구절을 오해하는 사람이 거의 없지만, 당시만 해도 대중의 의식 수준이 낮아서 일어난 일이었다. 이것은 예수의 참 가르침은 의식 수준이 높은 소수의 사람에게 전해질 수밖에 없었다는 것을 입증하는 예이다. 예수의 가르침을 물질적 관점이 아니라 영적인 관점에서 조사하고 이해하여야 한다. 성경을 문자 그대로 읽고 예수의 가르침을 안다고 생각하는 사람들이 너무 많다.

율법 준수와 개념 넘어서기

마가복음 7:1~23(마태 15:1~20)

바리새인들과 예루살렘에서 내려온 율법학자 몇 사람이 예수에게로 몰려왔다가 예수의 제자들 가운데 몇 사람이 부정한 손으로, 곧 씻지 않은 손으로 빵을 먹는 것을 보았다.(생략)

그래서 바리새인들과 율법학자들이 예수에게 물었다. "왜 당신의 제자들은 조상들이 전하여 준 관습을 따르지 않고, 부정한 손으로 음식을 먹습니까?"(생략)

무엇이든지 밖에서 몸 안으로 들어가는 것은 사람을 더럽히지 않소. 더럽히는 것은 도리어 사람에게서 나오는 것이오."

예수가 군중을 떠나 집에 들어갈 때에 제자들이 그 비유의 뜻을 묻자, 예수는 "너희도 이렇게 알아듣지를 못하느냐? 밖에서 몸 안으로 들어가는 것은 사람을 더럽히지 못한다는 것을 모르느냐? 모두 뱃속에 들어갔다가 그대로 뒤로 나가버리지 않느냐? 그것들은 마음 속으로 파고들지는 못한다." 하며 모든 음식은 다 깨끗하다고 하였다.

그리고 다시 이렇게 말하였다. "참으로 사람을 더럽히는 것은 사람에게서 나오는 것이다. 안에서 나오는 것은 곧 마음에서 나오는 것인데 음행, 도둑질, 살인, 간음, 탐욕, 악의, 사기, 방탕, 시기, 중상, 교만, 어리석음 같은 여러 가지 악한 생각이다. 이런 악한 것들은 모두 안에서 나와 사람을 더럽힌다."

해석 바리새인들의 전통에 대한 집착은 예수와의 갈등의 원인이 되었다. 그들은 그것이 구원에 절대 필요하다고 생각하였다. 예수는 입을 통하여 표현되는 사람의 생각이 더럽다고 말한다. 사실 들어온 음식은 분해되고 소화되어 에너지로 변화된다. 할랄 제도나 금기 음식 등이 우리를 깨끗하게 하거나 더럽게 하는 것이 아니라 우리의 생각이 그러하다. 모든 문제는 우리의 관념에 놓여있다. 많은 것이 잘못된 고정관념의 소산이다. 특정 개념에 사로잡혀 있는 한 우리는 삶의 주인이 아니라 그 개념의 하인으로 살아가는 것이다. 영지주의 복음서에 개념과 관련된 흥미로운 구절이 나온다.

> 세상 만물에 주어진 이름은 참으로 기만적이다. 이름은 우리의 생각을 올바른 것에서 그릇된 것으로 돌려놓는다. 그래서 "하느님"이라는 말을 듣는 자는 올바른 것을 인식하지 못하고 그릇된 것을 인식한다. 이것은 "아버지"와 "아들" "성령" "생명" "빛"

"부활" 그리고 "교회" 등 그 모든 것도 마찬가지이다. 사람들은 올바른 것을 알게 되지 않으면 올바른 것을 인식하지 못하고 그릇된 것을 인식한다. 우리가 듣는 이름들은 우리를 속이기 위해 세상에 있다. 만일 이름들이 에온(Aeon, 영원한 영역을 구성하는 존재) 안에 있다면 그것들은 결코 세상에 있는 이름처럼 쓰이지 않을 것이다. 그 이름들은 이 세속적인 것에 놓여있지 않았고 에온 안에 있다.(빌립 복음서 10절)

이 내용은 있는 그대로 보라는 의미이다. 자신의 한정된 생각이나 개념을 가지고 산과 물 혹은 신을 보게 되면 그것은 산은 산이 아니고 물은 물이 아니고 신은 신이 아닌 것이다. 그러므로 우리에게 비추어지는 어떤 대상이나 사물은 원래 그대로의 순수한 대상이나 사물이 아니라 우리의 생각이 투영된 대상이나 사물일 뿐이다. 인간의 숫자만큼 신이 존재한다는 말도 같은 뜻이다.

하느님은 우리의 개념으로 한정 지을 수 없고, 생각할 수도 없는 존재이나, 우리가 그것에 이름을 부여하는 순간 그것은 더 이상 원래의 하느님이 아니다. 기독교의 하느님, 영지주의자의 하느님, 카발라의 하느님, 한국 정통 신앙에서의 하느님 등은 모두 참 하느님을 한정시키는 이름이다. 말 그대로 우리는 이름에 속는다. 참된 이름은 이 세상에 아니라 이 세계 너머의 영원한 영역에만 있다. 개념을 넘어서라는 말이다.

기적을 요구하는 유대인들, 바르도

마태 16:1~4(**마가** 8:11~13, **참고: 마태** 12:38~42, **누가** 11:29~32)

바리새인들과 사두개파 사람들이 와서 예수의 속을 떠보려고 하느님의 인정을 받았다는 표가 될 만한 기적을 보여 달라고 하자, 이를 안 예수는 "당신들은 저녁때에는 '하늘이 붉은 것을 보니 날씨가 맑겠구나.' 하고 아침에는 '하늘이 붉고 흐린 것을 보니, 오늘은 날씨가 궂겠구나.' 합니다. 이렇게 하늘을 보고 날씨는 분별할 줄 알면서 왜 시대의 징조는 분별하지 못하시오? 악하고 절개 없는 이 세대가 기적을 요구하나 요나의 기적밖에는 따로 보여줄 것이 없소." 이렇게 대답하고는 그들을 뒤에 두고 떠나갔다.

해석 이들은 예수를 함정에 빠뜨려 하느님에 대한 불경죄로 잡아 가두려고 했다. 예수는 3일 동안 물고기 속에서 지내다 나온 요나를 언급했다. 사람들은 이 구절을 예수가 십자가에 못박이고 사흘 만에 부활한 것과 관련하여 이해한다. 여기서 예수가 요나의 기적을 언급하는데 과연 예수가 이런 말을 했는지는 성경 작가만이 알 것이다. 어쩌면 신뢰성을 위해서 예수 부활과 관련되는 구절을 구약에서 찾아서 기록했을 수도 있다.

구약은 상징을 알아야 참뜻이 해석된다. 비의 가르침에 따르면 여기서 물고기는 죽은 후 가는 우주의 중음계(바르도)를 상징하고 3일은 영혼이 다시 태어날 때까지의 바르도에서 지내는 기간이다. 흥미롭게도 영지주의 복음서에 바르도에 대한 언급이 있다.

"사람은 세상에 있거나 부활 가운데 있거나 아니면 **중간 장소**들에 있을 것이다. 하느님께서는 내가 이것들(중간 장소) 가운데서 발견되지 않기를 바라신다. 이 세상에는 선과 악이 있다. 세상의 선은 선이 아니며, 세상의 악은 악이 아니다. 그러나 이 세상 이후에는 진정한 악이 있다. 중간이라고 불리는 것이다. 그것은 죽음이다. 우리가 **이 세상에 있는 동안에 우리 자신을 위해 당연히 부활을 얻어야 한다.** 이는 우리가 육신을 벗어버릴 때 안식 속에서 발견되고 중간 지대에서 걷지 않기 위함이다. 많은 사람이 도중에 길을 잃는다. 죄를 짓기 전에 세상에서 나오는 것이 좋다." (빌립 복음서 61절).

여기서 중간 장소가 죽은 후에 가는 중음계(바르도)이다. 우리는 깨닫지 못하고 세상에 살아가거나, 깨달아 있거나(영혼의 부활), 죽은 후에 바르도계에 있게 된다. 영혼은 업에 따라 바르도계 49단계를 거쳐 다시 새로운 육체로 들어온다. 이처럼 우리는 삶과 죽음의 수레바퀴에 매여 있다. 그곳으로 가지 않으려면, 즉 삶과 죽음의 수레바퀴에서 벗어나려면 살아있을 때 우리 내면의 그리스도 의식을 부활시켜야 한다.

근원과 분리된 이 세상에서 모든 것은 상대적으로 존재한다. 그래서 물질계의 선과 악은 높은 차원에서 보면 선은 선이 아니고 악은 악이 아니다. 분리의 세계에서 단일성의 세계로 들어가면 선과 악은 존재하지 않는다.

영지주의 복음서에 티베트 불교의 바르도 가르침이 있는 것은 시공간을 떠나 진리는 하나임을 보여주는 예이다. 중간지역은 천주교의 연옥이 아니다. 바르도는 삶과 죽음 그리고 탄생으로 이어지는 윤회의 수레바퀴 중 일부이다.

교황수위권의 오해와 예수의 배려심

마태복음 16:13~20절(마가 8:27~30, 누가 9:18~21)

예수가 가이사랴 빌립보 지방에 있는 여러 마을을 향하여 길을 떠났다. 가는 도중에 제자들에게 "사람들이 나를 누구라고 하더냐?" 하고 물었다. 제자들이 "어떤 사람들은 세례자 요한이라 하고 어떤 사람들은 엘리야라 하고, 예레미야나 예언자 가운데 한 분이라고 하는 사람들도 있습니다."라고 대답하자

예수는 "그러면 너희는 나를 누구라고 생각하느냐?"하고 물었다. 시몬 베드로가 "선생님은 살아계신 하느님의 아들 그리스도이십니다."라고 대답하자, 예수는 "시몬 바르요나, 네가 복이 있구나. 이것을 네게 계시하신 분은 사람이 아니라 하늘에 계신 내 아버지시다. 잘 들어라.

18 너는 베드로다(이것은 바위이다). 내가 이 바위 위에 내 교회를 세울 터인즉 죽음의 힘도 감히 그것을 누르지 못할 것이다. 19 나는 너에게 하늘나라의 열쇠를 주겠다. 네가 무엇이든지 땅에서 매면 하늘에도 매여 있을 것이며 땅에서 풀면 하늘에도 풀려 있을 것이다." 하고 말하였다. 20 그리고 나서 예수는 자신이 그리스도라는 것을 아무에게도 말하지 말라고 단단히 당부하였다.

해석 "사람들은 내가 누구라 생각하느냐!"라는 물음에 제자들이 세례요한, 엘리야, 예레미야 등을 언급한다. 이것으로 보아 당시 사람들은 윤회를 믿었던 것으로 보인다.

"선생님은 살아계신 하느님의 아들 그리스도이십니다."라는 베드로의 고백은 공관복음서에 언급이 다 되지만, 마태복음만이 교황수

위권의 논거가 되는 구절(마태16:18절)을 남겼다. 마태의 창작인지 아니면 다른 복음서 저자가 몰랐던 것인지 알 수는 없지만 이것에 대한 천주교 해석은 문제가 많다. 이 구절을 살펴보자.

> "너는 베드로이다. 내가 이 반석 위에 내 교회를 세울 터인즉 죽음의 힘도 감히 그것을 누르지 못할 것이다."하고 말씀하셨다. "And I also say to you that you are Peter, and upon this rock I will build My church; and the gates of Hades shall not overpower it."(마태복음 16:18)
> "kagw de soi legw oti su ei **Petros** kai epi tauq q **petra** oikodomhsw mou qn ekklhsian kai pulai adou ou katiscusousin auqs."(그리스 원본)

여기서 그리스어로 'Peter'는 'Petros/Petrus'이고 의미는 '바위(rock)'이다. 'Petra'는 같은 의미의 '바위'란 단어이나 여성 명사이다. 이 구절에서 "그대는 베드로다."라는 말 대신 "그대는 바위로다."로 해석을 할 수 있다. 즉 "이것은 바위이며 이 바위 위에 교회를 세울 것이다."라는 말이었다. 물론 여기서 '바위'는 상징이다. 이것이 상징하는 것은 예수 그리스도일 수 있고 진리일 수도 있다. 그러므로 이 구절은 "진리 위에 교회를 세울 것"이란 말이므로 가톨릭의 교황수위권은 근거가 없는 셈이다.

영지주의 복음서인 도마복음에도 예수에 대한 제자들의 답변이 있는데 여기서 보면 도마복음서 저자의 생각이 공관복음서 저자들의 생각과는 상당히 다름을 알 수 있다.

> 예수께서 제자들에게 말씀하시길, "나를 다른 것에 견주어서

내가 무엇과 같은지 말해보라." 시몬 베드로가 예수께 대답하길, "당신은 의로운 신의 사자(使者) 같나이다." 마태가 대답하길, "당신은 지혜로운 철학자 같나이다." 도마가 대답하길, "스승이시여, 저는 당신이 무엇과 같은지 제 입으로는 아무것도 말할 수 없나이다."

예수께서 말씀하시길 "나는 너의 스승이 아니니라. 너는 취했고, 내가 측량하여 부여한 솟아나는 샘물로 네가 취했기 때문에 그러하느니라." 그리고 예수께서 도마를 데리고 물러나서는 그에게 세 가지를 말씀하셨다.

도마가 동료들에게 돌아왔을 때에 그들이 "예수께서 그대에게 무엇을 말씀하셨는가요?" 하고 물었다. 도마가 그들에게 말하길, "만약 그분께서 나에게 하신 말씀을 그대들에게 하나라도 말한다면, 그대들은 돌을 집어 나를 치겠고 그러면 돌에서 불이 나와 그대들을 불살라버릴 것이오."(도마복음 13절)

여기서 예수는 제자들에게 자신을 어떻게 생각하고 있는지 물어보고 있다. 베드로와 마태는 의로운 사자, 지혜로운 철학자로 말하지만, 도마는 스승이라는 말과 함께 감히 입으로는 무엇이라 말할 수 없다고 한다. 예수는 어떤 수식어로 한정하기에는 너무 깊고 높고 거대한 존재였기에 도마는 아무런 말도 할 수 없었다. 도마의 마음을 이해한 예수는 도마에게 자신은 스승이 아니라고 한다. 자신이 전한 솟아나는 샘물, 즉 마르지 않는 하느님의 말씀인 진리에 도마가 취하여 그렇다고 말한다.

재미있는 구절은 자신은 스승(master)이 아니라는 예수의 말이다. 이것은 위대한 존재인 예수에게 의지하고 숭배하려는 도마의 생각을 알아채고 주의를 주기 위해서이다. 도마가 위대하고 심오하다고 느낀 것은 예수 때문이 아니라 예수가 가지고 온 진리 때문임을 강조하는 구절이다. 달을 가리키는데 달은 보지 않고 손가락을 바라보는 사람이 많다. 진리가 아니라 그 진리를 전하는 스승에게 매여서 숭배하고 살아가는 사람이 그러한 예이다.

석가모니 임종 시에 제자 아난다가 슬퍼하며 "석존께서 돌아가시면 우리는 누구에게 의존하여 살아가나이까?"라고 말하자 석존은 이런 말을 남긴다. "자신을 빛으로 삼고 자기를 의지하여라. 나의 가르침인 법을 등불로 삼아 의지하여 살아가거라." 위대한 스승들은 같은 말을 하고 있다.

당시 제자들 수준은 영적으로 높지 않았다. 신약에 보면 상좌격인 베드로는 3번이나 예수를 부정하였고 제자들은 예수가 체포되자 두려워 도망가기까지 하였다. 부활이 있기까지 예수에 대한 제자들의 믿음은 크지 않았다. 이런 제자들에게 예수는 진리를 온전하게 전할 수는 없었다. 영적으로 성숙하지 못한 제자들에게 진리를 전하는데 있어서, 예수는 대학 수준의 철학을 중등 학생에게 강의하는 교수의 입장에 있었을 것이다. 예수는 그들에게 매우 쉬운 단어를 사용하여 풀어서 설명하였다. 그래서 예수는 들을 준비가 된 자에게만 비밀 가르침을 전수한 것이다.

사실 예수는 카발라에 정통한 분이었고 비밀 가르침 상당수가 카발라의 이해 없이는 알 수 없는 내용이다. 카발라는 유대인도 어려워하는 사유체계였다.

예수는 어느 정도 준비된 도마를 데리고 가서 비밀 가르침을 전해준다. 그러자 제자들이 호기심에 무엇을 들었느냐 물어본다. "전해 들은 것을 조금만 말해도 당신들은 내 말을 믿지 못하고 비난할 것이나 당신들이 비난하는 그 내용이 바로 당신들의 고정관념, 무지 등을 없애 줄 것이다."라고 말하고 있다. 도마가 들은 것은 세상을 밝혀줄 그래서 사람들을 깨달음으로 인도할 비밀 가르침이었다. 영지주의 복음서인 "빌립 복음서"에도 예수의 신분과 관련된 이런 구절이 있다.

> 예수께서 그들 모두를 은밀히 맞아들였다. 왜냐하면 예수는 자신의 본모습대로 자신을 드러내지 않으시고, 그들이 알아볼 수 있을 만한 방식으로 자신을 나타내셨기 때문이다. 그는 그들 모두에게 자신을 드러내셨다. **그는 위대한 자에게는 위대한 자로, 평범한 자에게는 평범하게,** 천사들에게는 천사로, 사람들에게는 사람으로 자신을 나타내셨다. 이 때문에 그의 말씀은 모든 사람에게서 감추어졌다. 어떤 사람들은 예수를 보면서 자기 자신을 보고 있다고까지 생각하였다.
>
> 그러나 예수가 산 위에서 영광 속에서 제자들에게 나타나셨을 때 그는 평범하지 않으셨다. 그는 위대하셨고 제자들이 위대함 속에서 자신을 보도록 제자들을 위대하게 만들었다. 예수께서는 그날 감사기도를 드리면서 이렇게 말씀하셨다. "완전한 빛을 성령으로 합체시킨 그대께서 또한 천사들을 이미지인 우리와 합체시켜 주소서."(빌립 복음서 24절)

이것은 예수가 왜 가르침을 비교와 현교로 나누어 전했는지 보여주는 구절이다. 사람의 의식 수준은 천차만별이고 예수는 사람들 수준에 어울리게끔 진리를 설했다. 그래서 진리는 다른 모습으로 알려졌고, 예수가 전하려 한 진리는 사람들 마음의 스크린을 통하여 심지어 왜곡되기도 하였다. 그래서 진리는 감추어졌다고 볼 수 있는 것이다. 그나마 진리에 가까운 것은 의식 수준이 어느 정도 되는 제자들에게 전해진 영지 가르침이었다.

사실 4복음서는 수준 낮은 대중에게 전해진 도덕적 가르침으로 이루어져 있다. 어떤 사람이 예수를 보고 자기 자신을 보고 있다고까지 생각한 것은 그만큼 예수는 자신의 수준을 낮추어 그들을 대했고 그들은 눈이 없어 예수의 위대함을 알아보지 못했다는 뜻이다. 예수가 산 위에서 영광 속에서 제자들에게 나타나셨을 때의 장면은 마태복음 17장에서 찾을 수 있다.

악령에게 사로잡힌 아이, 믿음과 앎

마가복음 9:14~29절(마태 17:14~20, 누가 9:37~42)

그들이 군중이 있는 곳으로 돌아와 보니 제자들이 군중에게 둘러싸여 율법학자들과 말다툼을 하고 있었다. 사람들은 예수를 보자 모두 놀라서 달려와 인사를 하였다. 예수가 그들에게 "무슨 일로 저 사람들과 다투고 있소?" 하고 묻자, 그들 가운데 한 사람이 나서서 "선생님, 악령이 들려서 말을 못하는 제 아들을 선생님께 보이려고 데려왔습니다. 악령이 한번 발작하면 그 아이는 땅에 뒹굴며 거품을 내뿜고 이를 갈다가 몸이 빳빳해지고 맙니다. 그래서 선생님의 제자들에게 악령을 쫓아내 달라고 했더니 쫓아내지 못했습니다."라고 하였다. 예수는 "이 세대가 왜 이다지도 믿음이 없을까! 내가 언제까지 그대들과 함께 살며 이 성화를 받아야 한단 말이오? 그 아이를 나에게 데려오시오."라고 하였다.(마가 9:14~19)

예수가 마귀에게 호령하자 마귀는 나가고 아이는 나았다. 사람들이 없을 때에 제자들이 예수에게 와서 "저희는 왜 마귀를 쫓아내지 못하였습니까?" 하고 물었다. 예수가 이렇게 대답하였다. "너희의 믿음이 약한 탓이다. 내가 분명히 말하지만, 너희에게 겨자씨 한 알만한 믿음이라도 있다면 이 산더러 '여기서 저기로 옮겨져라.' 해도 그대로 될 것이다. 너희가 못할 일은 하나도 없을 것이다."(마태 17:18~20)

해석 마귀를 퇴치한 예수에게 제자들이 자신들은 성공하지 못한 까닭을 물어본다. 예수는 믿음을 말하는데 이것은 우리가 알고 있는 예수의 권위에 대한 믿음은 아니다. 무엇을 신뢰한다는 것은 다른 말로는 완전한 앎을 의미한다. 완전한 앎 속에 믿음이 생기고 전적인 신뢰가 일어난다. 앎이 없이 믿는 것은 참된 믿음이 될 수가 없다. 믿는다는 것은 앎을 바탕으로 한 확신이다. 오늘날 기독교인들의 믿음은 신과 예수 그리고 우주 법칙에 대한 앎이 없는 맹신이다.

앎이란 이성과 분별력으로 사실을 이해하여 현실에 적용할 수 있는 힘이기도 하다. 아는 것을 삶에 현시할 수 없다면 그것은 완전한 앎이 아니다. 완전한 앎이 존재할 때 믿음은 창조적인 힘이 된다. 그래서 우주 법칙을 삶에 현시하지 못한다면 우리는 우주법칙에 대한 믿음만 가진다고 할 수 있다. 믿음은 나쁜 것이 아니나, 앎의 대체물이 될 수는 없다.

제자들은 법칙에 대한 앎이 부족하여서 악령을 몰아내지 못하였다. 그들은 예수가 악령을 몰아내는 방법을 여러 번 지켜보고 그 방법에 대해 배웠지만 아직 악령을 몰아내는데 필요한 집중력을 개발하지는 못하였다. 한마디로 그들은 앎이 부족하였다. 믿음은 아는 만큼 커진다.

하늘나라와 이원성 넘어가기

마가복음 9:33~37절(마태 18:1~5, 누가 9:46~48)

그들은 가버나움으로 가서 숙소에 묵을 때 예수가 제자들에게 물었다. "오는 길에 너희끼리 왜 논쟁했느냐?" 그러자 제자들은 말이 없었다. 그들은 길에서 누가 가장 큰 사람이냐 하는 문제로 다투었기 때문이었다. 예수가 자리에 앉으면서 열두 제자를 불러 놓고 말하였다. "누구든지 첫째가 되려면 모든 사람의 꼴찌가 돼야 하고 모든 사람을 섬기는 종이 돼야 한다."

그리고 예수는 어린아이 하나를 불러 그들 가운데에 세우고는 제자들에게 말하였다. "나는 분명히 말하지만, 너희가 생각을 바꾸어 어린이와 같이 되지 않으면 결코 하늘나라에 들어가지 못할 것이다(1). 그리고 하늘나라에서 가장 위대한 사람은 자신을 낮추어 이 어린이와 같이 되는 사람이다. 또 누구든지 나를 받아들이듯이 이런 어린이 하나를 받아들이는 사람은 곧 나를 받아들이는 사람이다."

해석 첫 번째 단락은 제자들 한심한 수준을 보여주는 구절인데 영지주의 복음서에도 유사한 구절이 있다.

> 마리아가 예수에게 말했다. "당신의 제자들은 누구와 같습니까?" 예수께서 말하길, "그들은 남의 밭에 거주하는 아이들과 같도다. 밭의 주인들이 돌아와, 밭을 돌려달라고 말하면 아이들은 주인에게 밭을 돌려주기 위하여 그들 앞에서 옷을 벗을 것이다."(도마복음 21절)

여기서 예수는 제자들을 아이들로 비유한다. 아이들을 둔 부모의 마음을 생각한다면 제자들에 대한 예수의 마음을 이해할 수 있을 것이다. 더구나 아이들은 남의 밭에서 살고 있다. 집이나 땅이 없는 사람은 주인의 요구가 있으면 언제든지 가진 것을 두고(옷 벗고) 떠나야 한다. 이처럼 예수는 제자들을 진리에 뿌리내리지 못하고 방황하는 부초 같은 존재로 보고 있다. 진리에 뿌리내려 자신의 운명을 지배하며 자신이 주인공인 삶(밭의 주인)을 살아가기를 바라는 마음이 담겨있다.

두 번째 단락의 "어린이와 같이 되지 않으면 결코 하늘나라에 들어가지 못할 것이다(1)."의 의미는 참된 구도자는 그릇된 개념이나 믿음에서 자유로운 어린아이처럼 되어야 한다는 것이다. 이런 상태에서 마음은 진리에 열리게 된다. 여러 번 강조하지만, 예수가 말하는 하늘나라는 마음의 상태이다. 이와 유사한 구절이 영지 복음서에 나온다.

> 예수께서 젖먹이 아기들을 보고는 제자들에게 "이 아이들은 천국에 들어가는 자들과 같도다."라고 말씀하셨다. 그러자 제자들이 "그러면 우리도 어린아이처럼 하늘나라에 들어가겠나이까?"라고 물었다.
>
> 예수께서 제자들에게 말하길, "너희가 둘을 하나로, 안을 바깥처럼, 바깥을 안처럼, 위를 아래처럼 만들 때, 남자와 여자를 하나로 만들어 남자는 남자가 아니고 여자는 여자가 아닌 것으로 만들 때, 눈이 있는 자리에 눈들을, 손이 있는 자리에 손을, 발이 있는 자리에 발을, 닮은 것이 있는 자리에 닮은 것을 만들 때, 그대들은 천국에 들어가리라."(도마복음 22절)

어린아이들이 천국에 들어가는 자들과 같다고 말하자 무지한 제자들이 자신들도 천국에 들어가게 되느냐고 물어본다. 도마복음에 보면 제자들은 줄기차게 외부에서 천국을 구하고 있다. 예수가 어린 아이가 천국에 들어간다는 말은 천진난만하고 무지한 아기가 천국에 간다는 말이 아니라, 아직 너와 나, 신과 자신, 선과 악, 앞과 뒤, 남과 여 등과 같이 사물을 구분하여 보는 그런 분리 의식이 없는 마음의 소유자가 천국에 간다는 의미였다.

"너희가 둘을 하나로, 안을 바깥처럼, 바깥을 안처럼, 위를 아래처럼 만들 때, 남자와 여자를 하나로 만들어 남자는 남자가 아니고 여자는 여자가 아닌 것으로 만들 때, 천국에 간다."라고 한다. 이 말은 우리는 전체와 분리되어 한정된 의식으로 신과 천국과 진리를 보고 있으므로 이원성을 극복하여야 원래의 참모습을 알게 되어 천국으로 들어간다는 뜻이다. 천국은 깨달음의 세계를 말한다.

신은 모든 한계를 초월한 존재이므로 이원성 너머에 있다. 만약 신이 남성이라면 반쪽 신일 것이며 그것은 초월의 신이 아닐 것이다. 유한한 마음으로 무한을 알 수 없다. 신에 어떤 속성을 부여하자마자 우리는 모든 근원인 신을 한정시키는 것이다. 천국은 이원성을 극복한 자가 가는 곳이다.

"눈이 있는 자리에 눈들을, 손이 있는 자리에 손을, 발이 있는 자리에 발을, 닮은 것이 있는 자리에 그 닮은 것을 만들 때, 그대들은 천국에 들어가리라."

이 말은 마치 선문답처럼 보인다. 각자의 자리에 있어야 할 것을 만들면 천국에 간다니 참으로 이상한 말이다. 눈의 자리에 눈이 없고 손의 자리에 손이 없는 경우가 있는가?

불교 선사의 "산은 산이고 물은 물이다."와 유사한 구절이다. 이 내용은 있는 그대로 보라는 의미이다. 자신의 한정된 생각이나 개념을 가지고 물과 산을 보게 되면 그것은 산은 산이 아니고 물은 물이 아닌 것이다. 그러므로 우리에게 어떤 대상이나 사물은 원래 그대로의 대상이나 사물이 아니라 우리의 생각이 반영된 대상이나 사물일 뿐이다.

천국이나 깨달음의 세계도 우리는 우리의 한정된 의식으로 바라보고 판단할 뿐이다. 이것은 천국도 깨달음도 아니다. 그러니 예수는 진리의 세계를 왜곡 없이 바로 볼 수 있을 때 천국은 우리 앞에 드러난다고 말하고 있는 것이다.

또 다른 영지복음서인 빌립 복음서에도 이원성 극복에 대해 나온다.

> 빛과 어둠, 삶과 죽음, 오른쪽과 왼쪽은 서로의 형제들이다. 그들은 분리될 수 없다. 왜냐하면 그들은 선은 선이 아니고, 악은 악이 아니며, 삶은 삶이 아니고, 죽음은 죽음이 아니기 때문이다. 이런 이유로 이들 각각은 태초의 근원으로 녹아 들어갈 것이다. 그러나 이런 세상 위로 높여진 사람들은 해체될 수 없어서 영원하다.(빌립 복음서 9절)

이것은 이원성에 대한 이야기이다. 신은 모든 한계를 초월한 존재이므로 이원성 너머에 있다. 천국은 이원성을 극복한 자가 가는 곳이다. 물질계에만 선과 악, 빛과 어둠, 삶과 죽음이 있다. 그러나 이들 모두는 근원에서 나온 것이다. 다만 자신의 한정된 생각이나 개념을 가지고 보니 구분되어 보일 뿐이다. 우리에게 어떤 대상이나 사물은 원래 그대로의 대상이나 사물이 아니라 우리의 생각이 개입되어 반영된 대상이나 사물일 뿐이다.

카발라에서 어둠(부질서, 부조화, 악 등)은 조화롭지 못한 빛으로 표현되며 이것이 조화롭게 조율되면 바로 빛이 된다. 어둠을 조화로운 빛으로 변화시키는 일이 우리에게 주어졌다고 한다. 본질적으로 빛과 어둠은 같은 것이다. 선과 악은 상대적 개념이고 삶과 죽음도 마찬가지이다. 예를 들면 선에 점수(최고 점수 100에서 최하 점수 1까지)를 매긴다면 7은 6에 비하면 선하겠지만 8에 비하면 악이 된다.

물질계의 삶과 죽음은 반대 개념이 아니라 푸른 하늘에 구름이 일어나 사라지듯이 그렇게 이 환영의 세계에서 일어나서 사라지고 다시 일어나는 물결일 뿐이다. 삶과 죽음의 반대는 영적으로 깨어남이다. 환영의 세계인 물질계를 넘어선 사람은 삶과 죽음을 넘어선 것이며 근원과 합일되어 영원히 존재한다.

죽은 사람이 죽은 자를 묻게 하라.

누가복음 9:57~62

예수 일행이 길을 가고 있을 때 어떤 사람이 예수에게 "저는 선생님께서 가시는 곳이면 어디든지 따라가겠습니다." 하고 말하였다. 그러나 예수는 "여우도 굴이 있고 하늘의 새도 보금자리가 있지만 사람의 아들은 머리 둘 곳조차 없구나."라고 말하였다. 예수는 다른 사람에게 "나를 따라오시오." 하고 말하자 그는 "선생님, 먼저 집에 가서 아버지 장례를 치르게 해주십시오." 하고 청하였다. 예수는 "죽은 사람들에게 죽은 자를 묻게 하고(1) 그대는 가 하느님 나라의 소식을 전하시오." 하였다. 또 한 사람은 "선생님, 저는 선생님을 따르겠습니다. 그러나 먼저 집에 가서 식구들과 작별 인사를 나누게 해주십시오." 하고 말하였다. 예수는 "쟁기를 잡고 뒤를 자꾸 돌아다보는 사람은 하느님 나라에 들어갈 자격이 없소." 하고 말하였다.

해석 "죽은 사람들에게 죽은 자를 묻게 하고(1)"에서 죽은 사람은 영혼이 깨어나지 못한 자를 말하고 이들은 육체와 함께 살고 있지만 내면의 영혼은 죽은 것과 마찬가지이다. 예수에게는 실제로 죽은 사람이나 육체는 살아 있으나 영혼이 죽은 사람이나 같은 존재로 간주되었다.

영혼이 깨어나지 못한 사람에게 삶과 죽음은 반대가 아니라 같은 상태이다. 붓다나 위대한 성자들이 삶은 꿈이고 환영이라고 말하는 이유이다. 깨어나지 못한 사람에게 삶도 꿈이고 꿈도 꿈이고 죽어서 가는 바르도계도 꿈이다. 엄밀하게 말하면 죽음은 없고 계속 이어지는 환영의 세계만이 있는 셈이다. 그러므로 삶의 반대는 죽음이 아니라 꿈에서 깨어난 진짜 삶 즉 깨달은 삶이다. 참 본성을 자각하고 신성 빛 속에 살아가는 것이 깨어있는 삶이고 살아 있는 삶이고 그 반대는 죽어있는 삶이다. 영지주의 복음서에 유사한 구절이 있다.

> "너희가 네 자신을 알게 되면 너희는 알려질 것이요 **살아계신 아버지**의 자녀가 자신임을 깨닫게 되리라. 그러나 자신을 모른다면 빈곤 가운데 사는 것이며 빈곤 그 자체이니라."(도마복음 3-2절)

> "이 가르침은 **살아있는** 예수께서 말씀하신 비밀의 말씀이며 디디모스 유다 도마가 기록한 것이다."(도마복음 1절)

여기에 살아계신 아버지, 살아있는 예수라는 말이 나온다. 도마가 예수님의 말씀을 전하면서 "살아있는"이라는 형용사를 사용한 이유는 예수를 "깨달은 자", "완전한 자"로 표현하고자 함이었다. 영혼이 깨어있지 못하다면 그것은 죽은 삶이나 마찬가지이다. 그런 의미에서 도마에게 주변 사람들은 모두 죽은 사람이었다.

진리가 그대들을 자유롭게 할 것이다.

요한복음 8:12~59

예수는 사람들에게 다시 말하였다. "나는 세상의 빛이오. 나를 따라오는 사람은 어둠 속을 걷지 않고 생명의 빛을 얻을 것이오(1)." 그러자 바리새인들은 "당신이 당신 자신을 증언하고 있으니 그것은 참된 증언이 못 됩니다." 하며 대들었다.(생략)

이 말을 듣고 많은 사람들이 예수를 믿게 되었다. 예수는 자신을 믿는 유대 사람들에게 이렇게 말하였다. "그대들이 내 말을 마음에 새기고 산다면 그대들은 참으로 나의 제자이오. 그러면 그대들은 진리를 알게 될 것이며 진리가 그대들을 자유롭게 할 것이오(2)."(생략)

이에 대하여 예수는 다음과 같이 대답하였다. "나는 마귀 들린 것이 아니라 내 아버지를 높이고 있소. 그런데도 그대들은 나를 헐뜯고 있소이다. 나는 나 자신의 영광을 찾지 않소. 내 영광을 위해서 애쓰시고 나를 올바로 판단해 주시는 분이 따로 계시오. 내 말을 잘 지키는 사람은 영원히 죽지 않을 것이오(3)."

해석 "나는 세상의 빛이오. 나를 따라오는 사람은 어둠 속을 걷지 않고 생명의 빛을 얻을 것이오(1)."에서 예수는 여기서 강력하게 자신의 존재를 밝힌다. 신과 합일 상태에 있는 예수는 신이며 빛인 까닭이었다. 유사한 내용이 영지주의 복음서에 나온다.

> 예수께서 말씀하시길, "나는 모든 것들 위에 있는 빛이며 나는 전체이니라. 나로부터 모든 것이 나왔고, 모든 것은 나에게로 이르느니라. 나무토막을 쪼개보라. 내가 그곳에 있을 것이요. 돌을 들추어보라. 그러면 거기에서 나를 발견할 것이니라."(도마복음 77절)

그리고 도마복음 50절에서 예수는 우리가 빛에서 왔음을 분명하게 선언한다.

> "예수께서 말씀하시길, '사람들이 당신들은 어디서 왔느냐?'라고 물으면 '우리는 빛에서 왔으며 빛이 스스로 생겨나기 시작하여 스스로 형성되고 형상으로 나타난 그곳에서 왔노라.' 대답하라. 사람들이 '그것이 당신이냐?'라고 묻거든 '우리는 그것의 자녀들이며 살아계신 아버지의 택함을 입은 자들이라.'라고 말하라."(도마복음 50절)

다른 가르침을 거부하고 예수만이 진리임을 내세우는 사람들은 자신 또한 빛임을 모르고 있다. 인간의 비극은 자기 자신을 모르는 데에서 비롯된다. 우리도 예수처럼 될 수 있다. 예수가 하느님 아들이듯 우리도 하느님 아들인 까닭이다.

"진리가 그대들을 자유롭게 할 것이오(2)."는 예수 가르침의 핵심이다. 이것은 예수에 대한 믿음이 아니라 예수가 전한 진리를 통한 자력 구원을 말하는 것이다. 예수가 전한 영지 가르침이 그 구원의 길이었다. 사실 4복음서를 살펴보면 우리가 생각하는 것과는 달리 믿음과 관련되는 구절은 그다지 많지가 않다. 있다고 하여도 그런 구절은 초기 교회나 혹은 복음서 작가들에 의한 조작일 가능성이 크다. 또한 그런 구절을 해석하는 방법의 문제이기도 하다. 앞에서 다루었지만 믿음의 참된 의미는 완전한 앎이다. 앎이 있어야 믿음이 커진다.

"내 말을 잘 지키는 사람은 영원히 죽지 않을 것이오(3)."는 예수가 전하는 진리를 통하여 육체로 영생한다는 뜻이 아니라 영혼이 깨어나서 신과 하나가 되어 살아간다는 뜻이다.

눈멀게 태어난 죄, 영혼과 윤회

요한복음 9:1~41

예수가 길을 가다가 날 때부터 눈먼 사람을 만났는데 제자들이 예수에게 "선생님, 저 사람이 소경으로 태어난 것은 누구의 죄입니까? 자기의 죄입니까? 그 부모의 죄입니까?" 하고 물었다. 예수는 "자기 죄 탓도 아닐 수 있고 부모의 죄도 아닐 수 있다. 하느님이 하시는 일들을 그에게 드러내려는 것일 수 있도다. 우리는 해가 있는 동안에 나를 보내신 분의 일을 해야 한다. 이제 밤이 올 터인데 그때는 아무도 일을 할 수가 없다. 내가 이 세상에 있는 동안은 내가 세상의 빛이다." 이 말을 하고는 예수는 땅에 침을 뱉어 흙을 이

겨서 그 사람의 눈에 발랐다. 그리고 그에게 "실로암 연못으로 가서 씻어라." 하고 말하였다. 그 사람이 연못에 가서 얼굴을 씻고 눈이 밝아져서 집에 돌아갔다.

해석 이런 치유는 공감치유(sympathetic magic)로 불린다. 침과 진흙에 힘이 있는 것이 아니라 이것은 환자가 자발적인 노력을 하도록 사용된 심리적 도구였다. 그가 연못에 가서 씻지 않았다면 치유되지 못하였을 것이다. 안식일 치유는 전통에 매인 바리새인 분노를 야기하였다. 그들에게 전통에 따르지 않은 예수는 하느님의 아들이 아님이 분명한 증거였다. 그들은 안식일을 어긴 예수를 바로 죄인으로 낙인찍었다.

"자기의 죄입니까? 그 부모의 죄입니까?" 구절은 제자들이 그 사람이 출생 전에 이미 죄를 범했다는 것을 간주하는 것으로 보인다. 영혼이 새로 만들어져 태어난다면 영혼에 무슨 죄가 있겠는가? 태어날 때 죄가 있다면 이는 전생을 전재해야 하기 때문이다. 이것은 영혼의 윤회를 받아들여야 가능한 질문이다. 기독교의 육체와 영혼에 대한 학설은 예수 사후에 교부들이 정리한 것이고 예수가 살았던 시기에는 달랐다.

오늘날 교회는 영혼은 육체마다 새로 창조되고 임신과 출생 사이에 육체로 들어간다고 한다. 이 이론에 의하면 전생은 없는 셈이다. 정의로운 신이라면 영혼을 창조하여 그들을 죄와 시련의 세계로 보내지는 않을 것이다. 영혼은 이런 신의 창조 행위에 전혀 책임이 없다.

기독교 교부들의 영혼에 대한 견해는 크게 세 가지로 나뉜다. 첫째로 이미 창조되어 존재하고 있는 영혼이 출생 시에 육체에 들어온다는 견해로 영혼선재설이라 한다(주요 지지자들: 플라톤, 필로, 오리게네스, 카발라 이론, 대다수 동양종교).

둘째로 부모로부터 영혼과 육체를 함께 물려받는다는 영혼 유전설이 있다. 이 설은 원죄를 설명하기 위하여 주장되었다. 이 설에 따르면 출생을 통하여 영혼은 육체와 함께 존재하게 된다. 영혼은 비물질적이므로 분할될 수 없고 아버지와 어머니의 영혼 중 누구의 것을 유전 받는지 명확하지 못하며 특히 예수가 마리아에게서 영혼을 유전 받았다면 예수의 신성이 문제가 되는 모순이 생겨난다. 물론 교회는 예수가 성령에 의한 동정녀 출생이므로 마리아의 원죄를 물려받지 않았다는 주장을 편다. 주요 인물로는 니사의 그레고리우스와 테르툴리아누스, 아우구스티누스, 루터 등이다.

셋째로 임신이나 출생 시에 하느님이 영혼을 매번 창조한다는 영혼 창조설이 있다. 주요 지지자는 초기 교회 교부들, 가톨릭교회, 토마스 아퀴나스, 칼빈 등이다. 이 이론은 신이 새로 창조한 영혼은 순수할 터인데 왜 원죄를 지니게 되냐는 문제에 봉착하나 원죄가 자리 잡은 곳은 육체라고 주장하여 문제를 비켜나가려 한다.

기독교에서는 영혼선재설을 받아들일 수 없다. 왜냐하면 영혼선재설은 모든 인간은 아담의 후손이며 모든 인간은 아담의 범죄로 말미암은 원죄를 지니고 있다는 성경의 가르침에 모순되기 때문이다. 그래서 주장되는 것이 영혼창조설과 영혼유전설이다. 성경구절에 구체적인 명시가 없으니, 논쟁은 일어날 수밖에 없는 일이고 어느 학설을 취하든 만족할 만한 이유가 되지 못한다.

결국 문제는 신의 아담 창조와 원죄에 있다. 이 논리 때문에 만들어진 것이 영혼창조설과 영혼유전설이다. 그러므로 신의 아담 창조와 원죄가 그 근거가 없다고 밝혀지면 영혼창조설과 영혼유전설은 존재 근거를 상실한다. 구약의 아담 창조와 에덴동산에서 추방은 상징이므로 문자적으로 해석하면 안 된다. 이 상징을 어떻게 해석하느냐는 다른 차원의 문제이다.

카발라에서는 우주를 4개의 세계(아시아, 예치라, 브리아, 아칠루트)로 구분하는데 토라는 이 4개 차원으로 해석이 된다(p223 참조). 하나의 구절에 4가지 의미가 중첩되어 숨어있는 것이다. 카발라의 대표적인 문헌인 조하르에서는 이것을 상징적으로 외관, 육체, 영혼, 영혼의 영혼으로 표현한다. 그러므로 모세오경 즉 토라에 나오는 이야기를 문자적으로 이해하면 너무도 많은 것을 놓치게 되며 터무니없는 이야기도 믿어야 한다. 우리는 외관 안에 숨어있는 진짜 토라를 보는 지혜를 얻어야 한다. 그렇게 될 때 신의 숨이 토라를 통하여 이 세상에 작동하는 신비를 보게 된다.

죽은 나사로를 살리다.

요한복음 11:1~44

마리아와 마르다 자매가 사는 베다니 동네에 나사로라는 병자가 있었다. 나사로는 마리아의 오빠였다. 마리아는 주님께 향유를 붓고 머리털로 주님의 발을 닦아드린 적이 있는 여자였다. 마리아와 마르다는 예수에게 사람을 보내어 “주님, 주님께서 사랑하시는 이가 앓고 있습니다.” 하고 전했다. 예수는 그 전갈을 받고 “그 병은 죽을 병이 아니다. 그것으로 오히려 하느님의 영광을 드러내고 하느님의 아들도 영광을 받게 될 것이다.” 하고 말하였다. 생략)

예수가 온다는 소식을 듣고 마르다는 마중을 나갔다. 그동안 마리아는 집 안에 있었다. 마르다는 예수에게 이렇게 말하였다. "주님, 주님께서 여기에 계셨더라면 제 오빠는 죽지 않았을 것입니다(1). 그러나 지금이라도 주님께서 구하시기만 하면 무엇이든지 하느님께서 다 이루어주실 줄 압니다." 예수가 "네 오빠는 다시 살아날 것이다." 라고 말하자, 마르다는 "마지막 날 부활 때에 다시 살아나리라는 것은 저도 알고 있습니다(2)." 하고 말하였다.

그러자 예수가 "나는 부활이요 생명이니 나를 믿는 사람은 죽더라도 살겠고 또 살아서 믿는 사람은 영원히 죽지 않을 것이다(3). 너는 이것을 믿느냐?" 하고 물었다. 마르다는 "예, 주님, 주님께서는 이 세상에 오시기로 약속된 그리스도이시며 하느님의 아드님이신 것을 믿습니다." 하고 대답하였다. (생략)

예수가 "돌을 치워라." 하자 나사로의 누이 마르다가 "주님, 그가 죽은 지 나흘이나 되어서 벌써 냄새가 납니다." 하고 말했다. 예수가 마르다에게 "네가 믿기만 하면 하느님의 영광을 보게 되리라고 내가 말하지 않았느냐?" 하자, 사람들이 돌을 치웠다. 예수는 하늘을 우러러보시며 이렇게 기도하였다. "아버지, 제 청을 들어주셔서 감사합니다. 그리고 언제나 제 청을 들어주시는 것을 저는 잘 압니다. 그러나 이제 저는 여기 둘러선 사람들로 하여금 아버지께서 저를 보내주셨다는 것을 믿게 하려고 이 말을 합니다."

말을 마치고 "나사로야, 나오너라." 하고 큰 소리로 외치자, 죽었던 사람이 밖으로 나왔는데 손발은 베로 묶여 있었고 얼굴은 수건으로 감겨있었다. 예수가 사람들에게 "그를 풀어주어 다닐 수 있게 하여라." 하고 말하였다.

해석 "주님, 주님께서 여기에 계셨더라면 제 오빠는 죽지 않았을 것입니다(1)." 구절을 보면 나사로와 여동생들은 예수의 제자로 신심이 아주 강했던 것 같다. 이들은 예수의 치유력에 대한 완전한 믿음을 보여준다.

"마지막 날 부활 때에 다시 살아나리라는 것은 저도 알고 있습니다(2)."는 이들이 종말론과 마지막 심판의 날에 육체가 부활한다는 사상을 믿고 있었다는 증거이다. 바리새인의 조상들이 바빌론 유수 때에 조로아스터교의 종말론을 배워서 이것을 가지고 왔고 바울을 위시하여 많은 유대인이 이것을 믿었다고 전해진다. 그러나 예수는 이런 종말론을 부정하였다. 예수가 말하는 하늘나라는 어느 순간에도 도달할 수 있는 마음의 상태였고 이것이 영생이었다.

이런 말에 예수가 "나는 부활이요 생명이니 나를 믿는 사람은 죽더라도 살겠고 또 살아서 믿는 사람은 영원히 죽지 않을 것이다(3)."라고 말한다. 여기서 예수가 말하는 믿음은 자신에 대한 맹목적 의존이나 믿음이 아니라 자신이 전하는 진리에 대한 앎을 말하는 것이다. 이 진리로 영혼이 깨어나면 영원히 죽지 않게 된다.

죽은 지 나흘은 바르도에 머무는 3일을 넘어선 기간이다. 통상적으로 영혼은 3일 후에 새로운 육체로 돌아온다. 나사렛이 죽은 지 나흘은 영혼이 자신의 육체로 돌아올 가능성이 없는 기간이다. 이미 다른 육체에 태어났을 수도 있었지만, 신과 하나였던 예수는 신성한 힘을 사용하여 영혼을 돌아오게 할 수 있었다. 비의 가르침에서는 예수가 사용한 신성한 힘이 신의 이름(YHVH)이라고 한다.

죽음은 없다

요한복음 11:25~26

"나는 부활이요 생명이니 나를 믿는 사람은 죽더라도 살겠고 또 살아서 믿는 사람은 영원히 죽지 않을 것이다."

해석 우리는 죽음을 어찌할 수 없는 운명으로 받아들인다. 그러나 예수는 자신이 전하는 가르침의 뜻을 알게 되면 죽지 않으리라는 말을 한다. 과연 죽음을 넘어서는 것이 가능한 일인가?

죽음이 없다는 말은 두 가지 의미로 해석이 된다. 하나는 말 그대로 육체의 죽음을 극복한다는 것이고 다른 하나는 육체 내면의 영혼이 윤회하지 않고 영원히 사는 것을 말한다.

예수의 부활이나 전설처럼 전해지는 인도나 히말라야의 나이를 알 수 없는 성자들, 죽음이 오기 전에 미리 알고 스스로 육체를 버리고 떠나는 성자들, 임종 시에 육체가 빛으로 변하여 사라지는 성자들이 전자의 예이고[7], 진리를 깨우쳐 더 이상 윤회하는 일이 없는, 그래서 앞으로 더 이상 죽을 일이 없는 영혼이 후자의 예라 하겠다. 이와 관련하여 요한계시록 3장 12절에 이런 구절이 나온다.

> "나는 승리하는 자를 내 하느님의 성전 기둥으로 삼을 것이며, 그가 다시는 그 성전을 떠나지 않게 될 것이다, Him who overcomes I will make a pillar in the temple of my God. Never again will he leave it."

---

7) 이들에게 육체의 죽음은 피할 수 없는 운명이 아니라 선택일 뿐이다.

이 구절에서 승리하는 자는 깨달은 영혼을 말하고, 성전을 떠나지 않게 된다는 말은 더 이상 윤회하지 않는다는 말이다. 이들 영혼은 더 이상 죽음을 경험하지 않는다.

그러므로 깨달은 자에게 죽음은 없다. 육체는 죽을지라도 내면의 혼은 깨어있어서 죽음을 경험하지 않기 때문이다. 이들은 더 이상 삶과 죽음의 윤회 수레바퀴에 묶이지 않고 영혼으로 영원히 산다.

윤회란 이 세상에 극복해야 할 것이 남은 혼이 이것을 극복하기 위하여 다시 삶으로 돌아오는 현상이다. 극복할 것은 물질에 대한 집착이며 이 집착은 무지로 인하여 생겨나고 이 무지는 바른 가르침을 통하여 제거된다. 영원히 사는 방법은 이 비밀 가르침의 뜻을 아는 것이라고 예수는 말하고 있다. 깨닫지 못하면 육체가 살아 있어도 혼은 죽은 것이다.

육체 죽음의 극복은 요한복음(11장 17~44)에서 볼 수 있는데, 예수는 죽은 지 사흘 되는 나사로를 살리는 대목이 나온다. 즉 죽음이 극복될 수 있음을 보여주는 구절이다.

사실 예수의 부활은 죽음이 없음을 보여주는 명확한 증거이다. 기독교인들은 예수가 보여준 여러 기적[8]을 믿는다. 물론 이것을 비유로 보는 사람도 있고 과학 법칙에 어긋난다며 거짓이라 주장하는 사람도 있다. 기독교인들이 예수가 행한 기적을 믿으면서도 죽음은 없다는 예수의 말씀은 왜 믿지 못하는 걸까?

예수 같은 존재라면 죽음을 얼마든지 피할 수 있었고 심지어 마지막 순간에도 능력을 발휘하면 얼마든지 그 위기에서 벗어날 수 있었다. 예수는 죽음을 넘어선 존재였기에, 십자가에 못 박히는 일과 고통스러워하는 모습 그리고 죽음(외관상)은 자신에게 주어진 사

8) 물로 포도주 만들기, 빵 다섯 개와 물고기 두 마리로 5000명을 먹인 일, 물 위를 걸으신 일, 죽은 자 살리기, 수많은 치유.

역을 완수하고자 하는 연극이고 쇼였다.

재미있는 일은 기독교인들은 예수가 자신들 죄를 대신하여 죽임을 당하였다며 미안해한다. 예수는 죽음이 없다고 하였으며 죽음을 넘어선 사람이다. 그러므로 그는 죽을 수도 없었고 죽지도 않았다. 부활은 그 증거이다. 예수가 인간의 죄를 대신하여 자신이 죽는다고 한 말은 성경 어디에도 없다.

예수가 죽고(외관상) 부활한 것은 우리 죄를 대신하기 위한 것이 아니라 자신이 평소 말해온 누구나 죽음을 극복할 수 있음을 보여주기 위함이었다. 물질에 매여 자신의 무한한 영적 능력을 잊고 사는 사람들에게 본래의 무한한 힘이 있음을 보여주기 위함이었다.

비유를 들자면 예수가 하느님 나라에 거주하다가 잠시 누추한 인간 세계에 내려와 사시다가 다시 하늘나라로 가셨다면 예수에게는 그리운 고향으로 돌아간 것이나 마찬가지이다. 그러므로 좋은 집을 버리고 좁고 누추한 집(영혼의 무덤인 육체)에 거주한 것이 예수의 희생이고 사랑이었다. 예수는 모든 중생이 고통에서 벗어나 깨달음을 얻을 때까지 세상에 남아 자신을 희생해 가며 진리를 펴는 보살과 같은 위치에 있었다.

우리는 예수와 같은 위대한 영혼이 누추한 육체에 들어와 인간을 위하여 자신을 희생해 가며 사역하신 노고에 감사해야 한다.

신약의 명상법

누가복음 10:27

"네 마음을 다하고 네 목숨을 다하고 네 힘을 다하고 네 생각(뜻)을 다하여 하나님을 사랑하라, Thou shalt love the Lord thy God with all thy **heart,** and with all thy **soul,** and with all thy **strength,** and with all thy **mind.**"(KJV)

해석 한글 성서에서는 Heart, soul, strength, mind를 "마음"과 "목숨", "힘" 그리고 "뜻"처럼 문자적으로 번역하는데 고대 지혜의 가르침에서는 이 구절을 아래처럼 심층 해석한다.

이것은 신의 몸인 우주를 구성하는 4개의 세계 즉 사계(四界, 물질계, 아스트럴계, 멘탈계, 영계)와 연관되고 인도의 4개 요가와도 연관된다. 힘(strength)은 물질계(아시아), 가슴(heart)은 아스트럴계(예치라), 마음(mind)은 멘탈계(브리아), 혼(soul)은 영계(아칠루트)와 대응한다. 신은 4계에 확장되어 있으며(p237, 카발라 생명나무 그림 참조) 신을 사랑하기 위해서는 이 4계를 다 알아야 한다. 이를 위해서는 4계의 속성과 작동 원리를 담고 있는 카발라 교리와 수련법을 알아야 한다.

이것은 또한 신의 일부분인 내면의 참 자아를 알기 위하여(신과 합일), 육체(strength)와 가슴(heart)과 마음(mind)과 혼(soul)의 힘을 다하라는 취지이기도 하다. 힘을 다하기 위해서는 혼의 신성한 속성, 마음의 작동 원리, 열정과 헌신 같은 감정적 속성을 알고 다스릴 수 있어야 하고 육체적 노력이 필요함을 말한다.

인도 요가는 신과 합일을 위한 방법으로 혼(soul, 신성한 의식)의 길인 라자 요가, 마음(mind, 지성)의 길인 지냐나 요가, 가슴(heart)의 길인 박티요가, 육체(strength)의 길인 카르마 요가를 제시한다.

혼의 길은 우리 내면의 신성 힘을 드러내어 신과 만나고, 마음의 길은 지성을 통하여 신을 만나고, 가슴의 길은 신에 대한 사랑과 헌신을 통하여 신과 만나고, 육체의 길(카르마 요가)은 자기를 비우고 모든 것을 신께 바치는 행위(일)를 통하여 신과 합일을 추구한다.

박티 요가나 카르마 요가는 믿음이나 헌신 쪽이 좀 더 강하고, 지냐나 요가나 라자 요가는 자력 수련 면이 강하다. 오늘날 기독교인은 육체나 가슴으로만 신을 사랑하려고 한다. 마음(지성))과 혼의 영적 속성에 대한 이해가 부족하여 신을 온전히 사랑할 수 없다. 즉 카발라에서 말하는 4계의 균형이 무너져 있다.

예수 제자의 자격 요건

누가복음 14:25~27, 33(마태 10:37~38)

큰 무리가 예수와 함께 길을 가고 있었는데 예수가 뒤돌아서서 그들에게 말씀하였다. "누구든지 나에게 올 때 자기 부모나 처자나 형제자매나 심지어 자기 자신마저 미워하지 않으면(1) 내 제자가 될 수 없소. 그리고 누구든지 자기 십자가를 지고(2) 나를 따라오지 않으면 내 제자가 될 수 없소. 그대들 가운데 누구든지 나의 제자가 되려면 자기가 가지고 있는 것을 모두 버려야 하오(3)."

해석 부모를 미워하라는 말은 우주적 차원에서 혈육의 정도 집착이므로 버리라는 뜻이고 자신을 미워하라는 말(1)은 물질에 매여서 진리를 탐구하지 않는 그런 자신을 버리라는 말이다. 마태복음(12:46~50)에서 예수의 가족에 대한 태도를 얼핏 엿볼 수 있다. 여기서 예수는 진리의 길을 걷는 사람이 부모 형제란 말을 한다. 형제와 부모에 대한 예수의 태도는 도마복음에서 이렇게 나온다.

> 예수께서 말씀하시길 "나처럼 자기의 아버지와 어머니를 미워하지 않는 자는 내 제자가 될 수 없고 나처럼 자기 아버지와 어머니를 사랑하지 않는 자도 내 제자가 될 수 없느니라. 왜냐하면 내 진정한 어머니가 나에게 생명을 주셨기 때문이니라."(도마복음 101절)

예수가 가족을 미워한다는 말은 일반인이 가지고 있는 그런 세속적인 감정을 의미하는 것이 아니라 진리로 인도하기 위한 사랑의 매의 다른 표현이었다. 성전에서 고리대금업자에게 화를 내어 이들을 내쫓은 것도 마음에 미워하는 감정이 있어서가 아니라 그들을 조금이라도 바른길로 인도하고자 하는 사랑 때문이었다. 감정을 통제할 수 있으면 상대방에게 메시지나 훈육을 하기 위하여 여러 감정을 인위적으로 불러일으켜 사용할 수 있다. 일반인은 감정의 노예이지만 예수는 감정의 주재자이기 때문에 가능하다.

예수가 볼 때는 사회의 관습에는 인간의 영적 성장을 방해하는 너무나 많은 악습이 존재하였다. 그 터무니없고 무의미한 관례를 강요하는 사회와 구성원에 저항하지 않으면 그것에 구속될 뿐이다. 잘못된 관습이나 사고방식을 미워하지 않고는 새로운 길을 걸을 수 없고 새로운 가르침을 따를 수 없다. 시대 상황에 따라 수시로 변하는 인간이 만든 법이 아니라 영원불변한 신의 법칙에 따라야 한다. 예수는 미움을 말하고자 함이 아니라 올바른 사랑을 하자고 말하고 있다.

“자신의 십자가를 지라는 말(2)”은 마태 16:21~28, 누가 9:23 (p102)를 참조하면 된다.

“제자가 되려면 가진 것을 다 버리라는 말(3)”은 부자 청년(마태 19:16~26, 마가 10:17~31, 누가 18:18~30, p175)에서 보겠지만, 재물이 아닌 재물에 대한 집착을 버리라는 말이다.

잃어버린 양 한 마리의 소중함

누가복음 15;1~7절(참고: 마태 18:10~14)

세리들과 죄인들이 모두 예수의 말씀을 들으려고 모여들었다. 이것을 본 바리새인들과 율법학자들은 “저 사람은 죄인들을 환영하고 그들과 함께 음식까지 나누고 있구나!” 하며 못마땅해 하였다. 그래서 예수는 그들에게 비유로 이렇게 말하였다.

“그대들 가운데 누가 양 백 마리를 가지고 있었는데 그중에서 한 마리를 잃었다면 어떻게 하겠소? 아흔아홉 마리는 들판에 그대로 둔 채 잃은 양을 찾아 헤매지 않겠소? 그러다가 찾게 되면 기뻐서 양을 어깨에 메고 집으로 돌아와 친구들과 이웃을 불러 모으고 ‘자, 같이 기뻐해 주십시오. 잃었던 양을 찾았습니다.’ 하며 좋아할 것이오. 잘 들으시오. 이와 같이 회개할 것 없는 의인 아흔아홉보다 죄인 한 사람이 회개하는 것을 하늘에서는 더 기뻐할 것이오.”

해석 길 잃은 양 한 마리에 대한 구절은 신에게서 멀어진 우리 영혼 즉 길 잃은 양을 구원하기 위해 내려온 예수에 대한 비유의 말이다. 목자는 신이고 양 99마리는 신성한 영혼들이고 길 잃은 양 한 마리는 추락하여 어둠 속에서 헤매는 영혼을 상징한다. 전부 소중한 존재나 신은 길 잃은 영혼에 대해서 가장 큰 관심을 기울인다. 나머지는 스스로 자신을 돌볼 줄 알기 때문에 길 잃을 염려가 없으나 길 잃은 양은 산속에서 늑대(어둠/악)에게 잡아먹혀 버릴 수도 있어서 가장 염려하며 찾아나서는 것이다. 예수는 구원의 방법으로 영지를 전하였다. 영지주의 복음서에도 유사한 구절이 있다.

> 그분이 길을 잃지 않은 아흔아홉 마리의 양을 두고 떠나신 목자이다. 그분은 길을 잃은 한 마리 양을 찾아 떠났다. 그분은 한 마리 양을 찾으시고 기뻐하셨다. 왜냐하면 99마리는 그것을 잡고 있는 왼손의 숫자이기 때문이다. 그러나 하나를 되찾는 순간에, 그 전체의 숫자가 오른손으로 넘어간다. 하나가 부족한 오른손이 부족한 것을 자기에게로 끌어당겨, 그것을 왼쪽에서 집어다가 오른쪽으로 가져가니, 그 숫자가 100이 된다. 이것은 아버지를 상징한다.(진리복음서 25절)

> 예수께서 말씀하시길, "왕국은 마치 백 마리의 양을 지닌 한 목자와 같으니라. 어느 날 그 양들 중에 가장 큰 양 한 마리가 길을 잃었느니라. 그러자 목자는 다른 아흔아홉 마리를 남겨두고 길 잃은 양 한 마리를 찾을 때까지 찾아 나섰느니라. 목자는 힘들여 찾은 후에 그 양에게 말하길, '나는 다른 아흔 아홉 마리의 양보다 더 너를 사랑한다.'"(도마복음 107절)

하느님 나라는 외부가 아니라 그대 마음 안에 있다.

누가복음 17:20~21

하느님 나라가 언제 오겠느냐는 바리새인들의 질문을 받고 예수는 이렇게 대답하였다. "하느님 나라가 오는 것을 눈으로 볼 수는 없소. 또 '보아라, 여기 있다.' 혹은 '저기 있다.'라고 말할 수도 없소. 하느님 나라는 바로 그대를 가운데 있소이다."

해석 예수는 이렇게 분명하게 하늘나라가 우리 마음 안에 있음을 밝힌다. 도마복음에도 유사한 구절이 나온다.

> 예수께서 말씀하시길. "만약 너희 인도자들이 너희에게, '보라 천국이 하늘에 있노라.'라고 말한다면 공중의 새들이 너희를 앞설 것이요, 만일 그들이 '천국이 바다에 있노라.'라고 한다면 물고기들이 너희를 앞설 것이니라. 오히려 천국은 너희 안에도 있으며 너희 바깥에도 있느니라."(도마복음 3-1절)

> 제자들이 예수께 묻기를, "언제 (아버지) 왕국이 오겠습니까?" (예수께서 말씀하시길) "그것은 너희가 기다린다고 오지 않을 것이다. '보라, 여기에 있다' 혹은 '보라, 저기에 있다'라고 말할 수 있는 것이 아니니라. 오히려 아버지 왕국은 이 땅 위에 펼쳐져 있으나 사람이 보지 않을 뿐이니라."(도마복음 113절)

옛날부터 사람들은 천국을 우리 사는 세계와는 멀리 떨어진 곳으로 상정하여 왔다. 심지어 하느님이 사는 나라가 하늘 높은 곳에 있다고 보고, 그곳에서 왕관을 쓰고 옥좌에 앉아 세상을 내려다보며 통치하는 신을 상정하기도 하였다. 예수 당시 많은 종교인은 사람들에게 천국을 외부에서 찾도록 가르쳤다. 예수 제자들을 포함하여 사람들은 하늘나라를 특정 장소로 이해하였다.

예수는 이런 고정관념에 일침을 가하고 있다. 천국이 하늘에 있다면 하늘을 나는 새들이 우리보다 먼저 천국에 갈 것이며 천국이 바다에 있다면 바다에 사는 물고기들이 우리 인간보다 앞서 천국에 가는 것이 논리적일 것이다. 이들 주장이 터무니없음을 비유를 통하여 말하고 있다.

하늘나라는 특정한 장소에 있는 것이 아니라 눈만 뜨면 우리 마음에도 있고 바깥에도 있고 이 자리에 바로 펼쳐져 있다. 무지한 사람들은 햇살이 찬란히 비치는데 눈을 감고는 사방이 어둡다며 어디에서 빛을 볼 수 있느냐고 물어본다. 눈 뜨면 그 자리가 햇살이 비치는 환한 곳이다. 예수는 하늘나라가 이 자리에 펼쳐져 있다고 말한다. 하늘나라는 바로 이 자리에 있다. 인도 성자 까비르도 같은 말을 하고 있다.

벗이여, 그대 어딜 가서 나를 찾는가.
눈을 뜨고 보라
나는 지금 그대 옆에 있나니.

나는 사원에도 없고 모스크에도 없고
히말라야 산정에도 없고 카바 신전에도 없고……

저 거룩한 의식 속에도 요가의 수련 속에도
출가 수도의 길에도 나는 없다.

그대 진정한 구도자라면 지금 여기에서 나를 보리라,
바로 지금 이 순간에.

진정으로 찾는 이여, 찾아 헤매는 이여!
신은 모든 존재의 호흡 속에 있다. 그 호흡 속의 호흡이다.

육체 결혼과 영적 결혼, 아담과 이브의 비밀

마가복음 10:1~12(마태 19:1~12)

예수가 유대 지방으로 가서 요단강 건너편으로 가니 사람들이 많이 모여들었고 예수는 늘 하던 대로 그들에게 가르침을 전하였다. 그때 바리새인들이 와서 예수의 속을 떠보려고 "남편이 아내를 버려도 좋습니까?" 하고 물었다. 예수는 "모세는 어떻게 하라고 일렀소?" 하고 반문하였다. "이혼장을 써주고 아내를 버리는 것은 허락했습니다." 하고 그들이 대답하자, 예수는 이렇게 말하였다. "모세는 그대들 마음이 굳을 대로 굳어져서 이 법을 제정해 준 것이오. 그런데 천지창조 때부터 하느님께서는 사람을 남자와 여자로 만드셨소(1). 그러므로 사람은 그 부모를 떠나 자기 아내와 합하여 둘이 한 몸이 되는 것이오. 따라서 그들은 이제 둘이 아니라 한 몸이오. 그러므로 하느님께서 짝지어 주신 것을 사람이 갈라놓아서는 안 되오(2)."

해석 "천지창조 때부터 하느님께서는 사람을 남자와 여자로 만드셨소(1).”는 창세기(1:27, 하느님이 당신의 형상대로 사람을 창조하셨으니, 곧 하느님의 형상대로 사람을 창조하셨다. 하느님이 그들을 남자와 여자로 창조하셨다. 5:1~2, 아담의 계보는 이러하다. 하느님께서 사람을 지어내시던 날, 하느님께서는 당신 모습대로 사람을 만드시되 남자와 여자로 지어내셨다. 그날 하느님께서는 그들에게 복을 주시며 그 이름을 아담이라 지어주셨다.)에 나온다. 하느님은 자신의 형상대로 여자와 남자를 창조하였다. 즉 아버지 하느님은 남녀 속성을 다 지니고 있는 남녀 성을 초월한 존재라는 것이다.

“자기 아내와 합하여 둘이 한 몸이 되는 것이오. 하느님께서 짝지어 주신 것을 사람이 갈라놓아서는 안 되오(2).” 구절에는 깊은 상징이 담겨있다. 이것을 이해하려면 카발라 우주론을 알아야 한다. 여기서 말하는 결혼은 육체의 결혼이 아니라, 참된 결혼 즉 영혼의 결혼에 대한 비유적 설명이다. 카발라 사상을 담고 있는 영지주의 복음서에 아담과 이브에 대하여 이렇게 말한다.

> 아담과 이브가 함께 하였을 때에는 죽음이 존재하지 않았다. 그녀가 그에게서 분리되었을 때 죽음이 존재하게 되었다. 만일 아담이 다시 완전해져서 이전의 자아를 얻는다면 죽음은 더 이상 존재하지 않을 것이다.(빌립 복음서 72절)

> 만일 여성이 남성에게서 분리되지 않았다면 여성은 남성과 함께 죽지 않을 것이다. 그의 분리가 죽음의 시작이 되었다. 이 때문에 그리스도께서 시작부터 있었던 그 분리를 고쳐 그 둘을 다시 하나로 만들기 위하여, 그리고 그 분리의 결과로 죽은 자들에게 생명을 주고 그들을 다시 하나로 만드시려고오셨다.(빌립 복음서 80절)

신방에서 하나로 합일한 사람들은 더 이상 분리되지 않는다. 이처럼 신방에서 이브는 아담과 합일되지 않았기 때문에 아담으로부터 분리되었다.(빌립 복음서 81절)

카발라 가르침에 따르면 남녀의 창조 전에는 남녀는 하나로 존재하는 영혼이었다. 하나 속에 둘이 존재하는 상태였다. 그때는 그 자체로 완전한 상태여서 지금처럼 자신의 짝을 찾을 필요가 없었다. 그런데 어떤 계기로 하나는 둘로 나뉘어 인간 육체로 들어왔다. 이것은 음양의 분리였고 비정상적인 상태였다. 남녀가 하나가 되는 것이 원래의 모습이고 정상이다.

남녀가 서로에게 끌리고 사랑하는 것은 자신에게 없는 다른 한쪽의 속성을 찾기 위한 것이다. 그런데 육체적인 합일은 진정한 만남이 아니다. 내면 의식을 상승시켜 우리의 의식이 신 의식과 연결될 때 비로소 완전한 만남이 이루어진다. 예수가 이것을 둘이 한 몸이 되는 것이라 말한다. 영혼의 결합은 신방 즉 송과선에서 일어난다.

혼인에는 3단계가 있는데, (1)남녀의 육체적 결합, (2)외적 자아와 영혼의 결합, (3)영혼과 신의 결합이다. 이것은 남녀 영혼의 분리, 내적 자아와 외적 자아의 분리, 신과 영혼의 분리의 반대 개념이다. 이처럼 혼인은 신비스러운 의미가 숨겨있다. 우리 모두는 신방에서 영적인 결혼을 통하여 신과 하나가 되어야 한다.

어린이를 축복하신 예수와 제자들의 무지

마태복음 19:13~15(마가 10:13~16, 누가 18:15~17)

그때 사람들이 어린이들을 예수에게 데리고 와서 머리에 손을 얹어 기도해 주시기를 청하였다. 제자들이 그들을 나무라자, 예수는 "어린이들이 나에게 오는 것을 막지 말고 그대로 두어라. 하늘나라는 이런 어린이와 같은 사람들의 것이다." 하고 말하였다. 그리고 그들의 머리 위에 손을 얹어 축복해 주고 나서 그곳을 떠났다.

해석 하늘나라와 어린아이에 대한 설명은 마가 9:33~37, 마태 18:1~5, 누가 9:46~48(p145~150)에서 설명하였다. 영지주의 복음서에는 4복음서와 마찬가지로 어린아이에 대한 구절이 많이 나온다.

> 제자들이 묻기를, "당신은 언제 우리에게 드러낼 것이며 언제 우리가 그런 당신을 볼 수 있겠나이까?" 예수께서 말씀하길, "그대들이 어린아이처럼 부끄럼 없이 옷을 벗어 집어 들고는 발밑에 두고 밟을 때 그대들은 살아있는 분의 아들을 보게 될 것이며 두려워하지 않을 것이다."(도마복음 37절)

도마복음에서 제자들의 질문 요지는 예수의 참모습, 정체는 무엇이며 언제 그 참모습을 볼 수 있겠느냐는 것이다. 제자들은 자신들이 따르고 있는 예수란 사람이 누구인지 궁금하였다. 아는 만큼 이해한다는 말이 있듯이 깨달은 자가 깨달은 자를 알아본다. 제자들은 아직 예수의 참모습을 볼 수준이 되지 않았다.

예수는 제자들이 자신의 참모습을 보려면 어린아이처럼 부끄럼 없이 옷을 벗어 집어 들고는 발밑에 두고 밟을 때라고 말한다. 벗는다는 것은 가식을 벗어던지는 것을 말하고 밟는다는 것은 형식이나 명예에 집착하지 않음을 말하는 것이다. 어린아이와 같아야 하늘나라에 갈 수 있다는 구절처럼 예수는 위선과 명예에 대한 집착을 버리면 자신을 바로 볼 수 있다고 말한다.

제자들은 예수를 따르면서도 스승에 대한 믿음이 약하여 자주 흔들렸고 위선적인 태도를 보였고 명예에 집착하고 있었다. 이런 상태의 제자들이 예수를 알아볼 수는 없는 일이었다. 제자들의 영적 수준이 문제였다. 그들은 무지하여 하늘나라가 외부 어디에 있는지, 예수가 자신들을 구원할 구세주인지, 하늘나라에 자신들의 자리가 보장되어 있는지 등에 관심이 있었다. 도마복음에는 제자들의 무지한 모습을 보여주는 다른 유사한 내용이 있다.

> 제자들이 예수께 말하길, "저희가 당신을 믿을 수 있도록 당신이 누구인지 우리에게 말씀해 주십시오." 예수께서 그들에게 말씀하시길, "그대들은 하늘과 땅의 형세는 분간하면서 그대들 앞에 있는 사람이 누구인지는 알지 못하고 이 순간을 이해할 줄도 모르는구나."(도마복음 91절)

예수에 대한 확신이 부족한 제자들이 자신들이 믿을 수 있도록 예수가 누구인지 이야기해 달라고 조른다. 이런 종류의 질문은 도마복음에서 여러 번 나온다. 예수의 답변에는 제자들의 어리석음에 대한 한심함과 힐난이 드러난다.

제자들은 하늘과 땅의 형세 즉 드러난 세속적인 일에 대해서는 잘 알면서 가까이에서 예수를 모시면서도 여전히 예수가 누구인지 확신하지 못한다. 그들에게 예수는 유대 예언자들에 의하여 예정된 구세주인지 아닌지가 가장 큰 관심이었다. 예수는 행동으로 자신을 드러내었지, 자신이 누구인지 말하지 않았다.

예수는 제자들이 이 순간을 이해할 줄 모른다고 나무란다. 제자들이 이 순간 존재하는 예수의 참모습을 보려고 하지 않음을 나무라는 말이다. 위대한 스승과 함께하는 순간은 천국의 입구에 있는 것이며 신을 보는 셈이다. 그러나 눈이 있어도 보지 못하고 귀가 있어도 듣지 못하는 제자들이라 예수와 함께하는 순간도 의심으로 흔들리고 있다.

부자는 천국에 들어가기가 어려운가?

마태 19:23(마가복음 10:17~31, 누가 18:18~30)

"부자가 천국에 들어가는 것보다는 낙타가 바늘귀로 빠져나가는 것이 더 쉬울 것이다."

해석 성경을 모르고 기독교 신자가 아니어도 대다수 사람은 이 구절을 알고 있다. 정말 부자는 천국에 들어가는 것이 어려울까? 이 말이 나온 배경을 살펴보면 부자인 젊은 사람이 예수에게 영원한 생명을 얻는 방법을 구하자, 예수가 재산을 다 팔아 가난한 사람들에게 나누어 주면, 하늘나라에서 보화를 얻게 된다며 시키는 대로 하고 자신을 따라오라고 한다. 재산에 집착하던 젊은 부자는 예수의 말을 따를 수가 없어 떠나간다. 이것을 보고 예수가 "부자가 천국에 들어가는 것보다는 낙타가 바늘귀로 빠져나가는 것이 더 쉬울 것이다."라는 말을 한다.

사실 예수가 가난을 옹호하고 부자를 비난하는 것이 아니라 재산에 매여 있는 부자의 마음을 나무란다. 만약 부자 젊은이가 재산에 매여 있지 않았다면 예수는 재산을 팔아 가난한 사람에게 주라는 말을 하지 않았을 것이다.

재산이 있으면 사람들은 그것에 묶여버린다. 재산을 지키느라 마음은 한시도 편안하지 않다. 심지어 수중에 없는 재산에도 묶여버리는 경우가 있다. 예를 들면 매우 비싼 골동품을 몰라보고 헐값에 팔아버리고 나중에 그 사실을 알고는 죽을 때까지 억울해하고 가슴 아파한다면, 남의 재산에도 묶인 것이다. 모든 것이 끊임없이 변하는 세상에 자신의 것이 어디 있는가? 붓다는 이렇게 말하였다.

> 자식이 있고 재물이 있다고 하여 어리석은 사람 공연히 허덕이누나. 나[我(아)]라 하는 이 몸도 내가 아니거니 자식과 재물을 무엇 때문에 걱정하리.

인간을 포함하여 모든 것은 근원에서 나와서 인연이 다하면 근원으로 돌아간다. 그러므로 재산을 개인 소유물로 생각하는 것이 아니라 자신을 우주의 정의가 실현되는 통로로 생각하여야 한다. 이런 마음이라면 백만장자도 천국에 들어갈 것이고 가난하면서도 남의 재산을 탐하고 그것에 매여 있다면 그 사람은 천국에 들어가지 못할 것이다. 재산의 다과가 아니라 마음의 문제이다.

재산에 집착이 없다면 가난한 것보다는 잘사는 것이 좋다. 붓다나 예수가 물질 부를 경계하는 것은, 사람들이 그것에 매여버리지 않을까, 하는 그런 노파심 때문이지 부 자체를 부정하지는 않았다. 물질계에 살아가려면 필연적으로 음식과 생활품 그리고 교환수단으로 금전이 필요하기 때문이다.

가난이 게으름의 결과이고 부가 부지런함의 결과라면 부가 비난 받아야 할 일이 아니다. 재산을 버리는 것도 가진 자가 버릴 수 있지 가난하여 버릴 것조차 없는 사람은 그것마저 할 수 없다.

우리가 재산에 매여 있지 않다면 재산은 영적인 성장에 도움이 될 수도 있다. 생계를 해결하느라 평생 바쁘게 살다 보면 명상이나 수련에 시간 내기 쉽지 않다. 반면에 부유하여 생계에 부담이 없는 자는 뜻만 있다면 영적 성장에 매진할 기회가 더 많은 편이다.

문제는 가진 것에 만족하지 못하고 끊임없이 부를 추구하는 어리석은 마음이다. 결국 하늘나라 열쇠는 부자나 가난한 자라는 자격에 있는 것이 아니라 마음 상태에 달려있음이다. 사랑으로 이웃을 돕고 사회에 봉사하는 백만장자나 재산에 미련 없이 산중에서 수도하는 사람은 예수가 말하는 욕심이 가난한 자이나 마음은 부자인 사람들이다.

마음에 욕심이 없는 자는 모든 고통의 원인이 되는 집착에서 벗어나 있으므로 참 자아를 볼 수 있어 하늘나라가 그들 마음에 존재한다.

신은 사람이 가난 속에 살도록 하는 것이 아니라 조화 속에 살도록 한다. 성자가 반드시 낡은 옷을 걸치고 초라한 집에서 거친 음식을 먹으며 살 필요는 없다. 우주의 신성한 법칙과 조화롭게 살아간다면 우리가 필요로 하는 것을 얻을 수 있다. 우주 법칙에 따른다면 우리는 건강, 풍요, 행복에 필요한 모든 것을 가질 수 있다.

다시 말하지만, 예수는 재산을 반대한 것이 아니라 재산에 대한 집착을 반대하였다. 그 사람이 재물에 구속되지 않았다면 그런 요구도 하지 않았을 것이다.

부활의 참 의미, 누구나 생전에 부활해야 한다

마태복음 22:23~33(마가 12:18~27, 누가 20:27~40)

같은 날, 사두개파 사람들이 예수에게 와서, 부활이 없다고 주장하면서, 예수께 물었다.

"선생님, 모세가 '어떤 사람이 자식이 없이 죽으면, 그 동생이 형수에게 장가들어서, 그의 형에게 뒤를 이을 자녀를 세워주어야 한다.'라고 말하였습니다. 그런데 우리 이웃에 형제가 일곱 있었습니다. 맏이가 장가들었다가, 자식이 없이 죽으므로, 아내를 그 동생에게 남겨 놓았습니다. 둘째도 셋째도 그렇게 해서, 일곱이 다 그렇게 하기에 이르렀습니다. 맨 나중에는 그 여자도 죽었습니다. 그러니 부활 때에 그 여자는 그 일곱 가운데서 누구의 아내가 되겠습니까? 일곱이 다 그 여자를 아내로 맞이하였으니 말입니다."

그러자 예수는 그들에게 이렇게 말하였다. "그대들은 성경도 모르고, 하느님의 능력도 모르므로, 잘못 생각하고 있소. 부활할 때 사람들은 장가도 가지 않고, 시집도 가지 않고, 하늘에 있는 천사들과 같소. 죽은 사람들의 부활을 두고서는 말하면서, 그대들은 아직도 하느님께서 그대들에게 하신 말씀을 읽지 못하시오? 하느님께서는 '나는 아브라함의 하느님이요, 이삭의 하느님이요, 야곱의 하느님이다.' 하고 말씀하시지 않으셨소? 하느님은 죽은 사람의 하느님이 아니라, 살아 있는 사람의 하느님이시오(1)." 무리가 이 말을 듣고, 예수의 가르침에 놀랐다.

해석 바리새인들은 죽은 자 부활 사상을 믿었지만, 사두개파는 이런 부활 사상을 믿지 않았다. 그들은 메시아를 믿지 않았고 유대 전통에 냉소적이었다. 그래서 부활이 없다는 것을 주장하려고 예수에게 이런 질문을 한 것이다.

부활의 참 의미는 육체의 부활이 아니라 생전에 육체 속에 갇힌 신성한 우리 영혼의 부활 즉 신성 회복을 의미한다. 이것은 그리스도 재림을 우리 영혼이 신성을 회복하여 부활하는 개별적인 사건으로 보는 것과 마찬가지 해석이다.

생전에 부활하지 못하면 그 영혼은 다른 육체로 윤회하기 때문에 바리새인이 생각하는 그런 사후의 육체 부활은 있을 수가 없다. 그러므로 육체의 결혼이 필요가 없다. 오늘날도 바리새인처럼 육체 부활을 믿는 기독교인들이 많다. 이 구절은 당시 유대인들의 조상숭배 사상과 자식이 대를 잇는 것을 중시했음을 보여준다. 여기서 언급되는 모세의 계명은 신명기 25:5~10이다.

"하느님은 죽은 사람의 하느님이 아니라, 살아 있는 사람의 하느님이시오(1)."의 의미는 영혼이 깨어난 사람만이 신과 연결되어 있어서 하느님의 통로로 작동한다는 말이다. 대다수 사람은 영혼이 잠들어 있어서 하느님과 연결되어 있지 않다. 하느님은 깨어있는 사람에게 모습을 드러낸다. 그 장소가 송과선이고 지성소이고 신방이다.

사람들이 오해하는 것이 예수와 그리스도이다. 그리스도는 "기름부음을 받은 자"의 뜻을 지닌 보통명사로 깨달은 자를 지칭하는 말이다. 이것은 불교에서 깨달은 자를 "붓다"라고 칭하는 것과 같다. 지금은 그리스도가 거의 예수를 지칭하는 고유명사로 사용되지만 엄밀하게 따지면 그리스도는 깨달은 자에게 사용될 수 있는 보통명사이다. 석가모니 붓다처럼 예수 그리스도인 것이다. 그래서 우리도 깨달으면 그리스도가 될 수 있는 것이다. 영지주의 복음서인 "빌립복음서"에 그리스도에 대하여 이런 구절이 나온다.

예수는 숨겨진 이름이요, 그리스도는 드러난 이름이다. 이런 이유로 예수는 어떤 다른 언어에는 존재하지 않는다. 그래서 그는 늘 예수란 이름으로 불린다. 그리스도는 고대 시리아어(예수가 사용한 아람어와는 근친 언어)로는 메시아요, 희랍어로는 그리스도이다. 분명히 다른 모든 사람도 자기네 말에 따라 그리스도에 대한 이름을 가지고 있다. 나사렛 사람(예수)은 숨겨진 것을 드러내는 자이다. 그리스도는 자신 안에 모든 것을 지니고 계신다. 그것이 인간이든 천사든 신비든 아버지든 그러하다.(빌립 복음서 18절)

이 구절은 그리스도는 예수의 고유한 이름이 아니라 깨달은 자(기름 부음을 받은자)를 의미하는 보통명사라는 것이다. 그러므로 나라마다 그리스도를 메시아나, 붓다, 각자(覺者) 등으로 부를 수가 있다. 그러나 예수는 오직 예수에게만 적용되는 단어이다. 예수는 숨겨진 것 즉 사람들을 깨달음으로 안내하는 영지(진리)를 드러내는 사람이다. 신의 일부분인 예수 안에 모든 것이 존재한다.

우리 내면의 그리스도 부활과 관련하여 흥미로운 단어가 셰키나(shekinah)이다. 이것은 히브리어로 신의 임재나 현존을 의미한다. 이것은 유대 문헌에서 하느님이 자기 백성들과 가까이 계심을 나타내는 말이다. 이런 유대교 전통과 달리 카발라 전통에서는 학파에 따라 셰키나를 여러 가지 다른 의미로 해석하는데, 신의 여성적 힘, 근원과 합일을 갈망하는 신의 일부분인 인간의 영혼 등이 그러하다.

구약에 보면 성전에 하느님의 영광이 임재하였다고 나온다(출애굽기 40:34-35). 이 영광의 빛을 유대 랍비들은 '셰키나'라고 불렀다. 이 성전의 내부에 있는 지성소는 지극히 거룩한 곳이므로 대제사장 외에는 아무도 들어갈 수 없었으며 대제사장도 대속죄일에만 출입할 수 있었다.

지성소로 들어가기 전에 성소와 지성소를 가로막는 휘장이 있었다(출 26:31-33). 지성소 안에는 궤(언약궤)가 있었으며 그 궤 속에는 십계명을 기록한 돌비가 들어있었다(출 25:10-16, 37:1-5). 속죄소는 궤의 바로 위에 있었고 그 속죄소에는 순금으로 만들어진 두 그룹(케루빔) 천사가 서로 얼굴을 맞대고 속죄소를 바라보는 모습으로 서 있었다(출 25:17-22, 37:6-9).

이처럼 구약에는 성소에 대한 설명이 자세히 나와 있는데 탈무드에 따르면 유대인에게 가장 강력하고 소중한 신의 이름, 테트라그람마톤(Tetragrammaton, YHVH, יהוה)을 발성할 수 있는 유일 장소가 예루살렘의 성전에 있는 지성소였다. 그만큼 유대인에게 지성소는 소중하고 중요하였다는 의미이다.

그런데 이 성소와 관련하여 비밀 가르침에서는 이 성소가 우리 머리 안에 있다고 가르친다(p69 참조). 카발라 전통에서는 구약을 4가지 방법으로 해석하는데, 가장 깊은 의미의 해석에 따르면 구약에 나오는 성소는 상징적으로 우리 머리를 가리킨다. 인간의 몸은 사원이고 머리는 사원의 재단이 놓여있는 성소이다. 좀 더 구체적으로 말하면 머릿속의 공동(空洞)인 제3뇌실이 성소이다. 예로부터 신비단체에서는 이 머리 중심에 있는 송과선을 지성소로 보고 인간에게 존재하는 신의 거주지로 간주하였다. 송과선(지성소)을 가로막는 장막은 부조화의 상징이고 우리는 의식의 힘으로 이 장막을 찢어내고 송과선으로 들어가야 한다고 전해진다.

신의 확장인 영혼은 그 자체가 신의 임재(셰키나)이고 현존이며 영광이다. 우리 안에 신이 임재하고 있으나 우리는 그것을 모르고 영적 결핍 속에 살아가고 있다. 우리가 이 신의 빛을 다시 밝힐 때 우리는 그리스도 의식(신 의식)이 된다. 이것이 비의 차원에서 보는 그리스도의 부활이고 재림이다.

기독교 사후관, 지옥과 천국 그리고 부활

마태복음 23:1~36(**마가** 12:38~40, **누가복음** 11:37~54, 20:45~47)

그때에 예수가 군중과 제자들에게 이렇게 말하였다. "율법학자들과 바리새인들은 모세의 자리를 이어받아 율법을 가르치고 있소. 그러니 그들이 말하는 것은 다 실행하고 지켜도 그들의 행실은 본받지 마시오. 그들은 말만 하고 실행하지는 않기 때문이오. 그들은 무거운 짐을 꾸려 남의 어깨에 메워주고 자기들은 손가락 하나 까딱하려 하지 않소.

그들이 하는 일은 모두 남에게 보이기 위한 것이오. 그래서 이마나 팔에 성구 넣는 갑을 크게 만들어 매달고 다니며 옷단에는 기다란 술을 달고 다니오(1). 그리고 잔치에 가면 맨 윗자리에 앉으려 하고, 회당에서는 제일 높은 자리 찾으며, 길을 나서면 인사받기를 좋아하고, 사람들이 스승이라 불러주기를 바라오. 그러나 그대들은 스승 소리를 듣지 마시오.(생략)

율법학자들과 바리새인들이여 그대들 같은 위선자들은 화를 입을 것이오. 그대들은 하늘나라의 문을 닫아놓고는 사람들을 가로막아 서서 자기도 들어가지 않으면서 들어가려는 사람마저 못 들어가게 하오(2). (생략)

율법학자들과 바리새인들이여, 그대들 같은 위선자들은 화를 입을 것이오. 그대들은 예언자들의 무덤을 단장하고 성자들의 기념비를 장식해 놓고는, '우리가 조상들 시대에 살았더라면 조상들이 예언자들을 죽이는 데 가담하지 않았을 것이다.' 하고 떠들어대오. 이것은 그대들이 예언자를 죽인 사람들의 후손이라는 것을 스스로 실토하는 것이오. 그러니 그대들 조상들이 시작한 일을 마저 하시오. 이 뱀 같은 자들이여, 독사의 족속들이여! 그대들이 어떻게 지옥(게헨나)(3)의 형벌을 피할 것이오.

해석 바리새인들은 율법에 대하여 많은 해석을 더하였기에 이것을 완수하기가 어려웠다. 예수는 이런 율법을 따르지 않았다. 유대사람들이 의식을 행하는 동안 두르는 탈리트(유대인이 기도할 때 어깨에 두르는 숄로 가장자리에는 유대인이 지켜야 할 율법을 상기시키는 술이 있다)와 예배 동안 매야 하는 테필린(출애굽기 13:1-10; 출애굽기 13:11-17; 신명기 6:4-9; 신명기 11:13-21 구절을 적은 양피지를 담은 작은 박스)은 과시를 위한 수단이 되었고 형식으로 흘렀다. 예수는 이런 형식을 비판한 것이다(1).

"그대들은 하늘나라의 문을 닫아놓고는 사람들을 가로막아 서서 자기도 들어가지 않으면서 들어가려는 사람마저 못 들어가게 하오(2)."는 영지 복음서에도 나온다.

예수께서 말씀하시길, "바리새인들과 학자들이 지식(영지)의 열쇠들을 취하여 감추었느니라. 그들 자신도 들어가지 않으면서 들어가기를 원하는 자들도 들어가도록 허용치 않느니라. 그러나 그대들은 뱀들처럼 지혜롭고 비둘기들처럼 순수하라."(도마복음 39절)

예수 탄생 오래전에 유대인들은 훌륭한 명상법과 가르침을 가지고 있었다. 그러나 세월이 흐르면서 고대 히브리어로 기록되거나 구전된 가르침과 명상법은 성직자나 학자들의 전유물이 되어갔다. 왜냐하면 예수가 활동하는 시기에 이미 유대인들은 고대 히브리어 대신 당시 유대 지방에 광범위하게 사용되던 아람어를 사용하였고 고대 히브리어는 문서 속에만 존재하는 언어가 되어있었다. 일반인들은 히브리어로 기록된 문서를 읽을 수가 없었다.

대중이 무지할수록 정치지도자나 종교지도자는 쉽게 대중을 지배할 수 있고 역할은 커지는 법이다. 유대 성직자들이나 학자들은 일반인이 알아보기 어려운 히브리어를 사용하여 자신들의 권위를 높였다. 그러나 이들도 의미보다는 의식(Ritual)에만 치우쳤고 유대 고대 지혜는 사람들에게 잊혔다. 예수는 당시의 상황을 말하고 있다.

여기서 지옥으로 번역되는 '게헨나(3)'는 '힌놈의 골짜기'라는 뜻의 히브리어 게힌놈(Ge Hinnom)에서 유래한다. 원래는 암몬족의 신 몰록에게 어린아이들을 희생 제물로 불태워서 바치던 예루살렘 남서쪽 계곡을 가리키는 말이었다. 예수가 살벌한 표현으로 게헨나를 말하고 있으나 이것은 어리석은 사람들에게 겁을 주어 바른길로 안내하려는 의도였다.

성경에는 '게헨나' 외에도 '하데스'가 지옥으로 사용된다. 이 단어는 구약성경의 '스올'에 해당하는 말이다. 이것은 신약성경에서 '지옥'이라고 번역되었는데 죽으면 가게 되는 '무덤'이나 '죽음'을 뜻하는 것으로 이해되고 있다. 하데스가 〈공동번역〉과 〈표준번역〉에서는 지옥으로 〈개역개정〉과 〈개역한글〉에서는 음부로 번역되었다. '하데스'를 '지옥'으로 번역하는 것은 상당히 문제가 많다.

성경의 지옥은 죽어서 가는 장소가 아니라 어둠과 부조화의 상징으로 이해하여야 한다. 그리스도 명상공동체의 로렌스 신부는 지옥은 어느 특정한 공간에 있는 것이 아니라 하느님에게서 떨어져나가는 경험이며 우리가 하느님으로부터 떨어져 있다고 생각하면 우리는 바로 지옥에 있다고 말하였다. 지옥은 빛을 따르지 않는 사람들이 세상의 어둠과 부조화 속에서 겪게 되는 육체적, 정신적 고통을 말한다.

종교마다 사후 세계에 대한 이야기가 다르다. 고대 그리스도교와 그것의 기반이 된 유대교에도 단일한 사후관이 없었다. 성경에는 사후 인간이 가는 세계에 대한 언급이 모호한데 그러다 보니 천주교에서는 천국과 지옥 중간의 세계인 연옥이 생겨났고, 개신교에서는 편하게 불신지옥 예수천국을 외친다.

일반적으로 기독교인들은 죽으면 행실에 따라 바로 천국이나 지옥에 가는 것으로 알고 있다. 그러나 이것이 그렇게 간단한 문제는 아니다. 성경 구절에는 낙원과 천국, 음부(陰府)와 지옥이 나온다. 이들 개념에 대하여 의견이 분분한데 낙원과 천국, 음부와 지옥을 같은 개념으로 보는 경우와 낙원과 음부를 천국과 지옥의 전 단계로 보는 견해도 있다.

솔직히 성경은 교리를 체계적으로 담은 책이 아니라서 복음서에서 예수가 한 말이 전체를 아우르는 교리가 될 수 있는 것인지 아니면 특정한 상황에만 해당되는 내용인지 알 수가 없다. 상황에 따라 큰 의미 없이 비유적으로 한 말이 후대에 그릇되게 해석되어 교리의 핵심 이론이 되기도 한다. 문맥의 의미와 그 숨은 뜻을 찾지 못하고 단세포적으로 구절을 해석하니, 통일되지 않은 이상한 사후관이 생겨난다.

하여간 성경의 여기저기 흩어진 예수 어록을 모으면 사람이 죽은 후에는 영혼과 육체가 분리된다. 이때 육체는 땅에 묻혀 썩게 되고, 신자(信者)의 영혼은 낙원에, 불신자의 영혼은 음부(그냥 무덤으로 해석하기도 함)로 간다. 낙원이나 음부는 최종 장소가 아니고 예수 재림 때까지 거주하는 임시 거처이다. 사실 예수의 이런 언급은 비유이고 상징인데 사람들은 그것을 문자 그대로 해석하고 있다.

하여간 성경에 따르면 예수가 재림할 때에 신자(信者)는 몸이 다시 살아나 예수와 같은 부활 형체로 변해 천국으로 가고, 불신자도 몸이 다시 살아나 영혼과 몸이 하나가 된 상태에서 최종 판결을 받게 된다. 이 말은 예수 재림, 즉 최후 심판 때까지는 천국이니 지옥이니 하는 그런 심판은 없다는 것이다. 그러므로 성경에 따른다면 사람이 죽어서 바로 천국(하늘나라)이나 지옥에 가는 것은 아니다.

> "아버지께서는 또한 아들에게 심판하는 권한을 주셨다. 그는 사람의 아들이기 때문이다. 내 말에 놀라지 말라. 죽은 이들이 모두 그의 음성을 듣고 무덤에서 나올 때가 올 것이다. 그때가 오면 선한 일을 한 사람들은 부활하여 생명의 나라에 들어가고 악한 일을 한 사람들은 부활하여 단죄를 받게 될 것이다."(요한복음 5:27~29)

> "우리가 한 짓을 보아서 우리는 이런 벌을 받아 마땅하지만 저 분이야 무슨 잘못이 있단 말이냐?" 하고 꾸짖고는 "예수님, 예수님께서 왕이 되어 오실 때에 저를 꼭 기억하여 주십시오."하고 간청하였다. 예수께서는 "오늘 네가 정녕 나와 함께 낙원에 들어가게 될 것이다"하고 대답하셨다.(누가복음 23:41~43)

최후의 심판을 믿는 기독교인들은 최후의 심판 때가 되면 죽었던 모든 영혼이 육체와 함께 부활하여 심판을 받아야 한다고 설명하는데, 그 사이에 죽은 영혼들은 어디로 갈까. 무덤 속에 있다면 참으로 헛되게 시간을 낭비하는 것이 아닌가. 차라리 그 시간에 영혼에게 반성이나 재도전의 기회를 주어야 하지 않을까?

윤회가 답인지도 모른다. 잘 찾아보면 성경에도 윤회를 인정하는 구절이 있고(p97~102 참조), 예수의 가르침을 따랐던, 그러나 지금은 사라진 기독교 영지주의에서는 윤회를 인정하였음을 고려하면 윤회를 이교도의 사상이라고 무조건 배척할 것은 아니다. 윤회는 영혼이 성장하게끔 많은 기회를 부여하여 최종적으로 하늘나라에 이르게 한다.

천국과 지옥은 구원만큼이나 기독교인들이 관심을 가지는 주제이다. 사람들이 예수 믿고 주일 예배 열심히 참석하고, 십일조 빼먹지 않고, 열심히 봉사하는 이유는 천국에 가려는 목적이 크기 때문이다. 천국이 없다고 가정하면 교회에 다닐 사람이 얼마나 될지 궁금하다. 사람들은 성경의 가르침이 너무도 소중해서 삶의 지침으로 삼아야 한다는 생각보다는 혹시 모를 지옥의 화염을 피하기 위하여 그리고 사후에 천국에 가서 영생을 누리겠다는 마음이 더 크지 않을까 싶다.

그런데 재미있는 일은 예수가 천국이나 지옥에 대하여 언급하지 않았다는 것이다. 물론 성경에는 이와 관련되어 보일 수 있는 구절이 있으나 이것은 지옥이 실제로 있다는 것이 아니라 무지한 사람들에게 겁을 주어 가르침을 받아들이고 도덕적으로 살라는 경고의 의미를 지닌 비유나 상징이었다.

그런데 지옥이 없어 사악한 사람들이 벌을 받지 않는다면 열심히 착하게 살 필요가 있겠느냐고 생각할 수 있다. 그러나 원인과 결과의 법칙에 따라 징벌은 매 순간 우리 삶 속에서 일어나고 있다. 마음먹기에 따라 이 순간에 우리는 지옥에 있기도 하고 천국에 있기도 하다.

천당이나 지옥은 기독 교회가 성립된 이후 교리적 필요에 따라 점차 강조된 내용일 뿐이다. 이것은 사람들에게 겁을 주어 바르게 살게끔 인간이 동물로도 윤회한다는 교리를 고안해 낸 불교와도 일맥상통한다. 수준이 낮은 사람들은 성경을 문자적으로 받아들이고 지혜로운 사람은 문자 뒤에 숨겨진 의미를 찾아내어 이해한다.

예수는 죽은 후에 가는 천국이나 지옥 대신 살아서 가는 "하느님의 나라"를 가르쳤다. 하느님의 나라는 마음이 욕망에서 정화되어 신성이 찬란히 빛나는 의식 상태를 가리킨다. 하늘나라(천국)는 장소가 아니라 마음의 상태이고 지옥도 실제로 있는 것이 아니라 사람들에게 겁을 주어 바른 행동을 하라는 의미였다. 교부들은 문자 그대로 이해하여 복잡하고 괴상한 사후 세계관을 만들어내었다. 앞에서(p168~170), 〈누가복음〉과 〈도마복음〉에 나오는 하늘나라를 설명하였다.

빛이 사라진 바깥 어둠

마태복음 25:14~30(참고: 누가 19:11~27)

"하늘나라는 또 이렇게 비유할 수 있소. 어떤 사람이 먼 길을 떠나면서 자기 종들을 불러 재산을 맡기었소. 그는 각자의 능력에 따라 한 사람에게는 돈 다섯 달란트를 주고 한 사람에게는 두 달란트를 주고 또 한 사람에게는 한 달란트를 주고 떠났소이다.(생략)

그런데 한 달란트를 받은 사람은 와서 '주인님, 저는 주인께서 심지 않은 데서 거두시고 뿌리지 않은 데서 모으시는 엄한 분이신 줄을 알고 있었습니다. 그래서 두려운 나머지 저는 주인님의 돈을 가지고 가서 땅에 묻어두었습니다. 보십시오, 여기 그 돈이 그대로 있습니다.' 하고 말하였소.

그러자 주인은 그 종에게 호통을 쳤소. '너야말로 악하고 게으른 종이다. 내가 심지 않은 데서 거두고 뿌리지 않은 데서 모으는 사람인 줄로 알고 있었다면 내 돈을 돈 쓸 사람에게 꾸어주었다가 내가 돌아올 때에 그 돈에 이자를 붙여서 돌려주어야 할 것이 아니냐? 여봐라, 저자에게서 한 달란트마저 빼앗아 열 달란트 가진 사람에게 주어라. 누구든지 있는 사람은 더 받아 넉넉해지고 없는 사람은 있는 것마저 빼앗길 것이다(1). 이 쓸모없는 종을 **바깥 어두운 곳**(2)에 내쫓아라. 거기에서 가슴을 치며 통곡할 것이다.'"

해석 이 우화는 우리의 인생 여정을 설명한다. 우리 각자는 세상에서 완수해야 할 일이 있다. 자신에게 주어진 재능이나 소질을 가지고 적극적으로 세상에 도움이 되는 일을 행하는 것이 중요하다. 가진 것으로 아무것도 하지 않은 사람은 우주 차원에서 도움이 되지 않는다.

영적으로 성장한 사람은 얻은 진리로 더욱 성장할 것이고 그렇지 못한 사람은 더욱 영적으로 빈곤해진다. 결국에는 가진 것마저 뺏기게 된다(1).

우주도 순환하고 그 순환의 마지막 순간까지 깨닫지 못한 영혼은 바깥 어두운 곳(2)에 버려진다. 사람들은 이 바깥 어둠에 대해서는 잘 모르고 문자적 해석에서 벗어나지 못하고 있다. "바깥 어둠"은 상당히 중요한 개념으로 예수 비밀 가르침인 영지주의 복음서에서 이것이 잘 드러난다.

> 어떤 사도가 환상 속에서, 어떤 사람들이 불의 집에 갇혀서 불의 사슬로 묶인 채 불타는 기름 속에 누워 있는 것을 보았다. 그는 그들에게 "왜 그들이 구원받을 수 없는가요?"라고 물었다. 그들은 답하길, "그들은 구원을 바라지 않았습니다. 그들은 이 장소를 벌로 받았습니다. 이 장소는 '**바깥 어둠/암흑**'으로 불리며 그는 그곳으로 던져졌기 때문입니다."(빌립 복음서 63절)

> "내부와 외부, 그리고 외부 밖에 있는 것"이라고 말하는 자들은 올바르다. 주님께서는 파멸을 **"바깥 암흑"**이라고 부르신 이유이다. 그것 외부에는 또 다른 외부는 없다.(빌립 복음서 69절)

카발라 우주론에는 외부 밖에 있는 "바깥 어둠/암흑"에 대한 개념이 나온다. 우주도 주기가 있고 미래 어느 시점에 도달하면 물질 하늘과 땅은 사라지고 영혼은 한 단계 높은 우주 공간으로 이동하게 된다. 그러면 이 우주 공간으로 비치던 빛이 사라지고 어둠만이 공간을 채운다. 이 공간을 **"바깥 암흑"**이라고 한다. 마지막 시점까지 깨닫지 못한 혼들은 이 암흑의 공간에 남겨진다.

최후의 만찬, 천주교 미사

마태복음 26:17~30(마가 14:12~26, 누가 22:7~23, 요한 13:1~30)

유월절 첫날에 제자들이 예수께 와서 "선생님께서 드실 유월절 음식을 어디에다 차렸으면 좋겠습니까?" 하고 물었다. 예수는 이렇게 일러주었다. "성안에 들어가면 이러이러한 사람이 있을 터이니 그 사람더러 '우리 선생님께서 자기 때가 가까이 왔다고 하시며 제자들과 함께 댁에서 유월절을 지내시겠다고 하십니다.' 하고 말하여라." 제자들은 예수가 시킨 대로 하여 유월절 준비를 하였다.

날이 저물었을 때 예수가 열두 제자와 함께 식탁에 앉아, 같이 음식을 나누면서 "너희 가운데 한 사람이 나를 배반해야 할 것이다." 하고 말하였다. 이 말에 제자들은 몹시 걱정되어 저마다 "주님, 저는 아니겠지요?(1)"라고 물었다. 예수는 "지금 나와 한 그릇에 빵을 적시는 사람이다."라고 말하였다. 그때에 예수를 배반할 유다도 나서서 "선생님, 저는 아니지요?" 하고 묻자, 예수께서 "바로 그대다." 하고 대답하였다.

그들이 음식을 먹을 때에 예수가 빵을 들어 축복하고 제자들에게 나누어주며 "받아먹어라. 이것은 내 몸이다." 하고 또 잔을 들어 감사의 기도를 올리고 그들에게 돌리며 "너희는 모두 이 잔을 받아 마셔라. 이것은 나의 피다. 죄를 용서해 주려고 많은 사람을 위하여 내가 흘리는 계약의 피다. 잘 들어두어라. 이제부터 나는 아버지의 나라에서 너희와 함께 새 포도주를 마실 그날까지 결코 포도로 빚은 것을 마시지 않겠다." 하고 말하였다. 그들은 찬미의 노래를 부르고 올리브 산으로 올라갔다.

해석 이 만찬 후에 유다가 대사제들을 찾아가서 예수를 넘겨주겠다는 말을 한 것으로 추정된다. 그런데 이것은 예수가 계획한 드라마의 일부분이었고 예수의 지시에 따른 것이었다. "저는 아니겠지요(1)?"에서 보듯이 제자들은 이런 악역을 맡으려 하지 않았다. 예수는 강건한 성격인 유다에게 자신을 밀고하는 악역을 주었고, 유다는 "선생님, 저는 아니지요?"에서처럼 자신이 아니었으면 했다. 그러나 그는 이것을 받아들였다. 복음서에서 보이는 유다에 대한 저주는 진실을 모르는 복음서 저자들의 창작이거나 후대에 첨가된 내용일 가능성이 크다.

공관복음서는 예수가 유월절 식사를 하고 십자가에 매달렸다고 기술하는데, 요한복음서는 유월절 전날에 십자가에 매달렸다고 나온다. 이것은 요한복음(13:1, 19:14)에서 알 수 있다.

가톨릭교회가 미사 중에 축성한 빵과 포도주를 "주님의 몸과 피"라고 한 치 의심 없이 선포하는 것은 마지막 만찬 때 성체성사를 제정하신 예수님의 말씀에 근거한다. 가톨릭교회는 미사의 "성체성사는 주님께서 행하신 마지막 만찬을 기념하는 '상징'이요 십자가의 희생 제사를 재현(현재화)하는 것이며 실제로 축성한 성체와 성혈이 주님의 참된 몸이요 피로, 주님께서 그 안에 현존하신다"라고 고백한다. (가톨릭교회 교리서 1374항)

미사 중에 사제의 성찬 제정과 축성 기도가 있어야만 빵과 포도주가 그리스도의 몸과 피로 거룩히 변화된다고 한다. 놀랍게도 천주교 신부나 신자는 아직도 이런 상식을 뛰어넘는 교리를 믿는다. 이 구절을 읽어보면 알겠지만, 빵과 포도주는 예수가 전한 진리의 상징이었다. 앞에서도 비슷한 구절이 있었다(p131~132). 예수가 전한 진리를 받아들인 사람들은 상징적으로 예수의 육체이고 피였다.

하느님은 너희를 신이라 불렀다.

요한복음 14:1~14

"너희는 걱정하지 마라. 하느님을 믿고 또 나를 믿어라. 내 아버지 집에는 많은 방들이 있다(1). 그리고 나는 너희가 있을 곳을 마련하러 간다. 만일 거기에 있을 곳이 없다면 내가 이렇게 말하겠느냐? 가서 너희가 있을 곳을 마련하면 다시 와서 너희를 데려다가 내가 있는 곳에 같이 있게 하겠다. 너희는 내가 어디로 가는지 그 길을 알고 있지 않는가?"

그러자 도마가 "주님, 저희는 주님이 어디로 가시는지도 모르는데 어떻게 그 길을 알겠습니까?" 하고 말하였다. 예수는 "나는 길이요 진리요 생명이다. 나를 거치지 않고서는 아무도 아버지께 갈 수 없다(2). 너희가 나를 알았으니, 나의 아버지도 알게 될 것이다. 이제부터 너희는 그분을 알게 되었다. 아니 이미 뵈었다."하고 말하였다.

이번에는 빌립이 "주님, 저희에게 아버지를 뵙게 하여주시면 더 바랄 것이 없겠습니다(3)." 하고 간청하였다. 예수는 이렇게 대답하였다. "빌립아, 들어라. 내가 이토록 오랫동안 너희와 같이 지냈는데도 아직도 너는 나를 모른다는 말이냐? 나를 보았으면 곧 아버지를 본 것이다. 그런데도 아버지를 뵙게 해달라니 무슨 말이냐?

너는 내가 아버지 안에 있고 아버지께서 내 안에 계시다는 것을 믿지 않느냐? 내가 너희에게 하는 말도 나 스스로 하는 말이 아니라 아버지께서 내 안에 계시면서 몸소 하시는 일이다. 내가 아버지 안에 있고 아버지께서 내 안에 계시다고 한 말을 믿어라. 못 믿겠거든 내가 하는 이 일들을 보아서라도 믿어라.

잘 들어두어라. 나를 믿는 사람은 내가 하는 일을 할 뿐만 아니라 그보다 더 큰 일도 하게 될 것이다(4). 그것은 내가 이제 아버지께 가서 너희가 내 이름으로 구하는 것이면 무엇이든지 이루어주겠기 때문이다. 그러면 아들로 말미암아 아버지께서 영광을 받으실 것이다. 너희가 내 이름으로 구하는 것이면 무엇이든지 내가 다 이루어주겠다."

해석 얼마 남지 않은 시간 때문에 예수는 제자들에게 도덕적 가르침이 아닌 중요한 영지 가르침을 전하기 시작했다.

"너희는 걱정하지 마라. 하느님을 믿고 또 나를 믿어라. 내 아버지 집에는 많은 방들이 있다(1)."는 카발라 우주론을 이해하여야 해석이 된다. 신에 해당하는 영 태양(Spiritual Sun)은 우주 뇌로 비유가 되는데 우주 뇌는 인간 뇌를 이루는 수많은 세포처럼 수많은 영혼으로 구성되어 있다. 많은 방은 영혼이 근원한 장소이다.

"나는 길이요 진리요 생명이다. 나를 거치지 않고서는 아무도 아버지께 갈 수 없다(2)."는 예수가 전하는 진리를 통하여 우리가 신에게 돌아갈 수 있음을 말하는 것이다. 이것은 예수가 전하는 진리가 그만큼 소중하다는 말이다.

예수 활동 당시에는 그 주변에 참 진리를 전하는 사람이 없었고 그래서 예수는 이런 말을 할 수가 있었다. 이 구절은 타 종교의 구원을 부정하는 기독교인들이 가장 많이 인용하는 것이기도 하다. 사실 이것이 예수의 말인지 아닌지는 요한복음서 저자만이 알 것이다. 예수의 말이라도 앞에서 설명한 의미로 말한 것이다.

빌립이 "주님, 저희에게 아버지를 뵙게 하여주시면 더 바랄 것이 없겠습니다(3)."에서 보듯이 아직도 신을 유형적인 존재로 인식하는 제자들이었고 이들은 하늘나라가 마음의 상태인데 외부에서 하늘나라를 찾고 있었다.

신의 말씀을 전하는 예수는 신의 통로였고 신과 하나였다. 그래서 예수를 보면 바로 신을 알 수가 있다. 다시 말하지만, 예수가 신과 하나라는 말은 그만이 유일한 신의 아들이고 신의 화신임을 의미하는 것은 아니다. 모든 영혼이 신의 일부이고 신과 하나였다. 하늘나라에 대한 제자들이 수준 낮은 이해를 보여주는 흥미로운 구절이 영지주의 복음서에도 나온다.

> 제자들이, "당신이 계신 곳을 우리에게 보이소서. 이는 우리가 그곳을 찾아야 하기 때문입니다."라고 물었다. 그러자 예수께서 말씀하시길, "귀 있는 누구든 들어라! 빛의 사람 안에 빛이 있고 그 사람은 온 세상을 비추느니라. 만약 그가(그것이) 빛나지 않는다면 그 사람은 암흑이니라."(도마복음 24절)

이 도마복음 첫 단락의 "천국이 어디 있는지 보여주소서. 천국이 어디 있는지 알아야 우리도 가지 않겠나이까?"라는 말과 같다. 이 구절은 선가(禪家)에서 제자들이 도가 무엇인지 부처가 무엇인지 줄

기차게 스승에게 물어보는 장면과 겹친다. 예수는 천국은 우리 안에 있다고 여러 번 말하였는데 제자들이 다시 묻자, 귀 있는 자는 들으라며 천국이 제자들 안에 있음을 비유로 설명한다.

"나를 믿는 사람은 내가 하는 일을 할 뿐만 아니라 그보다 더 큰 일도 하게 될 것이다(4)."는 놀랍게도 하나님의 유일한 아들인 예수가 한 말이다. 예수는 자신의 입으로 자신을 믿는 자는 누구나 자신보다 더 큰 일도 할 수 있다고 한다. 물론 여기서 믿음은 예수가 전하는 진리를 말한다.

그런데 예수보다 더 큰 일을 할 수 있다니, 이것을 어떻게 받아들여야 할까? 인간을 신의 피조물로 보는 기독교에서는 당연히 신에 대한 불경으로 보고 이 성경 구절을 무시하겠지만 인간을 신으로부터 발출되어 나온 신성한 존재로 보는 사람들에게는 너무도 당연한 구절이다. 예수가 다 하지 못한 일이 있고 예수의 사역 덕분에 뒤의 사람들은 더 큰 일을 할 수가 있다. 깨어난 사람들의 노력으로 신은 매 순간 커지고 있다. 신이 정체되어 있다면 아무것도 새로운 것이 없고 성장도 없을 것이다. 신은 매 순간 성장하고 이 순간 완전하다.

성경이 특정 내용의 추가나 삭제, 내용의 변경 등으로 왜곡을 겪었지만 그래도 복음서에 나오는 예수 어록에는 진실이 많이 남아있다. 다음은 신과 인간에 대한 관계를 보여주는 소중한 구절이다.

> 예수께서는 이렇게 말씀하셨다. "너희의 율법서를 보면 하느님께서 '내가 너희를 신이라 불렀다' 하신 기록이 있지 않느냐? 이렇게 성서에서는 하느님의 말씀을 받은 사람들을 모두 신이라 불렀다. 성경 말씀은 영원히 참되시다."(요한복음 10:34~35)

"그날이 오면 너희는 내가 아버지 안에 있다는 것과 너희가 내 안에 있고 내가 너희 안에 있다는 것을 깨닫게 될 것이다."(요한 복음 14:20)

이처럼 우리는 내면에 신성을 지닌 잠재적인 신이다. 하느님 말씀을 받은 자를 신이라 불렀다는 말은 자신의 신성을 깨워 높이 올라간 사람(깨달은 사람, 그리스도 의식에 이른 사람)은 신과 하나가 되었음을 말하는 것이다. 자신을 신의 피조물로 설정해 버린 사람들에게 이런 말은 눈에 들어오지 않을 것이다.

성경해석에서 입력 코드만 바꾸면 삶과 인생관이 달라진다. 예수에 대한 기존 코드(신의 아들)와 인간에 대한 기존 코드(신의 피조물인 인간)에서 예수를 깨달은 영혼으로 인간을 신의 일부분으로 바꾸면 성경이 새롭게 해석되고 동양의 종교가 이해가 되고 진리는 하나임을 알게 된다. 영지주의 복음서인 "야고보 비밀의 서"에도 신과 인간의 관계에 대한 흥미로운 구절이 나온다.

"너희가 사탄에게 억압과 박해를 받아도 아버지의 의지를 실천한다면, 내가 말하노니, 아버지가 너희를 사랑하고, **아버지가 너희를 나와 동등하게 만들 것이고,**"(야고보 비밀의 서 5절)

하느님이 우리를 예수와 같게 만들어 준다는 이 말에 기독교인들은 거짓이라며 크게 분노하고 놀라겠지만, 사실, 영지주의나 그 모태인 카발라에서는 인간을 신에서 발출된 신의 일부분으로 보기 때문에 너무도 당연한 말이다. 누구나 영지 가르침을 통하여 내면의 신성을 밝히면 신과 합일하기 때문이다.

내 안에 거주하는 하나님

요한복음 14장 10절

너희는 내가 아버지 안에 있고 아버지께서 내 안에 계시다는 것을 믿지 않느냐? 내가 너희에게 하는 말도 나 스스로 하는 말이 아니라 내 안에 계시는 아버지께서 하시는 일이다.

해석 위의 구절을 기독교인들은 하나님이 너무도 위대하고 전능하시여 당연히 피조물인 우리 인간을 통하여 하나님이 드러난다고 생각할 것이다. 하나님은 창조자, 자신은 피조물이라는 그 틀 속에서 성경을 해석한다.

요한복음 14장 20절(그날이 오면 너희는 내가 아버지 안에 있다는 것과 너희가 내 안에 있고 내가 너희 안에 있다는 것을 깨닫게 될 것이다.)과 요한복음 17장 22~23(22. 아버지께서 내게 주신 영광을 나도 그들에게 주었습니다. 그것은 아버지와 내가 하나인 것처럼 이 사람들도 하나가 되게 하려는 것입니다. 23. 내가 이 사람들 안에 있고 아버지께서 내 안에 계신 것은 이 사람들을 완전히 하나가 되게 하려는 것입니다. 이것은 세상으로 하여금 아버지께서 나를 보내셨다는 것을 알게 하려는 것이며 또 아버지께서 나를 사랑하신 것처럼 이 사람들도 사랑하셨다는 것을 알게 하려는 것입니다.)을 읽고도 기독교인들은 신과 자신의 관계를 바로 보지 못하고 이것을 기존의 사유 체계로 해석한다.

하느님은 염색공

요한복음 15:1~17절

예수는 제자들에게 이런 말도 했다. "나는 참 포도나무요 나의 아버지는 농부이시다. 나에게 붙어 있으면서 열매를 맺지 못하는 가지는 아버지께서 모조리 쳐내시고 열매를 맺는 가지는 더 많은 열매를 맺도록 잘 가꾸신다. 너희는 내 교훈을 받아 이미 잘 가꾸어진 가지들이다. 너희는 나를 떠나지 마라. 나도 너희를 떠나지 않겠다. 포도나무에 붙어 있지 않는 가지가 스스로 열매를 맺을 수 없는 것처럼 너희도 나에게 붙어 있지 않으면 열매를 맺지 못할 것이다(1).

나는 포도나무요 너희는 가지다. 누구든지 나에게서 떠나지 않고 내가 그와 함께 있으면 그는 많은 열매를 맺는다. 나를 떠나서는 너희가 아무것도 할 수 없다.(생략)

이제 나는 너희를 종이라고 부르지 않고 벗이라고 부르겠다(2). 종은 주인이 하는 일을 모른다. 그러나 나는 너희에게 내 아버지에게서 들은 것을 모두 다 알려주었다. 너희가 나를 택한 것이 아니라 내가 너희를 택하여(3) 너희가 세상에 나가 언제까지나 썩지 않을 열매를 맺도록 했다. 그렇게 하면 아버지께서는 너희가 내 이름으로 구하는 것을 다 들어주실 것이다. 서로 사랑하여라. 이것이 너희에게 주는 나의 계명이다."

해석 예수는 제자들이 깨달음을 얻도록 자신이 부여하는 가르침에 머물라고 한다. 예수가 전하는 전리를 통하여 열매 즉 깨달음을 얻을 수 있기 때문이다(1).

"이제 나는 너희를 종이라고 부르지 않고 벗이라고 부르겠다(2)."

는 신과 인간의 관계를 창조주 신과 피조물 인간의 구도로 이해하는 사람들에게는 이해할 수 없는 말일 것이다. 신의 아들인 예수가 진리를 받아들여 자신의 본래 모습을 찾으려는 영혼을 이제 친구로 부르겠다는 말이다. 우리는 신에게서 나온 신의 일부이고 그런 점에서 너무도 당연한 말이다. 영지주의 복음서에 하나님과 인간의 관계에 대한 흥미로운 구절이 있다.

> "아버지는 모두의 내면에 계신 분이시다. 모두의 내면에 있는 것은 충만함(플레로마)이다. 내면에는 그것 외에 아무 것도 없다." (빌립 복음서 70절)

> "하느님은 염색공이다. '진짜'라고 불리는 좋은 염료가 염색 천으로 녹아 스며들듯이 하느님은 자신이 물들인 자들 속으로 스며든다. 신의 염료는 불멸이므로 물든 것들은 신의 색으로 인해 불멸이 된다. 이제 하느님은 물에 담아서 염색하신다."(빌립 복음서 39절)

> 주님은 레위의 염색 작업장으로 들어가셨다. 주님은 72가지의 색을 취하여 그것을 큰 통 속에 던지셨다. 주님이 그것을 꺼냈을 때는 온통 흰색으로 변해있었다. 그러자 주님은. "사람의 아들(인자)도 이처럼 염색장이로 왔다."라고 하셨다.(빌립 복음서 50절)

염색공이 천을 자신이 원하는 색깔로 물들이듯 하느님은 인간을 자신의 신성한 속성으로 물들인다는 의미이다. 신이 불사이듯, 신의 발출이며 그 속성으로 물든 인간도 불사이다.

사람들이 오해하는 것이 자신이 스승을 선택한다고 생각하는데 그런 일은 없다. 내가 너희를 택하여(3)에서 보듯이 스승이 자격 있는 사람을 제자로 선택한다. 선택은 무지한 자가 아니라 지혜로운 자가 한다. 제자가 준비되었을 때 스승이 나타난다.

예수의 기도와 사명, 하느님 이름의 비밀

요한복음 17:1~26절

이 말을 마치고 예수는 하늘을 우러러보며 이렇게 말하였다. "아버지, 때가 왔습니다. 아들의 영광을 드러내주시어 아들이 아버지의 영광을 드러내게 하여주십시오. 아버지께서는 아들에게 모든 사람을 다스릴 권한을 주셨고 따라서 아들은 아버지께서 맡겨주신 모든 사람에게 영원한 생명을 주게 되었습니다. 영원한 생명은 곧 참되시고 오직 한 분이신 하느님 아버지를 알고 또 아버지께서 보내신 예수 그리스도를 아는 것입니다.(생략)

나는 이제 세상을 떠나 아버지께 돌아가지만, 이 사람들은 세상에 남아 있을 것입니다. 거룩하신 아버지, 나에게 주신 아버지의 이름으로 이 사람들을 지켜주십시오. 그리고 아버지와 내가 하나인 것처럼 이 사람들도 하나가 되게 하여주십시오. 내가 이 사람들과 함께 있을 때에는 나에게 주신 아버지의 이름(1)으로 내가 이 사람들을 지켰습니다.**(생략)**

아버지, 이 사람들이 모두 하나가 되게 하여주십시오. 아버지께서 내 안에 계시고 내가 아버지 안에 있는 것과 같이 이 사람들도 우리들 안에 있게 하여주십시오. 그러면 아버지께서 나를 보내셨다는 것을 세상이 믿게 될 것입니다. 아버지께서 내게 주신 영광을 나도 그들에게 주었습니다. 그것은 아버지와 내가 하나인 것처럼 이 사람들도 하나가 되게 하려는 것입니다(2)."(생략)

해석 이 구절은 자신의 사명에 대한 확신의 글이다. 예수 가르침은 사람들에게 영생을 주는 것이었다. 예수는 진리를 통하여 신의 영광을 드러냈다. 그는 원시적인 신관에서 영적인 신관을 전하여서 신을 영광되게 하였다. 이제 예수는 창조 전의 합일의 상태로 돌아가길 원한다. 이 구절은 4 복음서에서 대표적인 영지주의 구절로 예수가 전한 영지를 통하여 우리가 신과 하나가 될 수 있음을 분명하게 말한다.

"나에게 주신 아버지의 이름으로 내가 이 사람들을 지켰습니다(1)."는 상당히 흥미로운 구절이다. 카발라를 알아야 그 숨겨진 의미를 알 수 있다. 여기서 아버지의 이름은 신의 4자 문자인 테트라그람마톤(YHVH)를 말한다. 우주가 이 이름으로 창조되어 유지되고 있으며 이것은 가장 강력한 진동의 힘을 지닌 단어이다(p238 참조). 예수는 이 이름으로 죽은 자를 살려내었다고 전해진다.

"아버지와 내가 하나인 것처럼 이 사람들도 하나가 되게 하려는 것입니다(2)."에서 예수는 우리가 신의 피조물이 아니라 신의 일부임을 분명하게 말한다. 피조물은 창조자와 하나가 될 수 없지만 신의 확장이고 일부분인 우리는 준비가 되면 즉 깨닫게 되면 언제나 신과 합일 상태에 있게 된다.

유다의 죽음과 진실

마태복음 27:3~10

그때 배반자 유다는 예수가 유죄 판결을 받은 것을 보고 자기가 저지른 일을 뉘우쳤다. 그래서 은전 서른 닢을 대사제들과 원로들에게 돌려주며 "내가 죄 없는 사람을 배반하여 그의 피를 흘리게 하였으니 나는 죄인입니다." 하였다. 그러나 그들은 "우리가 알 바 아니다. 그대가 알아서 처리하여라." 하고 말하였다.

유다는 그 은전을 성소에 내동댕이치고 물러가서 스스로 목매달아 죽었다. 대사제들은 그 은전을 주워 들고 "이것은 피 값이니 헌금 궤에 넣어서는 안 되겠소." 하며, 의논한 끝에 그 돈으로 옹기장이의 밭을 사서 나그네의 묘지로 사용하기로 하였다. 그래서 그 밭은 오늘날까지 '피의 밭'이라고 불린다.

이리하여 예언자 예레미야를 시켜 "이스라엘의 자손들이 정한 한 사람의 몸값, 은전 서른 닢을 받아서 주께서 나에게 명하신 대로 옹기장이의 밭 값을 치렀다." 하신 말씀이 이루어졌다.

해석 마태복음 외에 다른 복음서는 이런 내용이 없다. 그리고 마태가 언급한 구약 구절은 유다 죽음과 전혀 연관성이 없다. 복음서 저자의 의도가 반영된 즉 각색된 구절이다. 성경에 나오는 유다에 대한 기록은 하나같이 비판적이다.

> 그는 차라리 세상에 태어나지 않았더라면 더 좋을 뻔했다.(마가복음 14:21)

> 예수를 넘겨주는 대가로 은전 서른 닢을 받았다.(마태복음

26:14~16)

유다가 사탄의 유혹에 빠져 비열한 행동하였다.(누가복음 22:3)
유다는 악마다.(요한복음 6:70)

배신의 대가로 로마당국에 돈을 받고 스스로 목을 매어 죽었다.(마태복음 27:5)

땅에 거꾸러져서 배가 갈라져 내장이 온통 터져 나와 죽었다.(사도행전 1:18)

유다에 대한 부정적인 글뿐이다. 어찌 보면 당연한 일이기도 하다. 영지주의를 이단으로 몰아붙인 정통파가 유다에 대하여 긍정적 서술을 할 리가 없기 때문이다. 그들은 예수의 비밀 가르침에 무지하였고 유다가 예수의 허락 하에 우주 계획 차원에서 예수를 고발한 것을 알 수 없었다.

요한복음(12:4~6)에 따르면 예수는 금전적 책임을 유다에게 맡긴 것으로 보인다. 요한복음에는 유다가 돈을 수시로 꺼내 쓰곤 하였다고 표현하지만, 위대한 예수가 도둑을 회계로 임용할 만큼 어리석지는 않았을 것이다. 어느 조직이든 가장 신뢰하는 사람에게 금전 책임을 맡기는 법이다.

성경을 보면 예수가 제자들에게 십자가 못 박혀 죽고 나서 사흘 후에 부활하겠다는 말을 한다. 그러므로 준비 없이 잡혀 죽은 것이 아니라 차분하게 준비한 일이었다. 자신에게 다가오는 기득권층들의 음모를 충분히 감지하고 있었고 원하였다면 언제든지 그 상황을 피할 수 있었다. 그러나 예수는 그날을 기다리고 있었고 예수는 자신을 고발할 제자로 유다를 지목한다. 유다의 배역은 후세에 두고두고 비난받을 가장 어려운 역할이었다. 유다는 용감하게 예수가 기획한 드라마에서 자신의 역할을 성공적으로 완수한다. 그는 예수의 명령을 따랐을 뿐이다.

예수가 신의 계획에 따라 십자가에서 죽고 부활하였다면 유다의 역할은 중대한 것이 아니었을까? 누군가는 예수 죽음과 부활이라는 연극에 참가해야 하였고 예수는 가장 믿음이 가고 영적으로 준비된 제자에게 자신을 배반하는 역할을 맡겼으리라 추측할 수 있다.

2006년 상반기에 공개된 유다복음(유다복음은 기독교 초기부터 이단으로 낙인이 찍힌 만큼 정통 기독인들은 읽을 가치 없는 위서라고 무시할지 모르겠지만 성경 역사나 숨겨진 예수의 비밀 가르침을 고려하면 이 복음서는 소중한 정보를 제공하고 있다고 본다.)은 이런 우리의 합리적인 의문에 답을 준다. 유다복음은 "예수가 가롯 유다와 대화하며 말한 계시에 대한 비밀 기록"이라는 말로 시작한다.

첫 구절에서 비밀 가르침임을 밝힌다. 일반인이나 일반 제자들에게 공개된 가르침이 아니라 준비된 사람에게만 전해 주는 가르침이라는 뜻이다. 그러니 일반 제자들은 예수와 유다 사이에 있었을 비밀스러운 약속을 모를 수밖에 없다. 유다복음서는 유다만이 예수의 진실과 정체를 알았으며 유다의 행위를 예수의 비밀 계시를 통하여 그에게 주어진 사명으로 본다.

비의 단체에서는 정경에는 일반 대중을 위한 도덕적 지침만이 실려 있고 예수의 비밀 가르침은 은밀히 비의 단체를 통하여 전해져왔다고 주장을 한다. 이에 의하면 유다는 예수를 배반한 것이 아니라 사명을 받고 신의 계획에 참여하였다. 예수가 은전 30닢에 자신을 팔아먹을 사람을 제자로 삼았겠는가? 유다가 자살하였다거나 비참하게 죽었다는 정경의 구절과는 다르게 고대 비의 가르침에서는 유다가 예수 부활 후에 예수와 함께 사역하였다고 한다.

재미있는 것은 유다복음에는 예수가 웃는 장면이 여러 번 나온다. 우리가 알고 있는 예수의 모습은 어떠한가? 유순하고 순종적인 예수, 미소보다는 세상의 짐을 다 지고 있는 듯 힘 들어 하는 예수, 십자가에 고통스러워하는 예수이다. 이런 예수의 모습은 교회에서 의도적으로 조장한 이미지 때문이다.

오랜 세월 예수의 배신자로 사람들에게 회자되고 악인의 상징으로 낙인찍혀온 유다이다. 그런 일을 충분히 예측하였음에도 신의 계획을 완수하기 위하여 악역을 맡은 유다는 자신의 뜻이 아니라 신의 뜻이 이루어지도록 자신을 희생한 사람이었다.

사실 유다는 배신의 역할을 맡고 싶지 않았다. 그래서 끝까지 미련을 가지고 "저는 아니지요."라며 싫어서 물어본다.

> "그때에 예수를 배반하는 유다도 나서서 '선생님, 저는 아니지요?' 하고 묻자, 예수께서 '그것은 네 말이다' 하고 대답하셨다." (마태 26장 25절).

그러나 예수는 "그 역할은 너다."라며 명령을 준다. 예수의 연극은 준비가 다 되어있었고 유다가 그 연극이 성공하도록 도와준다. 그러므로 유다는 우리가 알고 있는 배신자가 아니라 위대한 일의 조력자였다. 요한 13장 27절도 예수가 유다를 선택하는 장면이다.

> 예수께서 이 말씀을 하시고 나서 몹시 번민하시며 "정말 잘 들어 두어라. 너희 가운데 나를 팔아넘길 사람이 하나 있다" 하고 내놓고 말씀하셨다. 제자들은 누구를 가리켜서 하시는 말씀인지를 몰라 서로 쳐다보았다.

그때 제자 한 사람이 바로 예수 곁에 앉아 있었는데 그는 예수의 사랑을 받던 제자였다. 그래서 시몬 베드로가 그에게 눈짓을 하며 누구를 두고 하시는 말씀인지 여쭈어보라고 하였다. 그 제자가 예수께 바싹 다가앉으며 "주님, 그게 누굽니까?"하고 묻자

예수께서는 "내가 빵을 적셔서 줄 사람이 바로 그 사람이다" 하셨다. 그리고는 빵을 적셔서 가리옷 사람 시몬의 아들 유다에게 주셨다.

유다가 그 빵을 받아먹자마자 사탄이 그에게 들어갔다. 그때 예수께서는 유다에게 **"네가 할 일을 어서 하여라."하고 이르셨다.**

27절 앞 구절에는 사탄이 들어갔다는 왜곡된 구절도 있지만 뒤 구절에서 예수는 너무도 자연스럽게 유다에게 "네가 할 일을 하라!"라고 지시한다. 이것은 예수와 유다가 이미 사전에 주고받은 말이 있었음을 보여주는 구절이다. 누가 예수를 배반하는 악역으로 선택될 것인지 제자들이 아직은 알지 못하고 있음을 보여준다. 제자들이 혹시 자신이 그 악역에 선택되는 것은 아닌지 걱정하는 모습이다. 제자 중 누군가는 예수를 배반하여 고발해야 하는데 그 역할이 부담스러웠던 것이다.

최근에 일어난 중요한 역사적 사건 중에도 드러난 사실 이면에 가공할 만한 진실이 숨어있는 경우가 많은데 하물며 2000년 전에 일어난 사건을 빈약한 자료 그리고 승자들의 일방적인 자료를 가지고 진실을 논하기에는 무리가 있어 보인다. 복음서 저자들이 유다를 악인으로 규정하여 철저히 비난당하도록 각색하였다고 본다. 이것은 그 사건을 바라보는 사람들(복음서 저자나 초대교회 등)의 주관적 판

단이 반영되어 일어난 일이다. 또한 이 사건과 관련하여 예수와 유다 사이의 진실이 드러나지 않아 일어난 일이기도 하다. 진실을 모르는 사람들이 보기에는 유다는 스승을 판 악마 같은 존재로 비춰었을 것이다.

예수 부활과 그 신비적 의미

요한복음 20:1~18(**마태** 28:1~10, **마가** 16:1~11, **누가** 24:1~12)

안식일 다음날 이른 새벽의 일이었다. 아직 어두울 때에 막달라 마리아가 무덤에 가보니 무덤을 막았던 돌이 이미 치워져 있었다. 그래서 그 여자는 달음질을 하여 시몬 베드로와 예수가 사랑했던 다른 제자에게 가서 "누군가가 주님을 무덤에서 꺼내갔습니다. 어디에다 모셨는지 모르겠습니다." 하고 알려주었다. 이 말을 듣고 베드로와 그 다른 제자가 나와서 무덤으로 향하였다. 두 사람이 같이 달음질쳐 갔지만 다른 제자가 베드로보다 더 빨리 달려가 먼저 무덤에 다다랐다.

그는 몸을 굽혀 수의가 흩어져 있는 것을 보았으나 안에 들어가지는 않았다. 곧 뒤따라온 시몬 베드로가 무덤 안에 들어가 보니 수의가 놓여있었고 예수의 머리를 싸맸던 수건은 수의와 함께 놓여있지 않고 따로 한 곳에 개켜져 있었다. 그제야 무덤에 먼저 다다른 다른 제자도 들어가서 보고 믿었다. 그들은 그때까지도 예수께서 죽었다가 반드시 살아나실 것이라는 성서의 말씀을 깨닫지 못하고 있었던 것이다. 두 제자는 숙소로 다시 돌아갔다.

한편 무덤 밖에 서서 울고 있던 마리아가 몸을 굽혀 무덤 속을 들여다보니 흰 옷을 입은 두 천사가 앉아 있었다. 한 천사는 예수의 시체를 모셨던 자리 머리맡에 있었고 또 한 천사는 발치에 있었다. 천사들이 마리아에게 "왜 울고 있느냐?" 하고 물었다. "누군가가 제 주님을 꺼내갔습니다. 어디에다 모셨는지 모르겠습니다." 마리아가 이렇게 대답하고 나서 뒤를 돌아다보았더니 예수께서 거기에 서 계셨다. **그러나 그분이 예수인 줄은 미처 몰랐다.**

예수가 마리아에게 "왜 울고 있느냐? 누구를 찾고 있느냐?" 하고 물었다. 마리아는 그분이 동산지기인 줄 알고 "여보세요. 당신이 그분을 옮겨갔거든 어디에다 모셨는지 알려주셔요. 내가 모셔 가겠습니다." 하고 말하였다.

예수가 "마리아야!" 하고 부르시자 마리아는 예수에게 돌아서서 히브리말로 "라뽀니" 하고 불렀다. (이 말은 '선생님.'이라는 뜻이다.) 예수는 마리아에게 "내게 손을 대지 마라. 내가 아직 아버지께로 올라가지 않았다. 이제 너는 내 형제들에게로 가서, 내 아버지 곧 너희의 아버지, 내 하느님 곧 너희의 하느님께로, 내가 올라간다고 말하여라." 하고 일러주었다. 막달라 마리아는 제자들에게 가서 자기가 주님을 만나 뵌 일과 자기에게 일러주신 말을 전하였다.

해석 예수 부활에 대한 설명은 4복음서 저자가 조금씩 다르다.

여자들의 목격(마태 28:1~7, 마가 16:1~10, 누가 24:1~10, 요한 20:1~18)

막달라 마리아가 빈 무덤을 발견함 (요한 20:2)

막달라 마리아에게 나타남 (마가 16:9, 요한 20:14~17)

두 제자에게 나타남 (마가 16:12)

열 한 제자에게 나타남 (마가 16:14)

막달라 마리아와 다른 마리아에게 나타남 (마태 28:8~10)

베드로에게 나타남 (누가 24:34)

엠마오 도상의 제자에게 나타남 (누가 24:15~31)

제자들에게 나타남 (누가 24:36~50, 요한 20:19~23)

열 한 제자에게 나타남 (마가 16:14~18, 요한 20:26~29)

갈릴리 바다에 나타남 (요한 21장)

산에서 열 한 제자에게 나타남 (마태 28:16~20)

복음서마다 부활한 예수의 최초 목격자가 다른데, 마태는 막달라 마리아와 다른 마리아, 마가는 막달라 마리아, 누가는 글로바와 다른 한 제자, 요한은 막달라 마리아이다. 흥미로운 것은 처음에는 제자들 모두 부활한 예수를 보고도 예수를 몰라봤다는 사실이다. 이 말은 예수가 원래 모습으로 부활하지는 않았다는 의미이다. 예수는 왜 다른 모습으로 부활하여 나타났을까? 이런 사실에 관심 기울이는 사람은 없다.

기독교는 예수 십자가 부활이 없으면 존재할 수 없는 교리를 가지고 있다. 이신칭의나 대속론은 십자가 부활을 근거로 생겨난 이론이다. 물론 십자가 사건과 관련하여 이런 정통교회 교리와는 다른 견해가 존재한다.

예수는 갈릴리와 예루살렘 지역에서 3년 동안 가르침을 펴다가 유대인들의 고발로 십자가에 매달려 죽었다가 다시 살아난다. 3년간의 가르침은 예수 제자들이나 그 추종자들이 신앙고백으로 남긴 복음서에 일부분 나오는데 3년 행적의 하이라이트는 십자가에서 죽음과 부활이다. 상식적으로 죽은 후에 다시 육체로 살아난다는 것은 믿기 어렵지만 기독교 신앙을 지닌 사람들은 거의가 이것을 믿는다. 부활에 대한 믿음 없이는 기독교가 존재할 수 없기 때문이다.

그런데 이런 부활을 믿는 것과 이 사건에 대한 의미 부여는 또 다른 문제이다. 이 사건을 어떻게 받아들이느냐에 따라 전혀 다른 의미의 종교가 탄생할 수 있기 때문이다. 기독교는 "하느님이 인간의 죄를 대신하여 자신의 아들인 예수 그리스도를 십자가에 죽게 하고 다시 살려냈으니 이런 사실을 믿으면 죄인이었던 우리가 구원을 얻게 된다."라는 해석을 한다. 물론 이것은 바울의 생각이었고 이 생각이 교부들에 의하여 받아들여져서 기독교 핵심 교리(원죄론, 대속론, 예수 신성론)가 탄생한다. 물론 모두가 이런 해석을 하는 것은 아니다. 이런 해석을 반대하는 신학자나 교인들도 있기는 하다. 하여간 우리가 알고 있는 기독교 교리가 십자가 사건과 부활에 대한 해석의 결과라는 것은 의미하는 바가 크다.

중요한 것은 이런 해석에는 예수의 생각이 전혀 들어가 있지 않다는 것이다. 설사 우리가 자신의 신앙을 고백하는 추종자들의 복음서를 믿는다 하더라도, 이 복음서의 예수 어록에서 예수는 자신이 인류의 죄를 대신하여 죽는다는 말을 한 적이 없고, 인류의 원죄를 주장한 적이 없으며, 그리고 십자가 부활에 대한 믿음으로 우리가 구원된다는 말을 한 적이 없다.

전설에나 나오는 이런 유치한 수준의 해석에 인류가 구속되어 살아간다니 참으로 한탄스러운 일이다. 기독교인들은 예수님의 죽음이 없었다면 인류가 구원을 얻을 수 없을 것이라 말한다. 하느님은 그렇게 옹졸하지가 않다. 이런 무지한 생각에서 타종교 구원 부정, 타종교와의 공존 부정이 생겨난다. 평화가 아닌 배타적 종교가 되어버린 것이다.

인간의 영혼을 신의 불꽃 혹은 일부분으로 바라보는 비의 가르침에서는 이 사건을 이렇게 해석한다. 이 우주는 4계(영계, 멘탈계, 아스트럴계, 물질계의 4개 세계)로 이루어져 있으며 우리가 이 4계를 극복하고 균형을 이룰 때 우리는 4계가 나온 근원(무한자)에게 돌아가서 하나가 된다. 십자가 4개의 점은 4개의 세계를 의미하며 십자가의 중심은 모든 것이 나온 근원인 신을 상징한다. 그래서 십자가는 완성을 의미하며 깨달음의 상징이다.

예수님이 십자가에 못 박히신 것은 근원(신)과 합일의 상징이었다. 상징적으로 말한다면 우리 모두도 예수처럼 십자가가 되어 근원과 합일되어야 한다는 것을 의미한다. 히브리 22문자는 각각 문자마다 고유한 숫자값이 주어지며 동시에 상징하는 의미가 있다 (p244, 히브리 문자와 상응하는 숫자 그리고 음가 참조). 히브리 마지막 문자(tau, ת)는 그 수의 값이 400이고 의미는 "완성"이며 동시에 "십자가"이다. 즉 십자가는 완성이라는 의미이다. 400이 우주를 구성하는 생명나무의 숫자라는 것도 이것이 완성을 의미하기 때문이다. 영지

복음서에 십자가와 관련된 아주 흥미로운 구절이 있다.

> 성체(聖體)는 예수이다. 그분은 고대 시리아어로 파리사타라고 하는데 "확장되어/펼쳐져 나온 사람"을 의미한다. 예수는 세상을 십자가에 못 박으러 오셨기 때문이다.(빌립 복음서 49절)

성체와 관련하여 예수는 자신이 하늘에서 내려온 살아 있는 빵이고 이 빵을 먹는 사람은 누구든지 영원히 살 것이며 자신이 줄 빵은 곧 나의 살이라고 했다. 그리고 세상은 그것으로 생명을 얻게 될 것이라고 했다(요한복음 6:51). 예수의 살과 피는 예수가 전하는 진리의 상징이었다. 예수는 진리와 하나였다.

시리아어로 예수는 "확장되어 펼쳐진 사람"이라는 뜻인데, 앞에서 설명한 것을 이해했다면 이 말은 예수가 깨달은 자라는 말이다. 예수가 십자가에 못 박힌 것(사방으로 확장되어 펼쳐진 모습임)은 신과 합일의 상징이었다.

여기서 가장 중요한 말은 예수가 이 세상을 십자가에 못 박으로 왔다는 것이다. 이 뜻은 예수가 십자가에서 보여주었듯이 인간을 포함하여 이 세상을 완전하게 하는 것이 그의 사명이고 온 세상을 구원하겠다는 말이다. 이런 의미에서 우리 모두는 예수처럼 십자가(확장되어 펼쳐진 사람)가 되어 완전해져야 한다. 예수는 세상을 진리로 구원하려고 왔고 세상을 십자가에 못 박으로 왔다.

그리고 예수 부활은 신성한 존재인 우리도 예수처럼 죽음을 극복할 수 있음을 보여주는 사례이다. 부활은 육체 속에 갇힌 우리 영혼의 부활 즉 신성 회복을 의미한다. 이처럼 한 가지 사건을 두고도 바라보는 시각이 이렇게 다르다. 영지주의 복음서인 빌립 복음서에 부활에 대한 아주 흥미로운 내용이 나온다.

"주님께서 먼저 돌아가시고 그 후에 부활하셨다고 말하는 자들은 잘못이다. 그분은 먼저 부활하시고 그 후에 돌아가셨기 때문이다. 어떤 사람이 먼저 부활을 얻지 못하면 그는 죽지 않을 것이다. 하느님께서 살아 계시므로 그는......."(빌립 복음서 19절)

"먼저 죽고 나서 부활할 것이라고 말하는 자들은 잘못 알고 있는 것이다. 살아 있는 동안 먼저 부활을 얻지 못하면, 그들은 죽을 때 아무것도 받지 못할 것이다. 또한 세례에 대해 세례를 받으면 살게 된다면서 '세례는 위대한 것이다.'라고 말하는 사람들도 마찬가지이다."(빌립 복음서 90절)

빌립 복음서 19절은 가장 주목 받는 구절 중 하나이다. 이 내용은 정통 기독교 가르침을 정면으로 부인하는 글이다. 부활은 영혼의 신성한 불꽃이 살아나서 신과 하나가 된 상태를 말하고 예수는 늘 그런 상태에 있었다. 그래서 예수는 육체가 죽고 나서도 부활할 필요는 없었다. 성경에 보이는 죽은 후 부활은 단지 인류에게 교훈, 즉 자신처럼 누구나 죽음도 극복할 수 있음을 보여주는 극적 장치였다. 빌립 복음서 90절에서처럼 우리는 살아 있는 동안 부활을 얻어야 한다.

빌립 복음서 61절에는 부활과 관련하여 이런 말이 나온다. "우리가 이 세상에 있는 동안에 우리 자신을 위해 당연히 부활을 얻어야 한다." 여기서 분명하게 우리가 살아서 부활해야 한다고 말한다. 살아 있는 동안 영혼이 깨어나는 것이 부활이다. 살아 있는 동안 영혼이 부활하지 못하면 사후에 바르도(중음계)를 거쳐 고통으로 차 있는 이 세상에 다시 태어난다.

예수의 승천

마가복음 16:19~20절(누가 24:50~53)

주님이신 예수가 제자들에게 말을 다 하고 승천하셔서 **하느님 오른편에 앉으셨다.** 제자들은 사방으로 나가 이 복음을 전하였다. 그리고 주께서는 그들과 함께 일하셨으며 여러 가지 기적을 행하게 하심으로써 그들이 전한 말씀이 참되다는 것을 증명해 주셨다.

해석 마태와 요한은 예수의 승천을 기록하지 않았다. 이처럼 복음서 저자에 따라 예수에 대한 드라마 각색은 달랐다. 승천을 마지막에 둔 것은 진실이든 아니든 충분히 예상할 만한 전개였다.

사실 물질계에서 인간이 영적 존재인 하느님을 눈으로 보는 것은 불가능하다. 이것은 우리가 의식을 높여서 육체에서 영혼을 분리하여 위로 올라갔을 때 가능한 일이다. 당시 제자들 수준은 높지가 않아서 하느님을 볼 수 있는 수준이 되지 않았다. 그래서 이 구절은 진실하지 않다. "야고보 비밀의 서"에 승천과 관련된 구절이 있다.

> 이 말씀을 하시고, 그분께서는 떠나셨습니다. 베드로와 나는 무릎을 꿇고 감사를 드렸으며, 마음을 하늘로 올려보냈습니다. 그러자 우리는 전쟁 속의 소음과 나팔 소리 그리고 엄청난 소란스러움을 귀로 듣고, 눈으로 보았습니다. 우리는 이 상태를 지나 마음을 더 위로 보냈습니다. 우리는 찬송과 천사들의 감사기도와 천사들의 환희를 눈으로 보고, 귀로 들었습니다, 천상의 위대한 존재들이 찬송드리고 있었으므로, 우리도 기뻐했습니다.
>
> 그다음에 우리는 영혼을 전능하신 분에게 올려보내고 싶었습니

다. 우리가 올라갔을 때 어떤 것도 보거나 듣는 것이 허락되지 않았습니다. 그런데 나머지 제자들이 우리를 소리쳐 부르고는 "스승에게 무슨 이야기를 들었는가? 그분이 뭐라고 말했는가? 그분은 어디로 갔는가?"라고 질문했습니다.(야고보 비밀의 서 17~18절)

예수가 떠나자, 야고보와 베드로가 예수를 따라가고자 마음을 하늘로 올리는 모습이다. 카발라나 영지주의 문서(야고보 첫째 묵시록, 바울묵시록, 헤칼로트 문서 등)에서는 이런 일이 주로 환상 상태에서 일어나는 것으로 묘사되는데 실제로 이것은 몸에서 영혼을 다른 차원의 세계로 투사하는 아스트럴 투사(유체이탈)로 보인다.

"전쟁 속의 소음과 나팔 소리 그리고 엄청난 소란스러움을 귀로 듣고, 눈으로 보았다." 구절은 구약의 에스겔 비전의 시작 부분과 닮았다(나는 북쪽에서 불어오는 폭풍을 보았고 거대한 구름과 번쩍이는 불과 그 주변으로부터 타오르는 불빛을 보았고 그 중심으로부터 불 한가운데 있는 하쉬말의 모습을 보았다. 에스겔 1:4).

또한 엘리야의 예언 체험과도 유사하다(11. 신이 그에게 말하시길, "앞으로 나가서 신 앞에 있는 산 위에 서거라." 그리고 신께서 지나가시는데 **크고 강한 바람**이 일어 산을 뒤흔들고 신 앞에 있는 단단히 박혀있는 바위를 산산 조각내었다. 그러나 신께서는 바람 가운데 계시지 않았다. 바람이 지나간 다음에 **엄청난 소음**이 일어났다. 그러나 신은 그 소음 가운데도 계시지 않았다. 12. 소음에 이어서 **불**이 일어났다. 그러나 신은 불 가운데도 계시지 않았다. 불길이 지나간 다음에 조용하고 부드러운 소리가 있었다. 열왕기상 19:11~12).

예수가 도달한 전능한 하느님에게 이르려고 두 제자가 영혼을 들어 올렸으나 아직 그곳에 들어갈 준비가 되어있지 않아서 그들은 아무것도 듣거나 볼 수가 없었다. 야고보와 베드로를 제외한 제자들은 스승인 예수에게서 두 사람이 무엇을 전해 들었는지 궁금하고 질투도 나서 소리쳐 부르니 두 사람의 의식이 육체로 돌아온다.

성서학자들에 따르면 마가복음의 가장 오래된 사본에는 16절 9~20(부활 후에 처음으로 막달라 마리아에게 나타나는 구절부터 승천까지)이 없는 것으로 되어 있다. 그들은 이 구절을 후대에 필사자가 덧붙인 것으로 본다.

2장
카발라 기본 개념

신은 그대가 어느 민족인지 출생지가 어디인지 관심이 없고
생전에 무엇을 했는지에 관심이 있을 뿐이다.
-페르시아 격언-

1 구약과 카발라

카발라의 신비를 담고 있는 고대 지혜 가르침에 따르면 모세오경에 나오는 이야기는 모두가 우화나 비유라고 한다. 구약의 역사적 내용은 실제로 일어난 사건이 아니라 신성한 우주 법칙을 비유적으로 설명하는 것이라고 한다.

예를 들면 창세기에 나오는 6일간의 창조는 생명나무 6개 세피로트(케테르, 호크마, 비나, 티페르트, 헤세드, 게부라)를 상징하고 7일째 휴식은 예소드(성시, 창조의 토대, 생명나무의 7번째 세피라, 생명나무 그림은 p237 참조)를 상징한다.

홍해가 갈라진 것을 카발라식으로 해석하면 이집트는 암흑과 속박의 상징이고 홍해를 가르는데 사용된 지팡이는 내면의 신성한 힘을 상징한다.

현대 영지주의 작가 티모시 프리크와 피터 갠디[9]는 이렇게 설명하고 있다.

> "유대영지주의자들은 창세기와 출애굽기를 상징적으로 해석하였다. 창세기는 인간이 어떻게 길을 잃고, 방황하며, 유랑하게 되었는지에 대한 우화로 보며 반면에 출애굽기는 영지의 깨달음에 대한 우화로 본다. 창세기는 신비한 우주론으로 해석되었고 거기서 선악과를 먹었다는 것은 본래의 일자로부터 분리 사태로의 타락을 표현한다. 출애굽기는 깨달음의 우화를 표시한 것으로, 이집트에 포로가 되는 것은 세상에서 방황하는 것을 상징하며

---

9) <웃고 있는 예수: 종교의 거짓말과 철학적 지혜> pp98~99.

홍해를 건너가는 것은 입문의 과정을 표현한다. 또한 사막에서 40년간 유랑은 깨달음의 정신적인 과정을 표현하며 약속의 땅에 도착하는 것은 영지의 체험을 표현한다. 경전 안에 숨겨진 신비한 의미를 끌어내어 그들의 종교적인 전통을 다시 일깨우도록 노력하는 것이 영지주의의 전형적인 모습이다."

여기서 영지주의는 우리가 알고 기독교 영지주의만이 아니라 깨달음의 전통을 지닌 모든 단체들을 통칭하여 부르는 이름이다. 사실 영지주의에는 이론이 조금씩 다른 여러 종파가 존재하고 영지주의 근원이나 정체에 대한 학자들의 견해도 다르다. 앞에서 언급했지만 카발라는 영지주의의 모체이다.

구약의 신비주의적 해석은 일반인에게는 아주 생소한 일로 보이겠지만 유대 신비주의자나 카발리스트들에게는 새로운 것이 아니다.

유대교에서 토라(모세오경)는 절대적인 위치를 차지하고 있다. 유대인은 토라를 우주의 모든 비밀이 담겨 있는 청사진으로 보고 있다. 그래서 토라 연구는 신의 지혜에 도달하기 위한 최고의 수단으로 간주되며 가장 중시되는 덕목이다. 반면에 유대 신비학파인 카발리스트들은 토라를 존중하고 연구를 하였지만 정통 유대교와는 다른 견해를 지녔다. 카발리스트들은 토라에 숨겨진 신비적 의미를 찾기 위하여 그리고 신의 지혜와 신과의 만남을 위하여 철학적 사유와 여러 명상법을 사용하였다.

히브리인들은 성경에 기록된 말씀을 이해하기 위해 다음과 같은 네 가지 방법을 사용하였다. 첫째는 '페사트'(peshat)로서 문자 그대로 해석하는 것이고 두 번째는 '레메즈'(remez)로서 은유적 해석이며 세 번째는 '데라쉬'(derash)로서 장시간 검토와 연구를 통해 깊숙이

깔려있는 실제의 내용을 명료하게 전달해 주는 해석이며 네 번째로 '소드'(sod)는 신비적 해석으로 비유 속에 감추어진 내면적인 의미를 찾아내는 것이다.

보통 우리는 문자적 의미에 한정되어 구약성경을 이해하나 카발리스트들은 4가지 차원을 다보고 일반인이 보지 못하는 신비를 이해한다. 이 4가지 차원의 해석은 생명나무 4계의 수준(p237 참조)과 일치한다. 4계의 시각에서 구약은 4가지로 해석이 가능하다는 의미이다.

카발라의 대표적 문헌인 『조하르』에서는 이것을 상징적으로 '외관', '육체', '영혼', '영혼의 영혼'으로 표현한다. 다음은 『조하르』에 나오는 "토라를 바로 보는 법"이다.

랍비 시메온이 말하길
토라가 단순한 이야기와 일상적인 단어로
표현되어 있다고 말하는 사람은 참으로 불쌍하다.
만약 토라가 그러하다면
우리는 당장 일상적인 단어로 토라를 구성할 수 있을 터이고
기존의 토라보다 더 나은 것을 만들어낼 수 있을 터이니 말이다
세상의 일을 표현하기 위하여
심지어 세상의 통치자도 더 고귀한 단어를 지니고 있다.
만약 토라가 그러하다면 그러한 단어를 가지고 토라를 만들어 보자.
아! 그러나 토라의 모든 단어는 고귀한 단어이고 고귀한 비밀을 품고 있다.

와서 보라!

위의 세계와 아래 세계는 완전히 균형 잡혀 있다.
아래 이스라엘과 위의 천사도 그러하다.
천사에 대해서는 이렇게 쓰여 있나니:
자신의 천사들을 영들로 삼으시고(시편 104:4).
그러나 천사들이 내려왔을 때 천사들은
이 세상의 외관(옷)을 입었노라.
만약 천사들이 이 세상에 맞는 외관을 입지 않았다면
그들은 이 세상에서 견딜 수 없었을 것이고
세상은 천사들을 견딜 수 없었을 것이다.

만약 이것이 사실이라면
천사와 세상을 창조하였고 모든 것을 존재하게 하는
토라에 있어서는 더더욱 그러하지 않겠는가!
이 세상에 내려올 때 토라가 이 세상의 외관을
입지 않았다면 세상은 견디지 못하였을 것이다.

그러므로 토라에 나오는 이야기는 토라의 외관일 뿐이다.
외관이 진짜 토라이며 별 것 아니라고 생각하는 사람은
그 누구라도 그 영은 작아질 것이다.
그에게는 다가올 세상에서 어떤 몫도 없을 것이다.

다윗이 이렇게 말한 이유이다.
"저의 눈을 여시어 주의 법(토라)에서 나오는 놀라운
것들을 제가 보게 하소서(시편 119:18)."
여기서 놀라운 것은 토라의 외관 안에 있는 것을 말함이다.

와서 보라.
모두에게 보이는 외관이 있다.
어리석은 사람들이 멋진 외관을 한 사람을 볼 때
그들은 다른 것은 보지 않는다.
그러나 외관의 에센스는 육체이고
육체의 에센스는 영혼이다.
토라도 마찬 가지나니.
토라는 육체가 있는데 이것은 토라의 계율이고
토라의 구현이라 불린다.

이 육체(토라의 계율)는 외관으로 덥혀있는데
(토라에 나오는) 세상 이야기가 그러하다.
세상의 어리석은 사람들이 단지 외관 즉 토라에
나오는 이야기를 보고 다른 것은 아무것도 알지 못한다.
그들은 외관 안에 있는 것을 보지 못한다.
더 많이 아는 사람은 그 외관을 보지 않고
그 외관 안에 있는 육체를 본다.
현자와 하느님의 하인 그리고 시나이 산에 서 있었던 사람들은
영혼 즉 모든 것의 뿌리인 진짜 토라를 본다.
다가올 시기에 이들은 토라의 영혼의 영혼을 보게 될 것이니라.
와서 보라.
위에서 보았듯이
'외관', '육체', '영혼', 그리고 '영혼의 영혼'이 있도다.
일월성신(日月星辰)은 외관이고
이스라엘 커뮤니티(이스라엘 사람)는 영혼 즉

이스라엘의 아름다움(주: Beauty of Israel, 신의 남성적인 면)을 받는 육체이다.
이처럼 이스라엘 커뮤니티는 영혼의 육체이다.
우리가 언급한 영혼은 진짜 토라인 이스라엘의 아름다움이다.
'영혼의 영혼'은 '신성한 고대의 존재(the Holy Ancient One)'이다. 모든 것은 다 연결되어 있다.

토라가 단순한 이야기라고 하는 사악한 사람은 불쌍하도다.
그들은 이 외관만 보고 더 이상 보지를 못한다.
토라를 바르게 보는 의로운 사람은 행복하도다.

포도주가 단지 안에 놓여있듯
토라는 외관 안에 놓여 있어야 한다.
외관 안에 있는 것을 보라.
(토라에 나오는) 모든 단어와 이야기는 외관일 뿐이니라.[10]

---

10) Matt, Daniel <Zohar>, pp43~45.

2 카발라의 기본 개념 이해하기

유대 신비 가르침인 카발라는 상징과 비의로 쓰여 있어서 일반인이 이해하는데 어려움이 크다. 그러나 핵심이 되는 기본 개념을 알고 나면 카발라가 그렇게 어려운 것만은 아니다.

유의할 점은 카발라는 기존 종교처럼 고정된 경전이 있는 것이 아니라 오랜 세월 여러 카발라 학파들에 의하여 주장된 다양한 교의의 합체이다. 그러므로 학파마다 주장하는 점이 다를 수 있다. 카발리스트들은 각자 자신의 용어와 자신의 방식으로 카발라를 표현했다. 그래서 역사가들의 관점에서 볼 때 단 하나의 카발라는 없는 셈이다. 그러나 모든 학설의 중심에 흐르는 기본 사상은 크게 다르지는 않다.

(1) 유대교와 카발라

유대교에서 토라(모세오경)는 절대적인 위치를 차지하고 있다. 유대인은 토라를 우주의 모든 비밀이 담겨 있는 청사진으로 보고 있다. 그래서 유대교에서 토라 연구는 신의 지혜에 도달하기 위한 최고의 수단으로 간주되며 가장 중시되는 덕목이다.

유대 신비학파인 카발리스트들도 토라를 존중하고 연구를 하였지만 정통 유대교와는 다른 견해를 지녔다. 카발라 핵심서인 『조하르』에 이런 글이 나온다.

"토라의 몸은 율법으로 구성되어있고 토라의 옷은 이야기로 이루어져 있으며 이들은 대충 보아도 알 수 있는 것들이다. 그러나 토라의 정신은 깊은 성찰을 통하여서만 알 수 있는 신비적인 것이다."

카발리스트들은 토라에 숨겨진 신비적 의미를 찾기 위하여 그리고 신의 지혜와 신과의 만남을 위하여 철학적 사유와 여러 명상법을 사용하였다. 그들은 드러난 것 너머의 신의 창조력이 펼쳐지는 차원에 대하여 말하였고 물질세계 너머의 영역 즉 아인(근원, 신)에 접근하고자 했다.

(2) 아인(Ain)

카발라에서는 모든 개념 너머에 존재하는 형상 없는 최고의 존재를 아인으로 부른다. 아인 소프는 무한 혹은 한계 없음[11]으로 번역되는데 이것은 "모든 원인의 원인", "고대의 날들" 등으로 불리기도 한다. 이것은 형상도 없고 속성도 없고 시작도 끝도 없다. 아인 소프에 대한 적당한 말을 고른다면 아무것도 없는 무(無)가 아니라 인간 마음이 알고 있는 그 어떤 것도 아닌 그러나 모든 것이 내재되어있는 상태, 불교로 말하면 공(空)의 상태에 비교될 수 있을 것이다. 존재나 비존재의 상대적 개념을 넘어서 있다. 종교에서 말하는 신의 개념에 가까우나 오히려 신의 개념이 나오기 전의 무한 상태/공 말한다.

(3) 창조

아인이 창조를 시작한다. 창조의 목적은 베일에 가려져 있으며

11) 아인은 무(無)의 의미이고 소프는 한계(限界)의 의미를 지니고 있고 이 둘을 합치면 한계 없음 즉 "무한"이라는 의미가 산출된다.

아인은 공간에 자신의 빛을 순차적으로 내려 보내 10개의 빛으로 우주를 창조한다. 이 과정은 카발라 학자에 따라 굉장히 복잡하게 설명이 된다.

한편 20세기 위대한 카발리스트인 도리얼 박사는 난해하고 복잡한 여러 카발라 창조이론 속에 숨겨진 상징을 현대인이 이해하기 쉽게 풀어 잘 설명하고 있다. 설명이 구체적이고 사실적이다.

> 시작도 끝도 없고, 공간도 존재도 없는 공(Void, 심연, 아인에 해당)에서 홀연히 빛(아인 소프에 해당, 무한)이 나타났다. 이 빛은 주변의 공(Void)을 밀어내며 한동안 계속 확장하였고 빛이 확장하는 가운데 조화로운 움직임과 무질서한 빛의 움직임이 나타났다. 확장을 끝낸 빛은 중심에 조화로운 빛, 바깥에 조화롭지 못한 빛(부정)으로 나뉘어져서 존재하였다. 조화로운 빛은 우주 알 또는 모든 것의 근원, 횃불을 든 자, 왕 중의 왕, 호아라고 불렸다. 이것이 바로 존재하는 모든 것의 첫 번째 원인이며 근원적 존재이다.
>
> 이 첫 번째 원인인 조화로운 빛은 무질서한 빛을 자신처럼 조화롭게 변형시키기 위하여 첫 번째 빛을 발출하니 여기서 창조가 시작된다. 이 빛은 창조의 숨이며 근원자의 의지이며, 우주 법칙으로 모든 것은 여기에서 시작되어 여기로 돌아간다.
>
> 첫 번째 빛은 무질서한 빛(부정, 부질서)을 밀어내고 창조의 공간을 설정한다. 창조 공간이 생기고 첫 번째 빛에서 순서적으로 9개의 신성 빛이 확장하여 나와 우주 창조를 시작하였다. 그러므로 우주는 상징적으로 10개의 빛(우주를 상징하는 생명나무의 10개의 광)으로 구성되었다.

우주공간에 수많은 행성이 만들어지자 우주 중심에 있는 영태양(spiritual sun, 물질태양의 원천, 우리가 보는 물질태양은 영태양의 물질 통로이다)의 문이 열리고 신성한 에너지는 우주로 흘러들어 왔으며 행성들은 물질 태양 주변을 돌고 마침내 우주는 살아 숨쉬기 시작했다.

창조의 숨으로 식물과 동물이 탄생하고 모든 것이 뜻대로 작동되자 '왕 중의 왕', '호아'의 확장인 '우주의식'은 자신을 무수히 많은 빛(영혼)으로 나누어 행성에 나타나 무질서한 빛(부정)을 조화로운 빛으로 변화시키는 일을 시작하였다. 한동안 뜻대로 우주는 작동하였고 모든 것이 좋았다.

그러다 자유의지를 가진 태초의 영혼들이 일에 대한 욕심으로 부정(무질서, 부조화한 빛) 속에 너무 깊게 몰입하다가[12] 그만 무질서한 빛 속에 갇히고 말았다. 상징적으로 에덴동산에 더 이상 머물 수 없는 일이 일어났다. 이 일로 인간은 신성 힘을 잃고 신 상태에서 추락하여 지금 우리의 영혼이 거주하는 물질 육체로 들어왔다.

이후 인간은 윤회를 통하여 다양한 삶을 살아가면서 영적 진화의 길을 걷고 있으며 이것은 원래의 신아(神我)를 회복하는 과정이다. 근원으로 돌아가는 길은 카발라의 생명나무에 있으며 이것은 신과 인간을 연결하는 사다리이다.[13]

(4) 영혼과 윤회

인간의 본성을 높게 본다는 점에서 카발라는 같은 사상적 모태

---

12) 부정이 내려오는 통로는 창세기에서는 선악과나무로 표현되고 그것에 몰입하다가 갇힌 사건은 선악과 열매를 먹은 것으로 표현됨.

13) 김우타 <구도여행과 소리 없는 소리>, pp353~354.

에서 출발한 유대교나 기독교와 크게 다르다. 카발라는 유대교나 기독교와는 완전히 다른 언어로, 인간의 기원과 신과의 관계에 대해 이야기한다.

카발라 이론에 의하면 인간은 신의 최고 영적 속성 즉 영적 법칙을 띠고 있는 생명나무의 10개 빛으로 구성된다. 인간의 에센스인 혼은 신성하고 영적이며 육체는 그 영혼을 감싸고 있는 외투에 해당한다. 인간은 신의 의지를 아래 세계에 보내고 아래 세계의 결과물을 위로 보내는 매개 역할을 한다. 영혼은 신의 창조 힘이 이 세상에 충분히 활현되도록 하고 우주 구조를 완성시키는 일을 한다. 신 안에 존재하는 것은 인간 안에서 개화하고 발전한다.

신과 인간의 교감은 아담의 죄로 무너지게 되고 이것으로 신과 분리가 일어난다. 사실 아담의 추락은 상징이고 그 속에는 까마득한 시절에 일어난 사건이 숨겨져 있다. 〈조하르〉에 보면 아담 안에 모든 영혼이 포함되어 있다. 이것은 모든 영혼이 동시에 창조(창조란 단어보다 발출이 어울린다)되어 존재하였다는 뜻이다. 영혼은 모두가 나이가 같다. 아담의 실락은 모두의 실락을 상징하는 사건이었다.

실락 후에 인간에게는 이 세상을 원래 상태로 회복시키는 일과 신과 재결합(원래 상태로 복귀)이 가장 중요한 목적이 되었다. 그래서 카발라는 유대교나 기독교와 달리 영혼의 윤회를 인정한다. 불성 즉 신성을 지닌 신의 불꽃인 영혼은 카르마를 전부 극복할 때까지 사람만으로 윤회를 계속한다. 카발라는 모든 사람은 내면의 힘을 통하여 분리 상태를 극복할 힘을 가지고 있다고 가르치는데 이것이 기독교 교리와 다른 점이다. 신과 합일을 위하여 신과 인간 사이의 분리를 이어주는 것이 토라(torah)이며 카발라는 이 토라의 숨겨진 의미를 바르게 해석하도록 한다.

(5) 생명나무

카발라는 고대 지혜 가르침 중에서 가장 변형 되지 않은 원형 그대로의 진리를 담고 있다. 카발라는 지식 차원에 머무는 것이 아니라 우리가 신과 합일할 수 있게끔 실제적인 안내를 한다. 생명나무는 카발라 교리의 핵심이다. 생명나무에 카발라의 심오한 사상이 함축되어 담겨있다고 보면 된다. 생명나무(237쪽 참조)는 (1)우주창조의 과정 (2)우주법칙의 운영 (3)인간의식(意識)의 지도 (4)우주만물의 DNA로 작동한다.

아인(공)은 10개의 신성한 빛을 발출하여 우주를 창조하는데 이 10개의 빛이 생명나무를 구성한다. 이 10개의 빛이 생명나무 몸체를 구성한다면 히브리 22문자는 생명나무로 흐르는 신의 에너지 통로에 해당한다. 생명나무는 신의 모습을 한 첫 번째 신의 발출물이고 이 모습을 본 따서 인간이 창조되었다. 여기서 창조란 말은 발출이나 확장을 의미한다. 왜냐하면 인간은 신에서 확장되어 나온 존재이기 때문이다. 생명나무를 대성인간(아담카드몬, 대우주)이라 하고 이 생명나무의 모습을 띤 인간을 소성인간(소우주)이라고 한다.

인간에게는 생명나무의 모든 속성이 존재하고 있다. 이 말은 인간은 자신 안에 축소판 생명나무를 가지고 있으며 신의 10개 속성이 인간에게 현시하고 있다는 의미이다.

생명나무는 그 빛이 내려온 순서와 그 빛을 연결하는 방법에 따라 그리고 히브리 22문자를 배열하는 방법에 따라 여러 형태의 생명나무가 존재한다. 정통 히브리 생명나무, 루리아 생명나무, 그라 생명나무, 서양 생명나무(헤르메틱 생명나무), 도리얼 생명나무 등이 있다.[14]

---

14) 김태항 <카발라의 신비열쇠> pp160~162.

생명나무의 핵심은 아래와 같다.

1. 생명나무를 구성하는 10개 세피로트는 아인(신)의 속성을 담고 있다.
2. 히브리 22문자는 아인(신)의 무한 힘이 흐르는 통로이다.
3. 생명나무(아담 카드몬, 신성 인간)가 물질계에 반영되어 나타난 모습이 인간(소우주, 소성인간)이다. 인간(아담)이 에덴동산에서 추방되기 전에는 인간은 신의 완전한 통로로 기능하였고 생명나무를 따라 신의 신성한 힘이 흐르듯 그 반영물인 우리에게도 신의 힘이 충만하게 흘렀다.
4. 우리 육체가 영혼의 몸이듯 우주는 신의 몸이다. 우주가 거대한 생명나무(아담 카드몬)로 표시되듯 이것을 닮은 우리 육체도 생명나무의 모습을 띠고 있다. 신의 속성을 반영하고 있는 생명나무는 인간의 육체에만 반영되어 비치는 것이 아니라 우리 마음에도 비치고 온 우주에 비친다. 그러므로 하나(신) 속에 모든 것이 있고 모든 것에 하나(신)가 깃들어 있다.
5. 인간에게 반영되어 있는 생명나무의 10개 세피로트는 우리 육체를 상징하고 히브리 22문자는 육체의 주요 기관과 내분비선 그리고 신체의 여러 부분을 상징한다. 22문자는 고유한 진동을 가지고 우리 육체와 동조한다. 그래서 히브리 문자와 소리를 통하여 육체 치료가 가능하고 또한 육체의 신비 센터를 열 수 있다.
6. 생명나무는 우리에게 에덴동산(신과의 합일 상태)으로 돌아가는 길을 보여준다.
7. 에덴동산에서 추방되기 전에는 인간은 신의 속성을 지닌 완전한 신적 존재였다. 그 신성을 찾아서 자신의 위대함을 자각하는 일이 깨달음이고 에덴동산으로의 회귀이다. 생명나무의 10개 빛과 22히

브리 문자를 통하여 신에게 다시 돌아가야 한다. 생명나무는 신과의 합일을 찾는 구도자에게 매우 중요한 열쇠이다.

8. 예수는 물질 육체로 32년을 살고 33년째에 물질계를 통과하여 상위계로 갔다. 우리도 이 32개의 길(생명나무의 10개 빛과 22문자)을 통하여 33번째 단계인 근원적인 존재에게로 돌아갈 수 있다.

9. 인간에게 존재하는 이 생명나무는 마음, 의식, 영혼, 치유 등 여러 차원으로 활용된다. 예를 들면 신의 마음이 작동하는 방법은 인간의 마음이 작동하는 원리와 다르지 않다. 다만 그것이 일어나는 공간의 속성에 영향을 받아 다르게 보일 뿐이다.

10. 생명나무를 통하여 신의 창조 능력이 인간에게 부여되어 있기 때문에 우리는 어느 정도는 생각으로 여러 가지 창조(치유, 발명, 문화 활동 등)를 할 수 있다. 신은 자신의 일부인 인간을 통하여 자신의 의지를 실현시키고 있다. 즉 창조를 위한 신의 손발이 인간이다. 다만 에덴동산에서 추방되어서 그 통로가 완전하지는 않다.

11. 생명나무는 인간을 살아 숨 쉬게 하는 힘일 뿐 아니라 우주 만물을 생동시키는 힘이기도 하다. 작은 씨앗 속에 나무와 풀의 모든 비밀이 담겨있고 유전자 속에 생명의 신비가 담겨있듯이 생명나무에 우주 창조와 우주 작동 원리가 담겨있다. 지극히 간단한 생명나무 형상 속에 우주법칙의 비밀이 담겨있다는 것은 우리에게 큰 희망을 안겨준다. 왜냐하면 이것은 우주 신비를 여는 열쇠이고 인간의 비밀을 여는 열쇠이기 때문이다.

(6) 히브리 문자

카발라 철학을 논하면서 히브리 문자를 간과하고 지나갈 수는 없다. 이것은 카발라가 히브리 문자로 기록되었다는 이유 때문이 아니라 히브리 문자의 독특성 때문이다. 그러나 히브리어를 몰라도 카발라를 공부하는데 지장은 없다. 다만 히브리 문자는 다른 언어처럼 단순히 의미를 전하는 문자가 아니라는 점이다. 22문자의 소리는 특별한 진동을 지니고 있으며 이들 소리가 우주의 에너지를 운반하는 진언과 같은 역할을 한다. 또한 이 문자의 형태는 아무런 의미 없는 형상이 아니라 특별한 힘이 흐르는 장치이다. 그래서 카발라에서는 히브리 문자의 소리와 그 형상을 가지고 근원과 합일을 추구하는 명상 기법이 발달하였다.

(7) 사계(四界, 4개의 세계)

생명나무에는 카발라의 핵심이 함축되어 담겨있는데 생명나무의 중요한 사상 중 하나가 4계 이론이다. 생명나무 그림(생명나무의 4계와 3개 기둥, 237쪽)을 보면 1에서 10까지 10개의 빛이 나열되어 있다. 1, 2, 3 빛은 최고 상위의 삼각형을 형성하고 이들 빛은 영적 세계(영계)를 이룬다. 이 세계는 앞으로 창조될 모든 것이 존재하는 계이며 발출의 계이다. 신의 세계라고 할 수 있다. 이어서 4, 5, 6 빛으로 이루어진 삼각형은 마음의 계(멘탈계)를 형성한다. 이 계는 신의 마음이 작동하여 창조가 시작되는 계이다. 7, 8, 9 빛으로 이루어진 삼각형은 아스트럴계이며 여기에서 멘탈계에서 창조된 것이 형성되기 시작한다. 물질세계의 모든 기본 매트릭스(틀)는 아스트럴계에 존재한다. 마지막 10번째 빛은 우리가 사는 물질계를 형성하고 여기에 신이 창조한 것이 구체적인 모습을 띠고 나타난다. 4계는 우주의 창조과정을 설명하고 있으며 이 우주는 물질세계 외에도 상위의 다른 존재의 계를 포함한다. 이 4계와 연계되는 것이 혼의 4국면으로 우리 혼은 4계에 따라 4개의 속성으로 나뉘어져 존재한다.[15)]

(8) 3개 기둥

생명나무의 또 다른 중요한 이론이 3개 기둥 이론이다. 생명나무 그림을 보면 중앙에 케테르, 티페레트, 예소드, 말쿠트가 위치하고 우측에는 호크마, 헤세드, 네차흐가 있고 좌측에는 비나, 게부라, 호드가 있다. 이들 빛의 속성을 보면 중앙은 무극이고 우측은 양이고 좌측은 음이다. 또한 우측의 헤세드는 자비의 속성을 나타내고 좌측의 게부라는 정의의 속성을 상징한다. 그래서 우측 기둥을 자비의 기둥, 좌측 기둥을 정의의 기둥이라 부른다. 여기에는 여러 상징이 숨어있다. (1)창조의 음양 법칙 (2)중간 기둥을 통하여 근원의 자리로 상승하는 방법 (3)자비와 정의의 균형 속에 존재하는 신.

세피로트와 대응물16)

	세피로트	의미	신체부위	속성
1	케테르, Keter	왕관/창조 근원	머리	무극
2	호크마 Chokmah	지혜	뇌	양
3	비나, Binah	이해, 지성	마음	음
4	티페레트,Tiferet	아름다움	가슴/몸통	무극
5	헤세드, Chesed	자비/사랑	오른 팔	양
6	게부라. Geburah	힘/정의	왼 팔	음
7	예소드, Yesod	기초/토대	성기	무극
8	네차흐, Netzach	견고/승리	오른 다리	양
9	호드, Hod	광휘/영광	왼 다리	음
10	말쿠트, Malkhut	물질왕국	발	무극

---

15) Doreal <The Kabbala, part 3>, pp10~13.
김우타 <구도여행과 소리 없는 소리>, pp344~345.

16) 김우타 <구도여행과 소리 없는 소리>, p344, 도리얼(Doreal)의 생명나무 이론임.

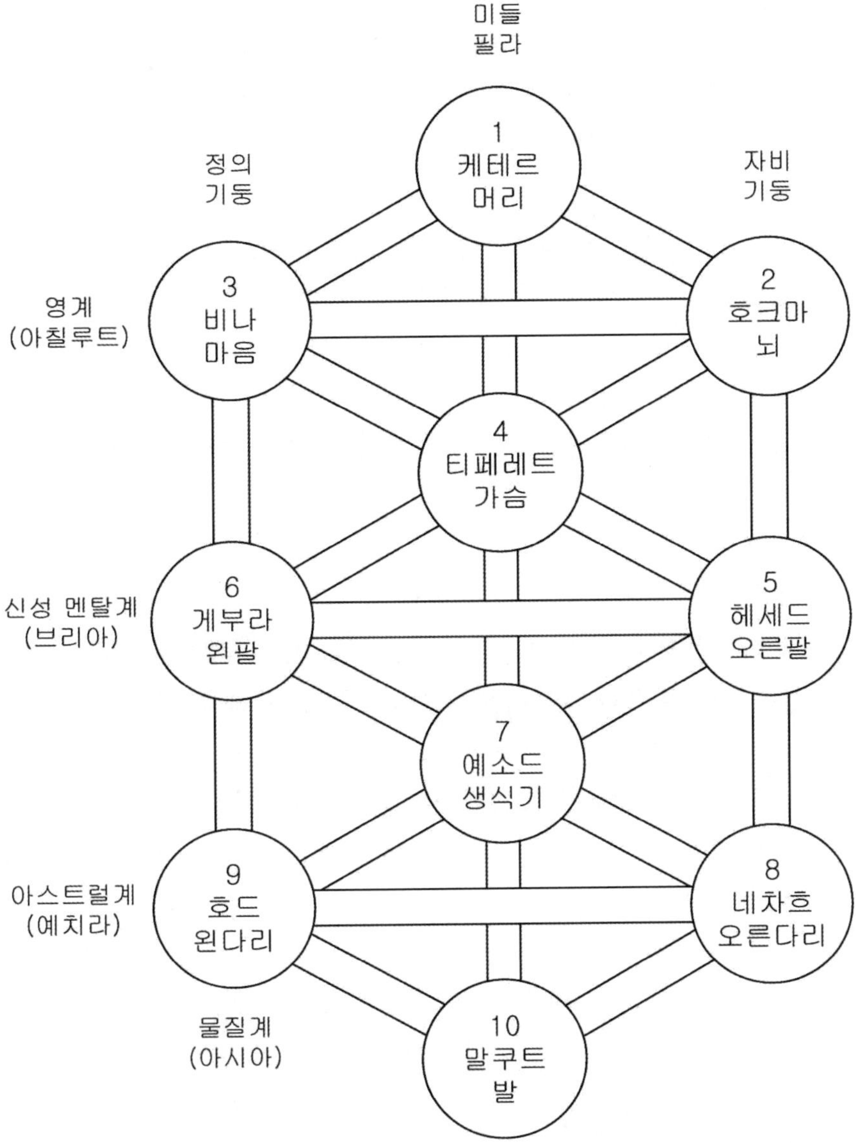
미들
필라
정의
기둥
자비
기둥
1
케테르
머리
3
비나
마음
2
호크마
뇌
영계
(아칠루트)
4
티페레트
가슴
6
게부라
왼팔
5
헤세드
오른팔
신성 멘탈계
(브리아)
7
예소드
생식기
9
호드
왼다리
8
네차흐
오른다리
아스트럴계
(예치라)
물질계
(아시아)
10
말쿠트
발

도리얼 생명 나무

(9) 신과 합일

영혼의 최종 목적은 원래의 자리(근원과 합일, 상징적으로 에덴동산)로 돌아가는 것이다. 근원으로 돌아가기 위하여 카발리스트들은 토라를 카발라적으로 공부하고 명상한다. 카발리스트들은 히브리 알파벳을 신의 문자로 보았으며 그 형상과 소리에 특별한 의미를 주었다. 이런 문자의 형태와 문자의 치환 그리고 소리에 근거한 카발라 고유의 명상법이 생겨났다. 특히 신의 신성 4자 문자(YHVH)에 대한 명상이 강조되었다. 그들은 히브리문자나 신의 이름 등에 대한 명상을 통하여 신과 영적 결속(데베쿠트)을 추구하였다. 카발라 명상에는 집중 명상, 관조명상, 자각명상, 공명상, 만트람 명상, 시각화 등이 있다.

(10) 신의 이름(YHVH)과 명상법

구약에서는 하느님을 여호와(Yehowah), 야훼(Yahweh), 예호바(Jehova)로 부른다. 이 이름은 신의 이름을 나타내는 히브리 4자 문자(요드 헤 바브 헤, YHVH)에서 근원한다. 본래 히브리문자는 모음 없이 자음만 있었고 구약은 자음만으로 기록되었다. 자음 사이에 모음을 넣어 정확히 발음해야 하는데 이것은 사람의 기억력에 의존하였다.

신에 대한 경외감이 컸던 이스라엘 사람들은 신의 이름을 함부로 말하지 않았다. 대신 주님(Lord)의 의미를 지닌 Adonay(아도나이)를 사용하였다. 나중에 히브리 문화를 모르는 서양학자가 아도나이에서 모음을 가져다 YHVH(요드헤바브헤) 사이에 넣어 신의 이름을 만들었다. 그 이름이 여호와/예호바이다. 예외적으로 1년에 한번 열리는 대속죄일에 제사장은 신의 원래 이름을 발성할 수 있었다. 그러나 세월이 흐르면서 이 신을 지칭하는 올바른 발음법은 잊혔고 완전히 잃어버린 단어가 되어버렸다.

신의 진짜 이름은 여호와가 아니라 YHVH이다. 그러나 그 참 이름을 어떻게 발음하는지 모른다. 히브리 22문자 중 어떤 문자는 오늘날 발음과는 다르게 발음되었다. 이들 문자를 두고 여러 가지 논의가 있었다. 이 YHVH를 바로 발음할 수 있는 사람은 천국의 열쇠를 얻는다고 말하여지기도 하였다.

4자 문자(YHVH, יהוה)의 의미는 출애굽기 3장 14절에 나온다. 여기에 보면 신은 모세에게 이집트에 가서 히브리인들을 해방시키라고 말한다. 그러자 모세는 묻는다, “누가 나를 보냈다고 말하오리까?” 그러자 신은 “에헤예 아쉐르 에헤예”라고 말한다. 이것은 “나는 스스로 있는 자이다.” “나는 곧 나다.” “나는 영원히 존재하는 자다.”로 번역되는데 신은 균형 속의 균형으로 존재한다고 하여 이것을 “나는 균형 속의 균형이다.”라고 해석하는 학자도 있다.

유대인들은 히브리 알파벳을 신의 문자로 생각하였고 문자마다 깊고 높은 의미와 강력한 힘이 내재하고 있다고 여겼기 때문에 YHVH의 이름을 굉장히 중요시하였다. 신의 이름과 형상은 신을 드러내는 징표이며 그 속에 신의 속성이나 특성이 반영되어 있어서 신의 이름을 알면 신과 동조할 수 있고 직접 대면할 수 있다고 생각하였다.

신과 동조는 소리의 힘 즉 만트람(진언)과 밀접한 관계가 있다. 동양에서는 명상수련이나 치유 혹은 상위 존재와 동조를 위하여 소리(진동)를 사용하는 경우가 많다. 밀교의 진언이나 카발라 마법의 히브리어 발성이 대표적인 예이다.

신은 말씀(진동)으로 우주의 모든 것을 창조하였고 우주는 진동으로 운행된다. 이 세상에 진동 아닌 것이 없다. 미립자, 원자, 분자는 진동이며 분자가 합쳐져서 이루어진 물질도 진동이다. 그러므로 진동의 비밀을 아는 자는 우주의 비밀 열쇠를 가진 셈이다.

특정한 음과 음조 그리고 강세로 이루어진 소리는 특별한 기능이 있다. 티베트 불교의 진언, 인도 요가의 만트람, 카발라에 나오는 히브리 문자, 신의 이름, 천사 이름은 모두 소리의 진동과 관련이 있다. 신의 이름이나 천사 이름을 바르게 발성할 수 있으면 신이나 천사는 이에 반응한다. 이것은 상응의 법칙과 진동의 법칙 때문이다.

소리는 에너지나 의지를 전하는 매체이다. 전기가 구리선을 통하여 흐르듯이 힘(에너지)이나 의지는 특정 진동을 지닌 소리를 통하여 흐른다. 그러므로 효력이 있으려면 용도에 맞는 올바른 소리와 발성자의 의지가 합쳐져야 한다. 같은 진언을 하여도 사람에 따라 효과가 다른 것은 발성자의 의지와 생각이 소리에 영향을 미친 까닭이다. 의지에는 발성자의 정성과 믿음 그리고 앎이 포함된다.

바른 소리와 의지가 결합되어도 발성법을 모르면 역시 효과가 없다. 진언할 때 조화로운 생각과 존경심을 유지해야 하고 육체와 마음은 최대한 이완되어야 하며 들숨과 날숨의 원리에 따라 소리 내어야 한다.

진언은 신체 특정 부위를 자극하여 상위의 힘이 흐르도록 하기, 신체에 작동하여 세포 구조를 배열하거나 재배열하여 질병 치유하기, 오컬트 센터 열기, 부정적인 힘 몰아내기, 상위의 존재와 동조하기, 육체를 우주에 조화롭게 조율하기 등에 사용된다. 신의 이름을 진동시켜 근원적 존재와 동조하게 되면 합일이 일어난다. 그래서 카발리스트들은 신의 올바른 이름을 열정적으로 찾아왔다.

『세페르 예치라』에 보면 신이 히브리 문자인 요드 헤 바브(YHV)를 배합하여 6방향(동서남북상하)으로 우주를 봉인하는 구절이 나온다. 요드 헤 바브(YHV) 문자는 신의 이름인 테트라그람마톤(YHVH, 4자 문자)를 구성하는 문자이기도 하다. 이 강력한 문자(이 문자가 지닌 소리)를 가지고 신은 우주의 경계를 설정하였고 이것을 자신의 이름으로 하였다.

카발라에 보면 우주[17]는 4계로 이루어졌는데 이 4계는 신의 이름인 YHVH로 표시된다. 영계는 요드(Yod), 신성 마음계는 헤(He), 아스트럴계는 바우(Vau), 물질계는 헤(He)로 표시된다. 신의 이름인 YHVH는 우주 즉 사계(四界)를 창조한 힘의 진동인 셈이다. 이것은 지상에 존재하는 가장 강력하고 위대한 소리이다.

4계의 창조를 통하여 신은 자신의 모습을 드러내었다. 4계는 YHVH로 구성된 신의 발출물로 신의 의지와 힘이 작동하는 신의 몸이기도 하다. 특정 만트람이 특정 신체부위를 깨우듯이 신의 이름은 우주(4계)를 진동시킨다. 그래서 이 신의 이름은 경외되었고 대중에게 숨겨졌다.

카발라 가르침에 따르면 의식이 정화된 사람이 신의 이름을 바르게 발성하게 되면 원하는 것이 창조되나 그렇지 못한 사람이 이기적인 목적으로 신의 이름을 발성하면 스스로를 파괴하게 된다고 한다.

카발라 특히 실천 카발라[18]에서는 이 4자 문자에 대한 관심이 크다. 요드-헤-바브-헤를 4계의 순서에 따라 요드는 영계(케테르, 호크마, 비나마)에 헤는 멘탈계(티페레트, 헤세드, 게부라), 바우는 아스트럴계(예소드, 네차흐, 호드), 헤는 물질계(말쿠트)에 배열하지만[19] 학자

---

17) 눈에 보이는 물질우주를 포함한 모든 우주.
18) 카발라 마법, 고급마법으로 불린다.

에 따라 그 배치를 다음과 같이 하기도 한다.

요드-헤-바브-헤(YHVH, 테트라그람마톤)에서 요드(Yod)는 히브리문자로 י 이다. 이 문자의 윗부분은 생명나무의 첫 번째 세피라와 대응하고 아래 부분은 헤(He, ה)와 함께 2번째 3번째, 4번째 세피라와 대응한다. 바브(Vav, ו)는 요드(י)가 아래로 확장된 모습인데 4번째 세피라에서 9번째 세피라까지 대응한다. 헤와 바브 사이에 세피라가 겹치는 부분이 생겨난다. 두 번째 헤(He, ה)는 10번째 세피라와 대응한다.[20] 요드를 1~2번째 세피라, 헤를 3번째 세피라, 바브를 4~9번째 세피라, 헤를 10번째 세피라에 배열하는 학자도 있다.[21]

이처럼 4자 문자(YHVH) 즉 신의 이름은 생명나무의 10개 세피로트를 구성하고 있다. 그리고 생명나무가 모든 인간에게 반영되어 빛나고 있음을 고려하면 이 4자 문자는 인간의 속성을 반영하는 것이기도 하다. 소우주인 인간이 대우주인 신의 발출물이고 신의 모든 속성을 지닌 신성한 존재임을 고려하면 신의 이름인 4자 문자가 인간에게 반영되어 존재하는 것은 너무도 자연스럽다. 우리는 4자 문자로 이루어진 신성한 존재이기에 상위의 근원과 동조할 수 있고 합일할 수 있다. 신의 4자 문자(YHVH) 모양은 다음과 같다.

---

19) Doreal <The Kabbala, Part 1>, p14.
20) Kraig, Donald <Modern Magick>, pp106~107.
21) Kaplan, Aryeh <Sefer Yetzirah>, p62.

יהוה

(가로 배열)

י
ה
ו
ה

(세로 배열)

신의 이름인 테트라그람마톤(YHVH)이 의미하는 것은 신은 모든 계를 아우르는 단일자이며, 이 4자 문자는 신과 동조할 수 있는 우주 비밀의 열쇠라는 것이다. 그러나 지금은 4자 문자를 바르게 발성할 수 없어서 잃어버린 이름이다. 그러나 비밀 단체를 통하여 그 올바른 발성법이 구전되어 전해온다고 하며 그 이름을 얻는 자는 세상과 운명의 주인이 된다고 한다.

카발라에는 여러 가지 명상법이 있고 그중에 카발라에만 특별한 것이 신의 이름 명상법이다. 이것은 카발라 명상에서 그만큼 신의 이름(형상과 발성)이 중요함을 보여주는 예이다.

히브리 문자와 상응하는 숫자 그리고 음가

히브리문자	읽기	숫자	음가
א	알레프(Aleph)	1	묵음
ב	베트(Beth)	2	B, V
ג	기멜(Gimel)	3	G
ד	달레트(Daleth)	4	D
ה	헤(Heh)	5	H
ו	와우/바브 (Waw/Vav)	6	V, W
ז	자인(Zayin)	7	Z
ח	(헤트)Cheth	8	Ch(as in loch)
ט	(테트)Teth	9	T
י	(요드)Yodh	10	I, J, Y
ך כ	(카프)Kaph	20	K, Kh
ל	(라메드)Lamed	30	L
ם מ	(멤)Mem	40	M
ן נ	(눈)Nun	50	N
ס	(사메크)Samekh	60	S
ע	(아인)Ayin	70	묵음
ף פ	(페)Peh	80	P, F
ץ צ	(차디)Tzaddi	90	Tz(as in cats)
ק	(코프)Qoph	100	Q
ר	(레쉬)Resh	200	R
ש	(신,쉰)Shin	300	S, Sh
ת	(타우)Tau/Tav	400	T, Th

- 히브리어는 문자마다 고유한 숫자가 부여되어 있다.
- 카프, 멤, 눈, 페, 차디는 두개의 문자가 있고 다음 문자(ץ ף ן ם ך)는 단어 뒤에서만 사용된다.

3장
구약성경 해석

세상을 변화시키겠다는 사람은 많으나 자신을 변화시키겠다는 사람은 드물다.

- 톨스토이 -

창세기의 하늘들과 창조 목적

창세기 1:1

태초에 하느님이 하늘과 땅을 창조하셨다.
In the beginning God created the heavens and the earth.(NIV)
In the beginning God created the heavens and the earth.(NASV)

해석 분명히 히브리 원어에는 "하늘들"로 나오는데 한글본은 단수인 "하늘"로 번역했다. 영어본은 "the heavens"로 바로 번역했다. 히브리 원전에 "하늘"이 복수형으로 사용된 것은 세상에는 우리 눈에 보이는 하늘만이 아니라 많은 하늘이 있어서이다. 성경에 3번째 하늘, 10번째 하늘 등이 나오는 까닭이다.

카발라에 보면 생명나무를 이루는 10개 세피로트가 있다. 우리가 사는 물질계는 가장 낮은 10번째 세피로트(말쿠트)이다. 10개 세피로트를 10개 하늘로 보기도 하는데, 가장 아래에 있는 물질 하늘은 1번째 하늘이고 가장 높은 10번째 하늘(케테르))에 이르면 하느님과 하나가 된다.

신이 있다고 가정한다면 신의 창조 목적은 무엇일까? 신은 불의가 만연하고 폭력과 증오가 넘쳐나는 지금과 같은 세상을 의도하지는 않았을 것이다. 무엇이 잘못되었을까? 우주 창조와 이어지는 삼라만상의 전개 과정에서 신의 의지가 올바로 전해지지 않는 엄청난 일이 벌어진 것은 아닐까?

신의 창조 의도가 무엇인지 궁금증이 일어나는 것은 이성을 지닌 인간으로 너무도 당연하다. 창조가 없었다면 세상의 고통도 없었을 것이기 때문이다. 욕망과 혼란의 세상을 바라보면서 우리는 세상을 창조한 신을 원망해야 하는가?

신의 창조 의도에 대해서는 온갖 추측이 난무하지만, 이것이 정답이라고 말할 수 있는 것은 없다. 세계 3대 종교인 성경이나 코란, 불경도 신의 창조 의도를 분명하게 말하고 있지는 않다. 특히 신이나 우주 창조 같은 형이상학적 주제에 답하지 않는 불교에서는 논의의 대상이 될 수가 없다.

기독교에서는 통상적으로 창조 목적은 하나님의 영광을 위해서라고 주장한다. 그 근거로 내세우는 것이 이사야 43:7(그들은 내 백성이라고 불리는 것들, 나의 영광을 빛내려고 창조한 내 백성, 내 손으로 빚어 만든 나의 백성이다)과 이사야 43:21(내가 친히 손으로 빚은 나의 백성이 나를 찬양하고 기리리라.)이다.

일단 성경을 믿을 만한 것으로 인정한다 하더라도, 이 구절이 창조의 목적이 될 수 있는지 모르겠다. 이것이 맞는다면 신은 참으로 심심하였고 외로웠고 누군가로부터 인정받기를 원했던 것 같다.

사실 신이 알려지지 않듯이 이 문제도 역시 생각할 수 없는 영역이다. 그러나 철학자나 사상가들은 신의 우주 창조를 한정된 사고로 추측하고 이것을 물질 언어로 설명하려 하였고, 깨달은 존재들도 자신이 체득한 창조의 비밀을 표현하려고 하였다.

창조 목적으로 앞에서 언급한 기독교 주장 외에도 (1) 신이 사랑하는 것을 원했기 때문에 세상을 창조했다. (2) 신이 즐거움을 원해서 세상을 창조했다, (3) 신이 자신의 힘을 드러내려고 세상을 창조했다. (4) 신이 자신의 내부 속성인 창조 본능 때문에 세상을 창조하였다, 등이 주장되고 있다. 입증할 수 없는 주장들이다.

여기서는 고대로부터 전해진 카발라에서 말하는 우주 창조에 대해서 설명한다(p229 참조). 이것은 영적으로 우리보다 훨씬 앞선 위대한 성자들의 전언이고 우리의 이성으로도 충분히 공감되는 내용이다.

고대 지혜의 가르침에 의하면 태초에 신은 조화지 못한 빛(Inharmonious light, Disorder)을 자신처럼 조화로운 빛(Harmonious light, Order)으로 변화시키기 위하여 세상을 창조하였고 인간은 그 일을 위한 신의 손이었다. 신은 이 거대한 사역을 위하여 자신으로부터 무수히 많은 빛(혼)을 발출하여 조화롭지 못한 빛 즉 무질서(disorder)가 존재하는 세상으로 내려보냈다. 여기서 발출은 혼이 신의 창조물이 아니라 신에게서 나온 일부분임을 의미한다. 조화롭지 못한 빛은 그 움직임이 무질서하고 예측할 수 없어서 다루기가 매우 어려우나 본질적으로 빛임은 변함이 없다.

이런 예측 불가한 속성 때문에 신은 자신의 일부분인 빛(혼)을 내보내면서 어떤 상황에서도 즉각적으로 대처할 수 있도록 자유의지를 부여하였다. 한동안 조화롭지 못한 빛은 인간의 사역을 통하여 조화로운 빛으로 변해갔다. 그러나 일이 뜻대로 잘 수행되자 혼들은 일에 대한 욕심으로 자신의 능력 이상의 일을 하려다 즉 한꺼번에 너무 많은 부조화의 빛을 받아들여 이것을 조화로운 빛으로 변화시키려다가 그만 예측 불가한 부조화의 빛에 휩싸여 신과 연결이 차단되는 일이 생겨났다(이것은 성경에서 상징적으로 에덴 동산에서 추방으로 표현된다). 이 일로 인간의 신성한 속성은 부조화의 빛에 의하여 휩싸여 버리고 인간은 원래의 상태로 돌아가야 하는 길고 긴 윤회가 시작되었다.

이성적으로 조화 그 자체인 신의 주변에 부조화가 있다면 당연히 신은 그것을 조화로 변화시키고자 하는 마음이 생길 것이다. 방이 어질러져 있으면 청소하고 싶은 마음이 일어나고 세상에 불의가 있다면 바르게 고치고 싶은 마음이 있듯이 신도 그러한 마음으로 창조했을 것이다.

이것은 헤르메스 가르침에 나오는 상응의 원칙 즉 〈위와 같이 그렇게 아래는 같다〉에서 유추할 수 있는 일이다. 즉 질적 차이는 있지만 신의 마음은 인간의 마음과 같고 상위법칙은 하위법칙과 같고, 인간의 생각은 신의 생각을 닮는다.

태초에는 인간의 의지나 목적은 신의 의지나 목적과 같았으나 앞에서 언급한 아담의 실락 사건으로 그 통로가 많이 차단되어 신의 의지는 왜곡되게 되었다. 대신에 부질서한 빛의 영향으로 지혜의 반대인 무지와 세속적 욕망이 그 자리를 차지하게 되었다.

이 무지와 욕망에서 벗어나서 내면의 빛나는 속성을 되찾는 것이 우리 삶의 목적이다. 이렇게 되면 우리는 다시 신이 창조에 주도적으로 참여할 수 있다. 결론적으로 말한다면 신의 창조 목적은 세상의 조화였다.

창세기의 공간과 원초 질료

창세기 1:6~10

6. 하나님께서 말씀하시기를 “물 가운데 공간(다른 버전은 창공이나 궁창)이 생겨 물과 물을 나누라” 하셨습니다.
7. 이처럼 하나님께서 공간을 만드셔서 공간 아래의 물과 공간 위의 물을 나누시니 그대로 됐습니다(우리말 성경).
9. 하느님께서 "하늘 아래 있는 물이 한곳으로 모여, 마른 땅이 드러나라!" 하시자 그대로 되었다.

10. 하느님께서는 마른 땅을 뭍이라, 물이 모인 곳을 바다라 부르셨다. 하느님께서 보시니 참 좋았다(공동 번역).

해석 카발라 창조론에 보면 창조의 원초 3원소는 엘에프(Aleph, Air, 신의 숨, 신의 의지), 멤(Mem, Water, 원초 질료, 이것은 위의 물과 아래 물로 나누어진다), 쉰(Shin, Fire, 에너지) 이다. 3원소는 생명나무의 첫째 빛인 케테르(왕관, 머리 상징)에 존재한다. 신은 자신의 숨(Aleph, 신의 의지)으로 멤(Mem)에 작동하여 쉰(Shin)을 방출한다. 멤은 위와 아래로 나눠는데, 이렇게 하여 두 개의 물이 생겨난다. 공간은 진동이 다른 위의 물과 아래 물 즉 상위계와 물질계를 구분하는 역할을 한다.

아래의 물은 원초 물질(mem)이 가장 하강한 즉 진동이 가장 낮아진 상태이며 우리가 보는 세상의 모든 것(땅, 바다 포함)은 이것으로 형성되었다. 위의 물은 소립자 너머의 상위 계 즉 상위 공간에 존재하는 질료이다. 우주 4계마다 그 수준에 어울리는 질료가 있다.

이 3개의 힘으로 물질 우주 창조가 일어난다. 이 3개의 힘이 신의 일부이고 신의 확장인 우리 영혼이 거주하는 머리(송과선, 뇌하수체, 시신경교차)에도 존재하고 있는데 우리는 알게 모르게 이 힘을 이용하여 창조하고 있다. 엄밀히 살피면 우리의 심상 과정은 이 3요소(의지, 생각의 질료, 생각을 일정 형태로 유지하는 에너지)의 결합이다. 이것이 카발라 창조의 비밀이다.

앞에서 언급했지만, “위와 같이 그렇게 아래도 같다.”라는 위대한 오컬트 명언이 있다. 즉 우주의 상위법칙은 하위법칙과 같고 신의 창조 법칙은 인간의 창조 법칙과 같고, 신의 생각은 인간의 생각과 닮았다. 다만 질적 차이만 있을 뿐이다.

이것은 신이 우주를 창조하는 방식 그대로 인간이 물질적 삶을 창조한다는 의미이다. 신의 생각과 인간의 생각은 질적 차이는 있지만 방식은 유사하다. 신이 우주를 창조하는 방식 그대로 인간은 물질 삶을 살아가면서 창조 행위를 한다.

카발라에 의하면 신이 자신의 의지로 10개의 신성 빛으로 구성된 우주(4계)를 창조한다. 인간도 유사한 과정으로 물질 창조를 한다. 생각은 도면/설계도이고 내면의 자아는 창조에너지를 사용하여 이 설계도를 구체화한다.

의지는 특정한 생각을 선택하여 지속하는 능력이다. 어떤 생각이 든 그 뒤에 행동을 위한 의지가 없다면 아무런 힘이 없다. 의지는 자아가 생각한 것을 실제로 현시되도록 하는 수단이다. 그러므로 생각이 얼마나 중요한지 알 수 있다. 창조력이 투입되면 생각하는 대로 그대로 이루어지기 때문이다. 기도의 성취나 치유, 성공 등은 창조의 한 단면이다. "생각하는 대로 이루어진다." 이 과정은 4단계로 이루어지는데 이를 위해서는 카발라의 4계 법칙에 대한 이해가 요구된다.

4계를 통하여 우주가 창조되는 과정은 이러하다. 영계에서 신은 창조 필요성을 자각한다. 신의 마음이 작동하는 멘탈계에서 신은 창조를 위하여 필요한 여러 가지 계획을 세우고 실행한다. 아스트럴계에서 신은 계획은 좀 더 구체화되기 시작한다. 마침내 신의 계획이 물질계에 드러난다. 신의 의지가 영계에서 시작하여 멘탈계와 아스트럴계를 거쳐 물질계에 최종적으로 현시된다.

이것은 인간에게도 마찬가지이다. 신의 일부분으로 그리고 신의 모든 속성을 지닌 인간은 신과 같은 창조력을 지니고 4계를 통하여 물질 창조를 하고 있기 때문이다.

신의 형상으로 생겨난 인간

창세기 1:26-27, 시편 8:4-6

26 하나님(엘로힘)이 말씀하시기를 "우리가 **우리의 형상을** 따라서, 우리의 모양대로 사람을 만들자. 그리고 그가, 바다의 고기와 공중의 새와 땅 위에 사는 온갖 들짐승과 땅 위를 기어다니는 모든 길짐승을 다스리게 하자" 하시고,

27. 하나님이 **당신의 형상대로** 사람을 창조하셨으니, 곧 **하나님(엘로힘)의 형상대로** 사람을 창조하셨다. 하나님이 그들을 남자와 여자로 창조하셨다.(표준새번역)

(And God said, Let us make man in **our image**, after our likeness:......(창 1:26). So God created man in **his [own] image**, in the image of God created he him; **male and female** created he them. (창 1:27)

해석 기독교인의 사유 체계에 절대적으로 자리잡고 있는 것 중 하나가 신과 인간의 분리 의식이다. 즉 절대적 존재인 창조자와 미천한 피조물인 인간을 확실히 구분 짓는 의식구조. 이런 생각의 근거가 되는 것으로는 구약의 창세기와 예수 사후에 교부들이 만든 원죄론(이것은 성서학자들에 의하여 그 근거가 부실함이 증명되고 있다)을 들 수 있다.

사실 기독교 정경을 결정하는 과정에서 구약을 제외하자는 일부 주장도 있었는데 이 말은 구약의 가치를 부정한 교부들이 있었다는 의미이다. 예수의 여러 가르침 중에서 정치적으로 살아남은 것이 지

금의 정경이다. 성서학자들은 구약(토라)을 여러 전승의 저자들이 쓴 책으로 보고 있다.

그리고 기독교 교리(속죄론, 원죄론, 구원론, 삼위일체, 천국지옥론 등)는 예수의 말씀이 아니라 바울이나 후대 교부들의 작품이어서 우리가 이것에 얼마만큼 신뢰를 두어야 할지도 문제이다.

하여간 이런 교리를 믿고 이것에 따라 사유하고 살아 가는 수십억의 인류를 생각하면 무엇이 올바른지를 구명하는 일은 참으로 중요하다 할 것이다. 자신을 열등한 피조물로 생각하는 한 우리는 그렇게 살아가게 되기 때문이다. 이것은 마당에 보석이 묻혀 있는데도 이것을 모르고 고생하며 살아가는 어리석은 사람의 모습과 다를 것이 없기 때문이다.

많은 것을 양보하여 구약성서를 인정한다고 하자. 그러면 과연 구약은 인간을 미천한 피조물로 언급하고 있는가? 신과 인간의 관계를 언급하는 창세기 구절과 시편 구절을 조사하면 인간의 존재가 어떠한지 알 수가 있다.

여기서 "하나님의 형상/이미지"가 무엇을 의미하는지 신학자나 목회자마다 의견이 분분하다. 의식 수준이 낮았던 고대에는 신을 어떤 물질적 형상을 지닌 이미지로 상정하였지만, 지금은 신을 물질 형상이 없는 무한한 무형의 존재로 받아들인다. 그러므로 여기서 형상은 물질 형상이 아니라 신의 영적 속성을 의미한다고 생각할 수 있다.

유대 신비 가르침인 카발라에서는 구약에 나오는 신의 이미지를 신의 속성으로 이해한다. 신의 신성한 속성으로 창조된(카발라에서는 창조란 말보다는 발출이라는 말을 쓴다) 인간이므로, 인간은 신이 지닌 모든 속성을 지니고 있는 신성한 존재이다. 인간은 신에서 나온 신성한 존재라는 의미이다.

창세기 1장 26절에 하나님(엘로힘)은 복수 형태인 **우리의** 형상을 따라서 사람을 만들자고 한다. 신이 하나가 아니라 복수라는 의미이다. 유일신 개념은 기독교의 최고 근간인데 신이 복수라니? 이 구절에 대한 논의도 활발하다.(이에 대해서는 p257 참조)

창세기에 "하느님이 자신의 형상/이미지로 인간을 창조했다."라고 나오는데, 사실 형상도 없고 시작도 없고 끝도 없는, 이름 지을 수 없는 근원적 실체인 하느님에게는 어떤 이미지/형상도 존재할 수 없다. 그런데 옛날 사람들은 옥좌에 앉아서 세상을 다스리는 인간 닮은 거대한 모습의 신을 상상하였다. 무지해서 일어난 일이었다.

유대 성자들은 오래전부터 카발라를 모르면 구약을 해석할 수 없다고 말해왔는데, 이 구절도 카발라를 알면 해석이 된다. 신의 형상은 10개 세피로트로 이루어진 생명나무(아담카드몬, 신성인간, 원초인간)를 말하는 것이며, 아담카드몬의 형상으로 인간이 창조되었다는 뜻이다.

카발라에 따르면 근원자인 신이 10개의 빛을 공간으로 내보내 세상을 창조한다. 그리고 이 10개의 빛으로 형성된 생명나무 형상으로 인간을 창조하였다. 여기서 말하는 세상은 이 물질계만이 아니라 상위의 3개 세계를 포함한다.

헤르메스 격언 "위와 같이 그렇게 아래도 같다."는 "신은 자신의 이미지로 인간을 창조했다."와 같은 것을 말한다.

이런 말이 있다. "인간이 생각하는 신은 인간 스스로 자신이 지닌 이미지로 창조한 신일 뿐이다." 각자가 자신이 이해한 수준에서 신을 생각하고 그것이 그 사람의 신의 이미지가 되기 때문이다. 그래서 인구수만큼의 신이 존재한다고 하는 것이다. 예를 들면 유대인의 신은 미움, 복수, 전쟁의 신으로 비추어지고 예수의 신은 사랑의 신으로 비추어진다. 인종마다, 부족마다 존재하는 신의 모습은 얼마나 다양한가?

"신이 자신의 이미지로 인간을 창조했다."라고 하지만, 사실 신이 인간의 이미지로 창조된 것이다. 그래서 비의 가르침에서는 신을 빛으로 생각하고 더 나아가 이것 너머의 신을 공/무로 생각하라 한다. 왜냐하면 신은 어떤 형상도 없는 존재이기 때문이다.

하나님의 이름 엘로힘

창세기 1장 26~27절

해석 성서에 나오는 대표적인 신의 이름으로 엘로힘과 야훼가 있다, 전자는 신을 이르는 보통 명사이고 후자는 신에게만 있는 이름 즉 고유명사인 것이 다르다. 카발라 명상에서는 후자의 이름(YHVH)이 상당히 중요시된다. 신에게 돌아가는 비밀을 담고 있는 열쇠로 보고 있기 때문이다.

그런데 신의 이름인 엘로힘 해석을 둘러싸고 여러 논의가 있다. 사실 많은 기독교 종파가 나오고 이단이 발생하는 원인은 모호한 성경 내용의 해석을 둘러싼 이견 때문이다. 성서를 자신의 본위대로 해석하여 새로운 종파를 만드는 사람들도 있고 심지어 자신이 재림 예수니 하나님이니 하면서 사람들을 현혹시키기도 한다. 그런데 터무니없는 이런 주장을 믿고 따르는 사람들이 적지 않다는 것이 문제이다.

이것은 무지한 사람들이 성경을 곡해하여 일어나는 일이다. 성서는 의식 수준에 따라 4가지 방법으로 해석이 되는데 이들은 가장 낮은 수준인 문자적 해석을 그것도 그릇되게 해석하고 있다. 이 엘로힘 해석을 근거로 국내에서는 새로운 주장을 펴는 교회가 생겨났고 정통 교단에서는 이 종파를 이단으로 보고 있다. 우선 엘로힘의 의미를 사전에서 받아 정의하면 이렇다.

엘로힘(אלהים)은 단수인 신을 가리킬 때에는 단수동사와 함께, 복수의 신들을 가리킬 때에는 복수동사와 함께 쓰인다. 엘로힘은 엘(אל)과 관계가 있지만 형태론적으로는 엘의 복수인

엘로하(אולה)에서 나왔다. 히브리어로 엘로힘은 형태적으로 복수형으로 쓰이지만, 이스라엘 하나님(유일신)을 나타낼 때는 단수동사나 형용사를 취하는 것으로 알려져 있다.(이 말은 엘로힘을 단수로 생각했다는 의미이다)

복수형은 엘로힘이 이스라엘의 유일신이 아닌 복수의 대상을 지칭할 때 쓰인다. 예를 들면 Thou shalt have no other gods before me. 너희는 내 앞에서 다른 신들(엘로힘)을 모시지 못한다.(출애굽기 20:3) -위키백과 -

엘로힘은 비록 그 형태는 복수형이지만 의미는 단수이다. 그러므로 〈창세기〉의 "처음에 하느님(엘로힘)께서 하늘과 땅을 창조하셨다"라는 구절에서 '엘로힘'은 문법 구조상 다신을 뜻하는 듯하지만, 그 속뜻은 유일신을 가리킨다. 이스라엘인들은 가나안인들에게서 복수형 명사 '엘로힘'을 빌려와 예배 의식과 신학에서 단수의 의미로 사용한 듯하다. - 브리태니커 -

좀 논쟁이 있는 어떤 교회에서 내세우는 교리 중의 하나가 엘로힘이 복수의 신을 의미하므로 신은 하나님 아버지만이 아니라 하나님 어머니도 있다는 것이다. 그래서 교단 창시자를 재림 예수 즉 '아버지 하나님'으로 모시고 한 여성을 '어머니 하나님'으로 모신다.

이들이 많이 내세우는 성경 구절이 창세기 1장 26~27절이다.

26. 하느님(엘로힘)께서는 **"우리 모습**을 닮은 사람을 만들자! 그래서 바다의 고기와 공중의 새, 또 집짐승과 모든 들짐승과 땅 위를 기어 다니는 모든 길짐승을 다스리게 하자!" 하시고,

27. 당신의 모습대로 사람을 지어내셨다. 하느님(엘로힘)의 모습대로 사람을 지어내시되 **남자와 여자로 지어내시고(공동번역).**

이들은 "우리 닮은 모습"의 구절을 언급하며 엘로힘이 복수 개념의 하나님(즉 하나님 아버지와 하나님 어머니)을 가리킨다고 주장한다. 이들은 신(엘로힘)은 아버지 하나님과 어머니 하나님 형상으로 존재하고 이것을 본떠서 남자와 여자를 만들어 냈다는 것이다. 만약 신이 아버지 하나님만이라면 그 이미지를 닮은 남성과 여성이 나올

수가 없다는 주장이다.

그럴듯한 주장으로 보이나 아버지 하나님이라고 호칭한다고 하여 사람들이 신을 남성으로 생각하지는 않는다. 이것은 모든 것을 있게 하는 존재의 의미로 사용하는 단어일 뿐이다. 신은 남성과 여성을 모두 포함하는 초월적 존재이다. 형상 없는 신을 두 개의 형상으로 구분하여 보는 것은 신의 수준을 인간의 수준으로 끌어내리는 것이기도 하다.

그런데 기독교에서는 정통과 이단으로 나뉘어서 서로 자신들이 올바르다면서 논쟁하고 있는데 예수 입장에서 본다면, 모두가 이단이 아닐까 한다. 왜냐하면 예수의 원래 가르침이 바로 전해지지 않고 있기 때문이다.

높은 수준의 성경해석을 가능하게 해주는 지혜는 유대신비 가르침인 카발라에 나온다. 여기에서 보면 신은 음과 양의 속성을 넘어선 하나의 존재로 표현되고 있다.

카발라에 보면 아인(무, 공)에서 생명나무 형상을 한 '아담 카드몬'이라는 인간 원형이 나온다. 아담 카드몬은 남성과 여성의 속성을 함께 갖춘 양성적 존재이며 10개의 신성한 속성을 지니고 있다. 인간은 이 아담카드몬을 그대로 닮은 존재이다.

엘로힘(Elohim)을 어원 분석하면서 남성 신을 의미하는 '엘'의 복수형인 '엘로하'에 남성 접미사 '임'이 합쳐져서 엘로힘이 되었다는 주장이 있고 이와는 다르게 신의 여성 단수 명사인 Eloah or Eloh(ALH)에 남성 복수형을 만드는 IM이 합쳐져서 엘로힘이 만들어졌다는 주장도 있다. 이 말에는 신 안에는 여성과 남성이 동시에 하나로 존재한다는 중요한 의미를 내포하고 있다.

또한 엘(El)이라는 남성 신과 엘로아(Eloah)라는 여성 신의 이름이 합해져서 된 복합명사에다 복수를 나타내는 접미사 임(Im)이 붙어서 만들어졌다는 주장도 있다. 이 말도 엘로힘은 그 속에 남성적인 요소와 여성적인 요소를 함께 내포하고 있다는 의미이다.

두 가지 인간 창조와 동성애

창세기 1:27, 창세기 2:22-23, 창세기 5:1-2

22. 여호와 하나님께서 아담에게서 취하신 갈비뼈로 여자를 지으시고 그녀를 아담에게 데려오셨습니다. 23. 아담이 말했습니다. "드디어 내 뼈 가운데 뼈요 내 살 가운데 살이 나타났구나. 이가 남자에게서 취해졌으니 여자라고 불릴 것이다.(창세기 2:22-23, 우리말 성경)

해석 창세기 1장 27절에는 신의 이미지로 남녀를 창조했다고 하는데 여기서는 아담에서 이브가 나온다. 이런 다른 구절을 두고 학자들은 두 개는 다른 전승이라고 한다. 1장에는 엘로힘 하느님이지만 2장은 여호와 하느님이다.

이것은 두 개의 다른 전승에서 모시던 신이다. 둘 다 신을 의미하는 것이므로 큰 의미가 없다고 생각하는데 그렇지는 않다. 야훼는 엘로힘과 다르다. 전자는 신이 지닌 고유한 이름(유일한 이름)이지만 후자는 신(GOD, 하나님)을 지칭하는 보통명사이기 때문이다. 신에게 인간처럼 고유한 이름이 있는 것이 이상하게 들릴지라도, 그것에는 커다란 의미가 담겨있다.

> 1. 아담의 역사에 대한 기록은 이렇습니다. 하나님께서 사람을 창조하실 때 하나님의 형상을 따라 만드셨습니다.
> 2. 하나님께서 그들을 남자와 여자로 만드셨습니다. 그들이 창조되던 날에 하나님께서 그들에게 복을 주시고 그들의 이름을 '사람'이라 부르셨습니다.(창세기 5장)

여기서는 1장에서처럼 신이 하나님 형상을 따라 남자와 여자로 만들었다고 말한다.

우주법칙 중에는 진동의 법칙, 진화의 법칙, 음양의 법칙 등이 대표적인데, 여기 창세기 남녀 창조 구절은 음양의 법칙을 말하는 것이다.

음양의 법칙과 관련하여 퀴어(queer) 축제가 찬반 논란을 불러일으키고 있다. 경찰이 양측 중간에서 방어벽을 쌓지 않으면 폭력사태가 일어날 정도로 양측의 갈등은 심각한 형세다. 퀴어는 동성애자, 양성애자, 성전환자, 성적 소수자들을 통틀어 이르는 말이고, 이들이 성적 소수자들의 자긍심을 높이고 성의 평등을 요구하기 위하여 개최하는 것이 퀴어 축제이다. 축제 중에는 시가행진이 포함된다.

퀴어 축제를 반대하는 주요 세력이 기독교인데 이들은 성경에 근거하여 동성애가 하느님의 뜻이 아니라고 주장한다. 즉 종교적 논리에 의한 반대이다. 퀴어 축제가 성 정체성을 흐리고 남녀 양성 관계가 정상임을 부정하고, 이성애 사람을 동성애로 인도한다고 주장한다.

여론조사를 보면 동성애에 대한 국민의 시선이 아주 우호적이지는 않지만 그렇다고 이들을 억압하고 박해하는 수준이 아니라 이들이 조용히 살았으면 하는 마음이 보인다. 2017년 한국 갤럽조사에 따르면, 동성결혼 적법 허용(찬성 34%, 반대 58%), 동성애자 취업기회 평등(찬성 90%, 반대 7%), 동성애자란 이유로 해고(찬성 12%, 반대 81%), 동성애 선천적인가 아니면 길러지는가(선천적 28%, 길러진다 49%), 동성애 사랑의 한 형태이다 아니다(그렇다 56%, 아니다 35%)로 나왔다.

국민은 이들을 차별해서는 안 되지만, 사회의 틀을 흔드는 동성결혼에 대해서는 다수가 반대하고, 가장 흥미로운 것은 "동성애가 선천적이기보다는 후천적으로 길러진다"라는 의견이 거의 2배나 된다는 사실이다. 이 말은 많은 사람들이 퀴어 축제나 언론을 통하여 동성애가 후천적으로 학습이 되는 것을 크게 우려하고 있다는 것이다. 동성애가 후천적 요인이라면 음양의 법칙에 어긋나는 동성애를 억제할 필요가 있기 때문이다.

동성애 문제는 쉽게 결론 내릴 수 없는 난제이지만 이것을 고대지혜 가르침에 의거하여 바라보면 새로운 해결책이 나오지 않을까 한다.

비의 가르침에서는 남녀 간의 차이를 결정하는 요인으로 육체에 거주하는 혼의 속성을 들고 있다. 우주 법칙 중에는 음양의 법칙이 있는데 이것은 만물은 음양, +-로 존재한다는 것이다. 이 법칙은 인간의 남녀, 동식물의 양성, 전기 포함 모든 에너지의 + -, 원자의 전자(-)와 양자(+) 등으로 드러난다. 양은 적극성(Positive)을 띠고 음은 수동성(Negative)을 띠며 이것이 남녀의 속성을 대표한다. 이 속성은 변할 수 없는 본질적인 부분이다. 그러므로 이런 본질적인 차이에 근거하여 동성애 문제가 다루어져야 한다.

혼은 여성혼과 남성혼으로 존재하고 대부분은 그 속성에 어울리는 남녀 육체(남성혼은 남자 육체에 여자 혼은 여성 육체)로 들어간다.

이 말은 수태 시가 아니라 아이가 태어나는 시점에서 혼이 육체를 선택하는 것을 의미한다. 그런데 동성애는 혼과 육체가 서로 반대가 되어서(남성 혼이 여성육체에 들어가거나 여성 혼이 남성 육체에 들어가는 것) 일어나는 경우이다.

사실 영혼은 늘 동일한 성으로 윤회하는데, 특수한 경우 즉 전생에서 지나치게 다른 성을 싫어하였던가, 아니면 다른 성으로 태어나고 싶은 강한 갈망이 있었던 경우에는 예외적으로 교훈적인 차원에서 자신의 성과는 다른 육체에 태어나서 타성을 경험하면서 필요한 교훈을 배운다.

이렇게 태어난 혼들은 혼과 육체가 서로 반대되는 극성이어서 혼란을 겪고 동성에 끌리게 된다. 그러므로 이들의 동성애적 성향은 선천적이라 보아야 한다. 반면에 혼과 육체의 반대 극성으로 인한 혼란이 아니라, 좀 더 색다르고 자극적인 성적 욕망을 얻고자, 이성에 만족하지 못하고 동성에게 성적 충동을 느끼는 사람들이 있다. 이런 경우는 후천적 요인으로 동성애자나 양성애자가 된 것이다.

유럽 같은 경우는 상당수의 사람이 동성애자들인데 그들 전부가 혼과 육체의 극성이 반대여서 생겨난 성향이기보다는 성에 대한 자극적인 욕망 추구가 원인일 수 있다. 왜냐하면 아주 특별한 경우를 제외하고는 이런 성향으로 태어나는 사람이 그다지 많지 않기 때문이다. 그러므로 후천적으로 동성애자나 양성애자가 되는 것은 막아야 한다.

신체 구조나 자연의 메커니즘을 고려하면 동성에게 성욕을 느끼고 사랑을 나누는 것은 아주 예외적인 현상으로 보아야 한다. 이런 사람들을 차별하는 일은 없어야 하나, 이들의 동성애 권리를 법적으로 보장하는 문제는 좀더 논의가 필요한 일이다. 이들로 인하여 오랫동안 유지해 온 인류의 사회구조의 틀이 무너질 수 있기 때문이다. 동성애자 부모에게 자라는 자녀의 성 혼란성이나 기존 가족제도의 대혼란 등을 고려하면 동성애는 참으로 난감한 사회문제인 것은 확실하다.

동성애 문제를 영혼과 결부시켜 바라보면 동성애자에 대한 우리의 엄격한 시선이 조금은 바뀌지 않을까 싶다. 그러나 분명한 것은 음양의 법칙은 우리가 깨뜨릴 수 없는 우주 법칙이므로 이것을 부정하는 일은 절대로 있어서는 안 된다. 동성애는 우주 법칙에 비추어보면 아주 예외적인 일시적 현상이므로 이것을 양성법칙과 같은 위치에 두고 논할 수는 없다. 그러나 육체 속에 거주하는 혼은 누구나 동등하게 신성하다.

인간 창조: 생명의 숨과 생명의 혼

창세기 2:7

여호와 하나님이 땅의 흙으로 사람을 지으시고 **생기**를 그 코에 불어넣으시니 사람이 **생령**이 되니라(개역개정).

하나님께서 땅의 흙으로 사람을 지으시고 **생명의 숨**을 그의 콧구멍에 불어넣으시니 사람이 **살아 있는 혼**이 되니라(킹제임스 흠정역).

주 하나님이 땅의 흙으로 사람을 지으시고, 그의 코에 **생명의 기운**을 불어넣으시니, 사람이 **생명체가 되었다**(표준새번역).

해석 신이 인간을 흙으로 지으시고 살아있는 혼으로 만드는 과정이다. 여기서 보면 흙으로 사람을 만들고 생명의 숨을 불어넣으니 살아있는 혼이 된다는 내용이 나온다. 영어 성경 구절은 이러하다.

> And the LORD God formed man [of] the dust of the ground, and breathed into his nostrils the **breath of life**; and man became a **living soul**.(킹제임스 버전)

한글 버전을 보면 같은 구절인데도 "breath of life"가 〈생기〉 〈생명의 숨〉 〈생명의 기운〉으로 번역되었고, "living soul"이 〈생령〉 〈살아있는 혼〉 〈생명체〉로 번역이 되었다. 무엇이 올바른 성경인가?"

그런데 이것이 문제의 전부가 아니다. 유명한 유대학자 "아리예 카플란"은 이 구절을 이렇게 영어로 번역하였다.

> God formed man out of the dust of the earth, and He blew in his nostrils <u>a soul(**neshama**) of life</u>; and man became <u>a living soul(**nefesh**)</u>.
> 신이 땅의 흙으로 사람을 지으시고 **생명의 혼(네샤마)**을 코에 불어넣으시니 사람이 **살아있는 혼(네페쉬)**이 되니라.

킹 제임스 영어본의 "breath of life"이 "soul(neshama) of life"로 되어있다. 즉 〈생명의 숨〉과 〈생명의 혼〉의 차이는 무엇일까?

히브리 성경을 보면 이 구절은 네샤마(neshama)인데 네샤마는 보통 "숨/호흡"으로 번역된다. 그러나 동시에 카발라 가르침에서 네샤마는 혼의 4단계 중 2번째에 해당하는 상위의 혼을 의미한다. 그러므로 카발리스트들은 "생명의 숨"을 "생명의 혼"으로 해석한다. 즉 흙으로 지은 육체(이것도 카발라로 보면 깊은 상징이 숨어있다. 긴 설명이 필요)에 혼이 들어가서 비로소 살아있는 혼(네페쉬)이 되었다는 뜻이다. 이것이 훨씬 논리적이지 않은가?

또한 〈살아있는 혼〉에서 혼에 해당하는 히브리어가 〈네페쉬〉이다. 이 네페쉬는 카발라에서는 가장 낮은 네 번째 단계의 혼으로 육체에 대응하는 혼이다. 히브리어 〈네샤마〉나 〈네페쉬〉가 영어나 한글로는 둘 다 혼으로 번역이 되나, 카발리스트들에게 양자는 수준이 다른 혼이며 그 기능도 다르고 명칭도 다르다. 그냥 혼으로 번역하면 엄청난 오해가 생겨난다.

그런데 영어와 한글 성경에서 네샤마가 〈breath of life〉, 〈생기〉, 〈생명의 숨〉, 〈생명의 기운〉으로, 네페쉬가 〈living soul〉, 〈생령〉, 〈살아있는 혼〉, 〈생명체〉로 번역이 되었다. 엄청난 의미의 변화이다. 이처럼 구약은 번역과 해석 과정에서 많은 오역이 생긴다.

혼의 수준을 이해하기 위해서는 카발라의 혼의 4단계에 대한 이해가 필요하다. 카발라 없이는 구약은 그 참된 의미가 거의 드러나지 않는다.

(혼의 4단계)

카발라는 우주를 영적 수준에 따라 4개의 세계로 구분한다. 이 4개의 세계에 상응하는 4개의 혼이 존재한다. 즉 진동/수준에 어울리는 혼의 배치이다. 그러나 이것은 혼이 4개라는 것이 아니라 하나의 혼이 4계의 수준에 어울리게끔 4개로 드러난다는 것이다. 4계는 히아(영계의 혼), 네샤마(멘탈계의 혼), 루아흐(아스트럴계의 혼), 네페쉬(물질계의 혼)이다. 네샤마의 일반적 의미는 숨이나 호흡이고 루아흐의 일반적 의미는 바람이나 영이다. 그러나 이것은 수준 낮은 문자적 해석이다.

인간 창조, 음양의 법칙

창세기 5:1~2

1. 아담의 역사에 대한 기록은 이렇습니다. 하나님께서 사람을 창조하실 때 하나님의 형상을 따라 만드셨습니다.
2. 하나님께서 그들을 남자와 여자로 만드셨습니다. 그들이 창조되던 날에 하나님께서 그들에게 복을 주시고 그들의 이름을 '사람'이라 부르셨습니다.

해석 카발라의 대표적 문헌인 〈조하르〉에는 창세기에 나오는 인간 창조를 이렇게 해석한다.[22)]

> 아담의 계보는 이러하다. 하느님께서 사람을 지어내시던 날, 하느님께서는 당신 모습대로 사람을 만드시되, 남자와 여자로 지어내셨다. 그날 하느님께서는 그들에게 복을 주시며 그 이름을 아담이라 지어주셨다.(창세기 5:1~2)
>
> 랍비 시메온이 말하길.
>
> 최고의 신비는 위의 두 구절에서 드러나도다.
>
> 신은 하늘의 영광을 알리기 위하여 남자와 여자를 창조했고

22) Matt, Daniel <Zohar>, pp55~56.

이 신비로부터 아담이 창조되었도다.

와서 보라!

하늘과 땅이 창조된 신비로 아담이 창조되었도다.

하늘과 땅에 대해서는 이렇게 나와 있나니

"이것이 천지가 창조될 때에 하늘과 땅의 내력이니라(창세기 2:4)."

아담에 대해서는 이렇게 나와 있나니

"이것은 아담의 계보이니라."

신은 남성과 여성을 창조했도다.

그러므로 남성과 여성을 포함하지 않는 어떤 이미지가 있다면

그것은 높고 진실한 이미지가 아님을 알 수 있느니라.

와서 보라!

신께서는 음과 양이 함께 발견되지 않는 장소에는 자신의 거소를 정하지 않으며 신의 축복은 음과 양이 발견되는 곳에서만 발견되느니라.

이에 관하여 이렇게 쓰여 있나니,

"신은 남성과 여성이 창조된 날에 **그들의** 이름을 축복하고 **아담**으로 불렀도다."

그러나 이렇게는 쓰여 있지 않도다.

"신이 **그를** 축복하고 **그의** 이름을 아담으로 불렀다." 라고.

인간은 남과 여가 하나일 때만 아담으로 불렸느니라.

이처럼 카발라에서는 창세기 구절을 우주법칙 중의 하나인 음양의 법칙을 담고 있는 상징으로 해석한다. 아담은 남성만을 이르는 말이 아니라 남자와 여자를 이르는 단어이다.

아담의 추락과 자유의지

창세기 3장

1. 야훼 하느님께서 만드신 들짐승 가운데 제일 간교한 것이 뱀이었다. 그 뱀이 여자에게 물었다. "하느님이 너희더러 이 동산에 있는 나무 열매는 하나도 따먹지 말라고 하셨다는데 그것이 정말이냐?"

2. 여자가 뱀에게 대답하였다. "아니다. 하느님께서는 이 동산에 있는 나무 열매는 무엇이든지 마음대로 따먹되,

3. 죽지 않으려거든 이 동산 한가운데 있는 나무 열매만은 따먹지도 말고 만지지도 말라고 하셨다."

4. 그러자 뱀이 여자를 꾀었다. "절대로 죽지 않는다.

5. 그 나무 열매를 따먹기만 하면 너희의 눈이 밝아져서 하느님처럼 선과 악을 알게 될 줄을 하느님이 아시고 그렇게 말하신 것이다."

6. 여자가 그 나무를 쳐다보니 과연 먹음직하고 보기에 탐스러울 뿐더러 사람을 영리하게 해줄 것 같아서, 그 열매를 따먹고 같이 사는 남편에게도 따주었다. 남편도 받아먹었다.(생략)

해석 아담이 에덴동산에서 쫓겨나는 모습이다. 여기서 자유의지에 대한 논쟁이 시작된다. 인간의 자유의지를 두고 철학적 논쟁이 많다. 신이 전지전능하면 인간의 자유의지마저도 예측해야 한다면서, 아담과 이브가 뱀의 유혹에 넘어가 신이 금지한 선악과를 따먹은 사건도 신이 예측했어야 한다고 주장하는 사람도 있다.

논리적으로 보면 수긍이 가는 말이다. 이 논리가 맞다면 신은 아담이 선악과를 따먹을 줄 알면서도 따먹지 말라고 말을 한 것이 된다. 그리고 이것을 어겼다고 에덴동산에서 추방까지 시킨다. 인간을 조금이라도 존중하고 사랑하는 마음이 있었다면 처음부터 에덴동산에 선악과를 두지 말았어야 한다.

고대비밀 가르침인 카발라에는 인간에게 자유의지가 존재하는 이유와 선악과(성경 구절을 문자 그대로 믿는 사람들 때문에 터무니없는 교리나 주장들이 나온다.)의 숨겨진 의미, 그리고 인간을 대표하는 이름인 아담이 어떻게 에덴동산(이것도 상징이다. 전체와 분리가 일어나기 전의 신성 합일의 상태를 가르킨다)에서 추방되어야 했는지에 대하여 구체적인 설명이 나온다.

자유의지에 대한 불교의 입장은 카르마법칙(원인과 결과의 법칙)과 긴밀히 연결되어 있다. 인과율에 따른 결과는 피할 수 없지만 자유의지를 가지고 그것에 대응하는 방법은 무한하다고 말할 수 있다. 불교 입장에서는 모든 사건은 인과율을 벗어날 수 없으나 인간에게는 자유의지가 있어서 언제든지 선택을 통하여 새로운 원인과 조건을 만들어 나간다고 한다.

자유의지와 관련되는 것이 인간의 운명이다. 역학이나 점성술 등이 얼마나 인간 운명을 예측할 수 있느냐가 논점이다. 태어나면서 운명이 이미 결정되어있다면 자유의지는 아무런 소용이 없는 것이 된다. 그것마저 운명의 일부분일 것이기 때문이다.

운명은 원인과 결과의 법칙과 직접적인 관계가 있다. 카르마에 따른 개략적인 운명(운명의 흐름이라고 할 수 있다)은 존재하나 매 순간 자유의지를 통하여 운명의 흐름을 변화시킬 수 있다. 그래서 운명은 있기도 하고 없기도 하다. 티베트 성자 밀라레빠가 엄청난 죄를 범하여 최악의 카르마를 쌓았지만, 상상을 초월하는 노력을 기울여서 운명을 극복하고 당대에 최고의 경지에 도달한 것은 모두가 내면의 자유의지 때문이었다.

우리는 매 순간 얼마나 자유롭게 의지할 수 있을까? 우리는 자신이 원하는 것을 하고 좋아하는 것을 선택한다고 생각할 수 있지만, 이 또한 자신이 지닌 개념, 유전, 주변 환경, 집단의식 등에 의하여 조절되고 있을 뿐이다. 자신의 성향대로 선택하는 것이 자유의지가 아니냐고 주장할 수도 있다. 그런데 이것은 우리를 특정 방향으로 몰고 가서 특정 경험을 하도록 하는 운명의 힘, 다른 말로 카르마의 힘이다. 위대한 존재들은 운명의 주인공이어서 이런 힘에 영향받지 않고 자신의 의지대로 살아간다. 이분들이 가장 큰 자유의지를 지니고 있다고 말할 수 있다.

이처럼 자유의지는 모두가 같은 것이 아니라 수준에 따라 크게 다르다. 영적 수준이 높을수록 자유의지는 커지고 저급할수록 자유의지는 매우 작아진다. 위대한 마스터들은 신에 가까워서 그들의 자유의지 정도는 신에 가깝고 대중들은 의식이 열악하여 거의 환경과 유전과 집단의식, 본능 등에 지배되어 살아간다. 그래서 자유의지는 매우 낮은 수준에 있다.

자유의지 논쟁과 관련하여 신의 맹목적인 추종자나 아니면 신의 반대자나 놓치고 있는 것이 있는데 그것은 신의 속성에 대한 것이다. 사람들은 신이 전지전능하여 신 마음대로 생각하고 행동한다고 오해를 많이 한다. 국가수반이 나라를 다스리더라도 헌법과 법률에 따르듯이 신도 우주 법칙에 따라 행동하고 사유한다. 물론 최고인 근원자인 신에게 행동하고 사유한다는 물질적 개념의 말이 어울리지는 않지만 물질 언어로는 그렇게 표현이 될 수밖에 없기도 하다. 그래서 신은 법칙이라고 불리기도 하며 진리라 이르기도 한다.

아담의 원죄

창세기 3장

6. 여자가 그 나무를 쳐다보니 과연 먹음직하고 보기에 탐스러울 뿐더러 사람을 영리하게 해줄 것 같아서, 그 열매를 따먹고 같이 사는 남편에게도 따주었다. 남편도 받아먹었다.(생략)

17. 그리고 아담에게는 이렇게 말씀하셨다. "너는 아내의 말에 넘어가 따먹지 말라고 내가 일찍이 일러둔 나무 열매를 따먹었으니, 땅 또한 너 때문에 저주를 받으리라. 너는 죽도록 고생해야 먹고 살리라.(생략)

해석 기독교는 모든 인간은 태어나면서부터 최초의 인간인 아담의 죄 때문에 죄를 지니게 된다고 주장한다. 아담의 죄가 후손들에게 유전되었다는 것이다. 이 원죄 교리의 근거는 창세기 2~3장에서 아담이 에덴동산에서 쫓겨난 구절이지만 죄가 유전적으로 모든 인류에 전해진다는 구체적인 언급이 구약성서에는 없다.

사실 원죄라는 개념은 성경에 나오기보다는 초대 교부들 시대부터 성경의 가르침을 중심으로 기독교 교리를 정리해 나가는 과정에서 생겨났다. 신학자들은 이 교리의 주된 성서적 근거로 사도 바울의 저작인 로마서 5장 12~19절에서 찾고 있고, 이것을 창세기 2~3장과 연결시켜서 이해한다. 그런데 예수는 원죄를 말하지 않았다.

원죄론을 처음 주장한 사람은 터툴리안이었고 원죄론을 적극적으로 받아들인 사람이 어거스틴이었다. 원죄론은 418년 카르타고 회의에서 그 교의가 확인되었고, 트리엔트공의회에서 재확인되었다.

원죄론의 근거가 된다는 사도 바울의 말이 하느님의 말씀이라도 되는지 기독교인들은 그 구절에 얽매여 자신을 죄인으로 받아들이고 거기서 그치는 것이 아니라 다른 사람들마저 자신과 같은 죄인 취급을 한다.

한편 원죄의 또 다른 구절로 인용되는 창세기 해석도 문제가 많다. 구약 특히 토라는 역사적 사실이 아니라 상징과 신화의 기록임은 성서 연구를 통하여 이미 잘 알려진 사실이다. 원죄론은 창세기에 나오는 아담의 타락을 문자 그대로 이해해서 생겨난 것으로 토라의 숨겨진 의미를 보여주는 카발라에 따르면 아담은 인류의 조상이 아니라 인간을 상징하는 대표 이름이었다.

상징으로 설명되는 에덴동산에서 아담의 추방은 모든 영혼에게 일어난 일이었고 아담은 바로 우리 자신이었다. 카발라 우주론을 보면 신은 수많은 불꽃으로 퍼져 나와 인간의 영혼이 되었다. 즉 처음부터 영혼의 숫자는 결정되어 있었으며 그 숫자는 변동이 없었다. 이 많은 영혼들이 일시에 특정 사건으로 인하여 추락한 것을 비유로 표현한 것이 아담 설화이다. 이 특정 사건을 비의 가르침에서는 이렇게 설명한다.

> "에덴동산의 생명나무는 신과 우리 영혼을 연결하는 생명선이었으며 선악과는 조화롭지 못한 빛이 들어오는 통로였다. 사람의 영혼이 이 부정의 문을 열다가 조화롭지 못한 빛에 휩싸여 버린 것이 아담의 추락이었다. 추락으로 신과 인간을 연결하는 생명나무가 제 기능을 하지 못하게 되자 영혼은 신성한 능력을 상실하게 되며 죽음을 맛보게 되었다. 원래의 상태를 찾기 위한 긴 여정이 윤회이다."

그러므로 원죄를 굳이 인정한다면 그것은 개인이 해결해야 할 업의 다른 이름이다. 신성한 영혼이 부정/어둠에 둘러싸여 자신의 신성을 바로 보지 못하는 것이 원죄이며 카르마이다. 이런 업을 극복하라고 성인들이 가르침을 주었고 그 덕분에 수많은 사람이 하늘나라를 발견하였다. 영혼은 육체적인 유전과는 상관이 없는 불멸의 존재이며 윤회의 주체이기도 하다.

그런데 오늘날 기독교인들은 자신이 죄인임을 소리 높여 떠들며 사람들에게 불필요한 죄의식을 심고 있다. 생각하는 대로 된다는 말이 있듯이 스스로 자신을 죄인으로 부르고 신과 자신의 관계를 피조물 위치에 두니 그 폐해가 상당하다.

신과 자신의 관계를 어떻게 설정하느냐에 따라 세상의 주인이 되기도 하고 노예나 자유의지 없는 로봇이 되기도 한다. 의식에 어떤 한계를 두면 그것은 넘어서기 어려운 운명이 되기 때문이다. 아직 깨어나지 않은 상태이지만 인간은 신성을 지닌 위대한 신과 같은 존재이다.

원죄론은 정상적인 사유능력을 지닌 사람이라면 조금만 생각해도 받아들일 수 없는 참으로 기이한 논리이다. 앞에서 언급했지만, 성경에는 이에 관한 직접적인 언급이 없고 관련되는 성경구절도 창세기는 상징이고, 〈로마서〉는 예수를 만난 적이 없는 바울이라는 사람이 예수에 대해 자신의 의식 수준에서 이해한 것을 기록한 신앙고백의 글이다.

백번 양보하여 창세기 구절을 원죄의 근거로 인정한다고 하자. 그렇다면 아담의 타락에 신은 책임은 없는가? 신은 왜 죄를 지은 아담과 이브 대에서 끝내지 못하고 자손 대대로 그 죄를 이어받게 하였는가? 정의롭고 전지전능한 신이 그 정도의 일도 처리할 수 없단 말인가? 이에 대해 교회는 출생 시에 신에 의하여 창조된 영혼은 깨끗하나 육체에 아담의 원죄가 유전되어 전해진다는 핑계를 대는데, 신은 영혼보다 못한 육체의 죄도 없애지 못하는가? 그렇다면 참으로 무능력한 신이 아닌가?

예수 믿어야 비로소 원죄에서 구원받는다면 예수 이전에 태어난 사람들이나 예수를 알지 못하는 수많은 사람들은 영원히 원죄에서 벗어나지 못한다는 이상한 논리가 성립된다.

임신할 때마다 영혼이 창조된다면 영혼이 육체에 들어가는 시기가 수태 시인지 출생 시인지 아니면 그 중간 어느 시점인지 명확한 기준이 있어야 할 것이다. 또한 누구는 부유한 집안에 태어나고, 누구는 미개인 집안에 태어나고, 누구는 건강한 육체로 태어나고, 누구는 신체 결함을 가지고 태어나고, 누구는 머리가 좋고, 누구는 머리가 나쁘고, 이런 조건은 출발부터 부당한 처사이다. 신은 어떤 기준으로 영혼을 육체에 배치하는지 그 기준을 알 수가 없다.

원죄라는 것은 초기 기독교가 신도들을 옭아매어 자신들의 종교 지배권을 강화하려고 고안해 낸 이론이다. 죄가 없으면 사람들이 교회에 올 필요가 없게 되고 그러면 교회의 정치적, 사회적, 경제적 지배력은 사라진다. 그러니 없는 죄를 만들어서 사람들로 하여금 평생 죄의식을 느끼며 살아가게 만든다. 이렇게 되면 사람들은 교회에 나와 자신의 죄를 용서해 달라며 돈도 바치고 충성도 바치게 된다. 없는 죄를 만들어 사람이 이것에 구속되어 살아가게 만드는 것은 인류에 대한 죄악이다. 그런데 지금도 이 악행은 그치지 않고 있다. 우리 마음의 짐을 덜어주려고 가르침을 펴신 예수가 알면 통곡할 노릇이다. 원죄는 없다. 우리가 의지할 권위는 맹목적 믿음이 아니라 이성과 식별력이다.

노아의 방주

창세기 6장

19. 또한 너는 살아 있는 모든 것들, 곧 모든 육체 가운데 암수 한 쌍씩을 방주 안으로 들여보내 너와 함께 살아남게 하여라.

20. 모든 종류의 새들, 모든 종류의 가축들, 땅에서 기는 모든 것들 가운데 살아남기 위해 둘씩 네게로 나아올 것이니

해석 미국 창조과학회는 구약에 실린 창조론이나 노아 방주 등에 대한 이야기를 사실 그대로 받아들인다. 이들은 지구의 나이가 6000년이라고 주장하고 노아 방주에 공룡도 탔다는 주장을 한다.

국내에도 창조과학회가 있어서 과학자들이 활발하게 창조론을 전파하고 있다.

높은 학식을 지닌 과학자들이 이런 주장을 한다는 것이 이해되지 않지만, 한편으로 특정한 틀 속에서 사유하게 만드는 종교 교리에 빠져버리면 충분히 가능하다는 생각도 든다. 이에 관한 많은 사례가 있기 때문이다. 자살 테러하여 하늘나라에 가면 많은 미녀와 행복하게 살 수 있다고 믿는 일부 이슬람인들도 그런 사례 중 하나이다. 무섭게도 맹목적 믿음은 이성을 철저히 마비시킨다.

고대 지혜의 가르침에 보면 진리를 얻는데 가장 큰 장애물로 그릇된 개념이나 신조를 든다. 이것은 잘못된 개념이나 믿음이 우주 법칙에 맞는지 아닌지를 조사하려는 노력을 기울이지 않고 그냥 받아들여서 생겨난다.

사람들은 정신적으로 너무 게을러서 교리를 이성적으로 연구하고 비교하려는 노력을 하지 않는다. 물질적으로는 부지런해도 정신적으로는 무척 게으른 것이 인간이다. 머리로 깊게 생각하는 것을 싫어한다. 결국 그릇된 개념이나 신조는 진리의 가장 커다란 장애물로 자리 잡게 된다. 자신의 믿음에 근거하여 즉 틀 속에 갇혀 모든 것을 판단하니 진리가 받아들여질 수 없게 된다.

다시 태어나야 하늘나라에 들어갈 수 있다는 예수의 말이나 어린아이처럼 되어야 하늘나라에 들어갈 수 있다는 예수의 말은 그릇된 개념이나 신조가 마음에서 제거되어야 하늘나라에 들어갈 수 있다는 뜻이다. 어린아이처럼 마음이 순수해져야 방해 없이 새롭고 완전한 진리를 받아들일 수 있기 때문이다. 마찬가지로 예수는 물과 영으로 세례받지 않으면 하늘나라에 들어갈 수 없다고 했는데 이 말도 같은 의미이다. 세례는 마음에서 그릇된 개념과 믿음을 청소하는 상징적 의미를 담고 있다.

비의 단체에서는 완성의 길에 이르는 5개의 입문 과정이 있는데 첫째가 욕망과 감정 통제이다. 그리고 두 번째가 바로 지금 언급한 마음 혹은 생각의 정화이다(p37 참조).

할례의 영적 의미

창세기 17장

10. 나와 너 사이에 그리고 네 뒤에 올 자손 사이에 맺은 내 언약, 곧 너희가 지켜야 할 언약은 이것인데 너희 가운데 모든 남자는 다 할례를 받아야 한다.

11. 너희는 포피를 베어 할례를 행하여라. 이것이 나와 너희 사이에 맺은 언약의 표시가 될 것이다.

해석 도마복음에는 할례와 관련한 아주 흥미로운 구절이 있다.

> 제자들이 예수에게 말하길, "할례가 유익하나이까?" 예수가 제자들에게 말씀하길, "할례가 유익하다면 그들 아버지가 어머니 뱃속에서 이미 할례가 되어 태어나도록 하였을 것이다. 영(靈)으로 하는 할례가 참으로 유익하도다."(도마복음 53절)

할례는 이슬람과 유대교에서 주로 행해진다. 특히 유대교의 경우 남성 할례를 아주 엄격하게 실시하는데 이것은 구약성서(창세기 17장, 하느님은 계약의 표시로서 이스라엘 백성의 할례를 명령하였으며 이것을 어기는 자는 계약을 깨는 사람으로 간주했다.)에 따른 것이다. 이 계명을 문자적으로 이해한 까닭이다.

유대인이었던 제자들은 이 율법에 매여 예수에게 질문하고 있는 것이다. 그러자 예수는 할례가 유익하면 하느님께서는 당연히 사람이 할례가 되어 태어나도록 하지 않았겠느냐고 답변하면서 영으로 하는 할례가 정말 유익하다고 말한다. 여기서 영의 할례는 진리를 통하여 무지(표피)가 벗겨지고 무지 속에 숨겨졌던 참된 모습이 드러나는 것을 의미한다. 표피를 제거하는 것은 영혼을 가리고 있는 어둠의 장막을 제거한다는 상징이다. 구약의 숨겨진 의미를 알아야 바른 해석이 된다.

지금도 우리는 알게 모르게 율법이나 전통에 매여 이처럼 어리석은 짓을 저지르는 일이 너무도 많다. 세월에 따라 변하고 문화에 따라 다른 것이 율법이고 전통이다. 전통이나 율법은 사람을 위하여 존재하는 것이지 사람 위에 군림할 수 없다. 진리를 바로 보지 못하는 어리석음 때문에 일어나는 일이다. 예수는 진리가 우리를 자유롭게 하리라 하였다. 우리가 의존해야 하는 것은 진리이지 율법이나 특정 의례나 형식이 아니다.

상징적으로 영의 할례는 영의 세례와 같은 것이다. 영의 세례는 진리의 세례로 우리의 그릇된 개념을 정화하여 우리가 새롭게 태어나게 한다. 영의 세례처럼 영의 할례도 영혼을 가리는 어둠을 제거하여 우리가 새롭게 태어나게 한다.

스스로 있는 자, 신의 이름

출애굽기 3:14~15(참고: 창세기 12:8, 시편 91:14, 시편 20:7)

14. 하나님께서 모세에게 말씀하셨습니다. "나는 스스로 있는 자다. 너는 이스라엘 백성들에게 말하여라. '스스로 있는 자가 나를 너희에게 보냈다'라고 말이다."

15. 하나님께서 또 모세에게 말씀하셨습니다. "이스라엘 백성들에게 말하여라. '여호와 너희 조상의 하나님, 곧 아브라함의 하나님, 이삭의 하나님, 야곱의 하나님이 나를 너희에게 보내셨다'라고 말이다. 이것이 내 영원한 이름이요, 대대로 기억해야 할 내 이름이다.(우리말 성경)

14. And God said unto Moses, I AM THAT I AM: and he said, Thus shalt thou say unto the children of Israel, I AM hath sent me unto you.(kjv)

해석 구약에서는 하나님을 여호와/야훼로 부른다. 이 이름은 신의 이름을 나타내는 히브리 4자문자(요드 헤 바브 헤, YHVH)에서 근원한다. 본래 히브리문자는 모음 없이 자음만 있었고 구약은 자음만으로 기록이 되었다. 자음 사이에 모음을 넣어 정확히 발음해야 하는데 이것은 사람의 기억력에 의존하였다. 후대에 모음이 개발되었다.

신에 대한 경외감이 컸던 이스라엘 사람들은 신의 이름(YHVH)을 함부로 말하지 않았다. 대신 주님(Lord)의 의미를 지닌 Adonay(아도나이)를 사용하였고, 나중에 히브리 전통을 모르는 유럽 성서학자들의 오해로 아도나이를 이루는 모음을 가져다 YHVH(요드 헤 바브 헤) 사이에 넣어 신의 이름을 만들었다. 그 이름이 여호와이다. 예외적으로 1년에 한번 열리는 대속죄일에 제사장은 신의 원래 이름을 발성할 수 있었다. 그러나 세월이 흐르면서 이 신을 지칭하는 올바른 발음법은 잊혔고 완전히 잃어버린 단어가 되어버렸다. 탈무드에 따르면 시몬(Simon)이 죽은 후(대략 기원전 291년)에는 그 사용이 끊어졌다고 한다. 왜냐하면 신의 현존이 더 이상 성전에 현시하지 않았고 다른 사제들도 자신들이 자격이 없음을 알았기 때문이었다.

이러한 이름들이 왜 심오한 결과를 가져오는지에 대한 논의가 있었다. 아브라함 아불라피아는 신의 이름 그 자체는 어떤 영적인 힘이 없으나 이것을 적절하게 사용하면 이런 힘을 발휘할 수 있는 의식 상태로 유도된다고 한다.

그러나 대다수의 카발리스트는 이런 이유 외에도 신의 이름에는 내재하는 중요한 힘이 있다고 주장한다. 신의 이름은 여러 영적인 힘과 합체되어 있고 이름을 적절히 사용하면 이들 힘이 작동되고 우리 자신을 이들 힘에 묶을 수 있다고 한다.

많은 사람들은 신의 이름이 효력을 발생하려면 낭송만 하면 된다고 생각하는데 실제로 카발라 문헌에 보면 신의 이름을 사용하려면 낭송 외에도 따라야 할 다른 내용들이 나온다. 신의 이름은 거의 만트라처럼 사용되었다.

연대가 1세기까지 거슬러 올라가는 신비 문헌인 〈헤칼토트, Hekhalot〉에 보면 반복하여 낭송해야 하는 신의 이름과 문자 결합이 나오는데 이것이 사용자를 신비 상태로 이끈다고 한다.

그리고 신의 이름이 다른 모음 부호 세트를 지닌 다른 문자와 결합하여 낭송되는 경우도 있다. 신의 이름이 예후딤(Yechudim, 합일기법)으로 사용될 때 신의 이름을 구성하는 문자들은 깊은 집중과 함께 관조되어야 했다.

요점은 사람들이 하나님 혹은 하느님을 부른다고 신의 응답이 있거나 보호의 힘이 주어지는 것이 아니라 신의 고유한 이름 예를 들면 **요드-헤-바브-헤**를 바르게 발송해야 효력이 있다는 것이다. 신의 고유한 이름은 우주의 힘을 전하는 만트람이기 때문이다.(신의 이름은 p238 참조)

거의 모든 카발라 문헌은 신의 이름이 신비 상태를 얻는데 중요한 역할을 한다고 한다. 그러나 성경(구약)에는 신의 이름 사용과 관련하여 이것을 명확하게 언급하는 구절이 없다. 그러나 성경을 잘 살펴보면 여러 곳에서 개인의 예언이 "신의 이름으로(in the name of God)" 행하여지는 것을 발견할 수 있다. 히브리어 문법에서 이것은 "신의 이름을 가지고(**with** the name of God)" 예언을 하는 것으로 해석이 될 수도 있다. 그러므로 이들 구절은 예언 상태를 얻기 위한 수단으로 신의 이름을 사용한다고 말하는 것이다.

예언만이 아니라 깨달음을 얻는 방법으로 신의 이름을 사용하는 구절도 있다. 창세기(12:8)를 보면 "그는 신의 이름을 불렀다. He called in the name of the God." 라고 되어있다. 이것은 통상적으로 그가 신의 이름으로 기도했다거나 세상에 신의 존재를 알렸다는 의미로 해석이 된다. 그러나 카발리스트들은 이 단어를 문자적으로 받아들여 해석한다. 즉 신의 이름(요드-헤-바브-헤)을 발성하였다고 한다.

"그가 나의 이름을 알았으므로 나는 그를 높여주겠노라."(시편 91:14)의 구절도 유사하게 해석이 된다. 유명한 성경주석가인 랍비

아브라함 이븐 아즈라(Rabbi Abraham Ibn Ezra, 1089~1164)는 이것이 "그가 내 이름의 신비를 알았다." 라는 의미라고 밝힌다. 이와 유사한 구절이 오래된 미드라쉬에 나오는데, 미드라쉬는 2세기의 성자인 랍비 핀하스 벤 야이르(Rabbi Pinchas ben Yair)의 말을 인용하여 "왜 사람들이 응답받지 못하는 기도를 하는가? 그들은 신의 이름을 사용하는 법을 모르기 때문이다." 라고 밝힌다. "신의 이름을 안다는 것"은 실제로 그것을 사용하는 법을 안다는 것을 분명하게 보여주는 구절이다.

신의 이름이 지닌 힘에 대한 또 다른 예가 시편 20:7이다. "누구는 병거를 누구는 기마를 가지고 오지만 우리는 신의 이름을 말합니다. Some come with chariots, some with horses, but we utter **the name of God.**" 일반적으로 이것은 기도를 의미하는 것으로 해석이 되나 문자 그대로 신의 이름을 발성하는 것으로 해석이 될 수 있다.

이것은 시편 20:5에서 특히 잘 드러난다. "우리는 그대의 구원으로 황홀해하며 신의 이름으로 위로 올라갈 것이며 신은 그대의 모든 요구를 충족시킬 것입니다. We will ecstasize in Your salvation, and **in(with) the Name of God**, we will ascend, God fill all your requests."

시편 118:10에도 유사한 개념이 보인다. "뭇 나라가 나를 에워쌌지만, 나는 신의 이름으로 그들을 말로써 물리쳤다. All nationssurround me, but **in the name of God** I will destroy them with a word."[23]

23) 아리에 카플란 <성경과 명상> pp117~121.

4복음서와 달리 영지주의 복음서인 "빌립 복음서"와 "진리복음서"에는 신의 이름에 대한 구절이 나온다.

"단 하나밖에 없는 유일한 이름은 이 세상에서 말해지지 않는다. 아버지께서 아들에게 주신 이름이요, 모든 것 위에 있는 이름이다. 이것은 바로 아버지의 이름이다. 아들이 아버지의 이름을 입지 않고는 아들은 아버지가 되지 못하기 때문이다. 이 이름을 가진 자들은 그것을 알지만 말하지 않는다. 그것을 가지고 있지 않은 자는 그것을 알지 못한다."(빌립 복음서 11절)

"그런데 아들은 아버지의 이름이다. 그분으로부터 나온 그에게 처음에 이름을 주신 분이 그분이시니, 그(아들)는 그분(아버지) 자신이시며, 그분은 그를 아들로 낳으셨다. 그분은 그분(아들)에게 자신의 이름을 주셨나니, 그분은 주변에 존재하는 모든 것을 소유한 아버지이시다. 그분은 이름이 있고 아들도 있다. 사람들이 그분(아들)을 볼 수는 있으나, 그 이름은 보이지 않는다. 왜냐하면 그것만은 보이지 않는 분의 신비이며, 아버지의 대리인을 통하여 그것(이름)으로 가득 차있는 귀들에게만 다가갈 것이기 때문이다. 아버지의 이름은 발성될 수 없으나, 그것은 아들을 통해 계시된다. 이처럼 그 이름은 위대하다."(진리 복음서 35)

성막과 지성소 그리고 송과선, 하느님과 모세의 대화

출애굽기 33:7~11, 18~23

7. 모세는 장막을 거두어 가지고 진지 밖으로 나가 진지에서 멀리 떨어진 곳에 그것을 치곤 하였다. 모세는 그것을 만남의 장막이라 불렀다. 야훼께 여쭈어볼 일이 생기면 누구든지 진지 밖에 있는 만남의 장막으로 나가야 했다.

8. 모세가 장막으로 행차할 때마다 모든 백성은 자기 천막 앞에 서서 모세가 장막으로 들어갈 때까지 그 뒤를 지켜보곤 하였다.

9. 모세가 장막에 들어서면 구름 기둥이 내려와 장막 문간에 섰고 야훼께서 모세와 말씀을 나누셨다.

10. 구름기둥이 장막 문간에 서 있는 것을 바라보면, 모든 백성은 각기 자기 천막 문간에 일어섰다가 엎드려야 했다.

11. 야훼께서는 마치 친구끼리 말을 주고받듯이 얼굴을 마주 대시고 모세와 말씀을 나누셨다. 모세가 진지로 돌아온 뒤에도 모세의 젊은 시종인 눈의 아들 여호수아만은 장막을 떠나지 않았다.(공동번역)

18. 그때 모세가 "저에게 주의 영광을 보여 주십시오" 하고 간청하였다.

19. 주께서 대답하셨다. "내가 나의 모든 영광을 네 앞으로 지나가게 하고, 나의 거룩한 이름을 선포할 것이다. 나는 주다. 은혜를 베풀고 싶은 사람에게 은혜를 베풀고, 불쌍히 여기고 싶은 사람을 불쌍히 여긴다."

20. 주께서 다시 말씀하셨다. "그러나 내가 너에게 나의 얼굴은 보

이지 않겠다. 나를 본 사람은 아무도 살 수 없기 때문이다.”

21. 주께서 말씀을 계속하셨다. “너는 나의 옆에 있는 한 곳, 그 바위 위에 서 있어라.

22. 나의 영광이 지나갈 때, 내가 너를 **바위 틈**(a cleft of the rock)에 집어넣고, 내가 다 지나갈 때까지 너를 나의 손바닥으로 가려주겠다.

23. 그 뒤에 내가 나의 손바닥을 거두리니, 네가 나의 등을 보게 될 것이다. 그러나 나의 얼굴은 볼 수 없을 것이다.“(표준새번역)

해석 기독교인들은 구약을 문자 그대로 받아들이는 편이다. 그러나 카발라에서는 구약을 비의 지식을 담고 있는 상징으로 보고 있다. 구약에는 우리의 이성으로 받아들일 수 없는 터무니 없는 내용이 얼마나 많은가? 글에 담긴 상징을 모르면 참 의미를 알 수 없어서 거짓을 진실로 믿게 된다. 지금의 교회가 그렇다. 구약의 내용에 어떤 상징이 숨어있는지 출애굽기 33장에서 한번 살펴보자.

서로 모순되지 않는가? 앞에서 모세는 하느님과 얼굴을 마주 보고 대화했는데, 뒤에서는 하느님 모습을 보고 산 사람이 없다고 말한다. 무슨 말일까?

사람들은 신이 자신의 모습을 드러내는 장막을 문자 그대로 물질적인 장막으로 이해한다. 과연 무한의 신이 사람이 세운 장막에 나타날 수 있을까? 장막은 상징이다. 그래야 이 구절의 감추어진 의미를 알 수 있다.

장막은 성소이고 그 성소는 머리 중심의 송과선을 상징한다. 비의 가르침에서는 송과선을 신이 현시하는 장소라고 한다. 그래서 모세가 하느님 얼굴을 맞대고 이야기한 구절은 모세가 자신의 내면에 있는 성소인 송과선으로 들어가 신과 마음으로 이야기한 것을 말한 것이다.

무한의 신은 유한한 세상에 모습을 드러낼 수 없다. 만약 그랬다면 작은 세상은 소멸하고 말 것이다. 우리는 외부에서가 아니라 오직 내면에서만 신을 만날 수 있다. 그 장소는 성소인 송과선이다. 송과선에 현시하는 우리 영혼은 신의 확장이고 신의 일부분이다. 그래서 내면으로 들어가면 신과 만날 수 있는 것이다.

그러므로 22절의 바위 틈(a cleft in the rock)은 바위의 틈이 아니다. 어떻게 신이 사람처럼 바위의 틈 앞을 지나갈 수 있겠는가? 신이 어떻게 사람처럼 손을 가지고 있겠는가? 전부 상징이다. 바위는 머리(3뇌실)이고 틈은 뇌하수체 앞에 있는 이마뼈의 갈라진 틈이다. 이 틈으로 들어가면 뇌하수체가 나오고 그 안쪽에 영혼이 거주하는 송과선이 있다. 3뇌실에 시신경교차, 뇌하수체, 송과선이 위치한다. 송과선에서 영혼은 신과 만나서 하나가 된다. 상징적으로 송과선은 신이 현현하는 지성소이다.

십계명 “나 이외 다른 신을 섬기지 말라”

출애굽기 20:3

“나 이외 다른 신을 섬기지 말라”

해석 유일신을 믿는 기독교 입장에서 이것은 가장 중요한 계명으로 별다른 해석이 필요하지 않다. 그러나 비의 가르침에서는 이것을 다른 각도로 받아들인다.

형상 없고 이름 없고 생겨남도 없고, 그 어떤 단어로도 정의할 수 없는, 모든 것의 원천인 근원적 존재, 이것을 신이라고 이름을 부여하면 이미 그것은 근원적 존재를 가리키는 것이 아니다. 그래서 카발라에서는 이것을 아인(무)이라 하고 동양에서는 공(空)이라 한다.

사람들은 자신의 수준에서 이해한 신을 이미지화해서 가지고 있다. 그래서 인구수만큼의 신이 존재한다고 하는 것이다. 그리고 이것을 외부에 투영해서 외부 형상이나 상징에 빠진다. 외부의 형상이든 마음 안의 형상이든 이것은 일종의 우상이고 다른 신을 섬기는 것이기도 하다.

그래서 이 계명은 외부의 형상이나 마음의 형상에 매이지 말고 그 너머의 모든 것이 근원하는 신성한 원천을 보라는 의미이다. 이것은 앞에서 말했듯이 히브리어로 “아인”이고 동양에서는 “공”이다.

신과 인간의 속성

시편 8:4~6

4. 사람이 무엇이기에 주께서 이렇게까지 생각하여 주시며, 사람의 아들이 무엇이기에 주께서 이렇게까지 돌보아 주십니까?

5. 주께서는 사람을 **하나님(엘로힘)보다 조금 못하게 지으시고**, 그에게 영광과 존귀의 왕관을 씌워 주셨습니다.

6. 주께서 손수 지으신 만물을 사람이 다스리게 하시고, 모든 것을 사람의 발아래에 두셨습니다.(표준새번역)

해석 여기에 보면 하나님은 인간을 하나님보다 조금 못하게 지으셨다고 말한다. 인간이 하찮은 존재가 아니라는 의미이다.

흥미로운 것은 히브리 성서의 시편 8장 5절의 하나님(엘로힘)을 천사로 번역한 성경 버전이 상당하다는 것이다. 구약 그리스번역(70인역)이나 라틴어번역(불가타 성경)에서는 이 엘로힘이 천사로 번역이 되어있고, 가장 오래되고 대표적인 영어 성서인 킹제임스 버전도 천사(For thou hast made him a little lower than **the angels**)로 번역되었다.

최신 영어버전인 NIV에는 "You made him a little lower than the **heavenly beings**"로 되어있고, NASB는 "Yet Thou hast made him a little lower than **God**"로 되어있다.

한글 성서 번역 중에서 공동번역, 표준새번역, 개역개정은 "하나님"으로 되어 있고, 개역한글판은 "천사"로 우리말성경은 "하늘에 있는 존재"로 번역되어 있다. 인간의 위치를 설명하는데 있어서 결정적 단서가 되는 단어가 이렇게 다르게 번역이 되어있으니 우리는 무엇을 기준으로 삼아야 하는가?

이것은 엘로힘에 대한 의미를 어떻게 해석하였느냐에 따른 번역 결과로 볼 수 있지만, 성서학자들은 성경 역자들이 히브리 성서를 그리스어나 라틴어로 번역하면서 그 시대의 인간관을 반영하여 의도적으로 오역하였다는 주장을 하기도 한다. 엘로힘은 성경 문맥에 따라서는 하느님보다 낮은 존재를 나타내기도 한다. 출애굽기 20:3[너희는 내 앞에서 다른 신들(엘로힘)을 모시지 못한다]이 그 예이다. 그래서 엘로힘을 천사나 하늘의 존재로 번역하였을 수도 있다.

그러나 의미상 시편 8장 5절은 인간이 하느님보다 조금 못하게 지어졌다는 의미로 보아야 한다. 왜냐하면 카발라에서는 천사를 인간보다 낮은 존재로 본다. 인간은 신의 발출이고 그 일부분이지만 천사는 특별한 목적을 위하여 신이 창조한 창조물에 불과하기 때문이다. 천사는 인간보다 낮은 단계의 존재이므로 인간이 천사보다 낮게 지어질 수 없다. 인간은 신의 일부분이므로 신의 신성한 속성을 모두 지닌 존재로 지어졌다. 사실 인간은 지어진 것이 아니라 발출되었다.

시편 82:6[하나님께서 말씀하셨다. "너희는 모두 신들(엘로힘)이고, '가장 높으신 분'의 아들들이지만, I have said, Ye are gods; and all of you are children of the most High]에서도 우리가 신들이고 신의 아들임을 밝힌다.

창세기나 시편을 보더라도 인간은 기독교인이 알고 있는 그런 미천한 존재가 아니라 신만큼 위대한 존재이다. 물론 지금은 실락 혹은 무지로 인하여 내면의 신성을 밝히지 못하고 있다. 내면을 밝히는 일, 그래서 신과 합일하는 것이 카발라 수행자의 목적이다.

야훼는 나의 목자

시편 23장

1. 야훼는 나의 목자, 아쉬울 것이 없어라. 푸른 풀밭에 누워 놀게 하시고 2. 물가로 이끌어 쉬게 하시니 3. 지쳤던 이 몸에 생기가 넘친다. 그 이름 목자이시니 인도하시는 길, 언제나 곧은길이요, 4. 나 비록 음산한 죽음의 골짜기를 지날지라도 **내 곁에 주님 계시오니** 무서울 것 없어라. 막대기와 지팡이로 인도하시니 걱정할 것 없어라. 5. 원수들 보라는 듯 상을 차려주시고, **기름 부어 내 머리에 발라주시니**, 내 잔이 넘치옵니다. 6. 한평생 은총과 복에 겨워 사는 이 몸, 영원히 주님 집에 거하리이다.(공동번역)

해석 이 구절은 시편 23장에 나오는 다윗의 노래이다. 카발라 관점에서 이 구절을 해석하면 흥미롭다. 카발라에서는 인간의 혼을 신에서 발출되어 나온 신성한 불꽃으로 본다. 그래서 신과 합일을 추구하고 자신 내면의 신성을 받아들인다.

1번째 구절에서 다윗은 야훼(YHVH, 요드헤바브헤, 신의 4자 문자) 즉 신이 자신의 목자라고 한다. 양을 돌보는 양치기처럼 신이 자신을 돌보아 준다는 의미이다. 앞에서 언급했지만, 야훼 즉 **신의 4자 이름에는 엄청난 진실이 담겨있다**.

4번째 구절에서 죽음의 골짜기를 지날지라도 **신이 함께하여** 무서울 것이 없다고 한다. 이 구절을 신에 대한 맹목적인 믿음으로 많이 생각하는데, 이것은 다윗이 신과 분리되어 있지 않고 이 순간 신이 자신에게 현존(셰키나)하고 있음을 자각하고 있기 때문에 두려울 것이 없다는 뜻이다. 카발라에서는 신의 임재인 셰키나가 인간의 영혼이 거주하는 육체 성소인 송과선에 머물고 있다고 한다. 그러나 우리는 이것을 자각하지 못하고 있을 뿐이다.

이것은 "그날이 오면 너희는 내가 아버지 안에 있다는 것과 너희가 내 안에 있고 내가 너희 안에 있다는 것을 깨닫게 될 것이다."(요한복음, 14:20)"라는 말의 의미이기도 하다. 그러나 대중은 이런 앎과 확신이 없어서 음산한 죽음의 골짜기를 지나면 그들의 맹목적인 믿음은 두려움으로 변한다.

5번째 구절에서 "기름 부어 내 머리에 발라주시니"라고 말한다. 메시아라는 말은 히브리어로 기름부음을 받은 자이고 이것을 헬라어로 번역하면 그리스도가 된다. 그리고 기름부음을 받은 자는 깨달은 자로 해석되기도 한다. 다윗은 자신을 깨달은 사람으로 말하고 있다.

구약의 하느님은 징벌의 하느님으로 비추어진다. 그래서 사람들 마음속에는 하느님에 대한 사랑과 경외감 못지않게 두려움이 자리잡고 있다. 이런 징벌적 이미지 때문에 사람들은 하느님에게 잘 보이려고 위선적인 충성 경쟁을 한다. 맹목적인 믿음과 복종이 생겨나는 이유이다.

그런데 하느님은 감정에 흔들리는 그런 물질적 존재가 아니다. 하느님은 우주 법칙으로 그 모습을 드러내 보이는 무한의 존재이다. 그래서 우리가 법칙에 따라 조화롭게 산다면 늘 우리와 함께하시는 존재이다.

정통 유대인은 하루에 3번 예배를 하는데 이것을 하루의 가장 중요한 부분으로 간주한다. 이런 예배에서 핵심은 아미다(Amidah)라는 기도이다. 아미다의 첫 번째 단락은 예배자와 신 사이의 관계를 보여주는 가장 중요한 부분이다. 여기에 이런 흥미로운 말이 나온다.

거대하고 강력하고 경외감을 주시는 신,
최고의 신,
선의 행위자, 선한 행동,
모든 것의 주인,
왕, 조력자, 구원자, 보호자이십니다.

이처럼 하느님은 우리의 강력한 보호자이시고 목자이시다. 우리가 맹목적 믿음이 아니라 지혜와 우주 법칙에 따라 살아간다면
우리는 늘 하느님으로부터 보호되고 사랑받는다.

성경 속의 명상 실제

시편:109:22, 욥기 11:12, 욥기 37:14, 시편 107:43, 시편 119:95~96

해석 우리는 성경을 명상과는 상관없는 것으로 바라보고 실제로 성경을 읽어보아도 명상 관련 용어나 내용을 찾을 수가 없다. 그러나 이것은 성경을 문자적 의미로만 해석하여 생기는 문제이다. 성경 버전에 따라 내용이 다르기까지 한다. 이런 문제 말고도 우리가 명상 구절을 찾을 수 없는 것은 성경에 나오는 히브리 단어의 의미를 정확하게 분석하지 못하기(어원분석 등) 때문이다.

정통교회에서의 명상전통은 희미하게 이어져 내려오고 있다. 절대자에 대한 묵상(meditation, 명상)이나 성경구절에 대한 묵상이 그 예이다. 우리는 묵상을 통하여 절대자나 성경에 대한 숨겨진 의미를 알 수 있고 한 차원 높은 경험할 수가 있다.

동방 정교회에는 "예수기도"라는 수련법이 있다. "주 예수 그리스도, 제게 자비를 베푸소서!"라고 반복적으로 기도하는 수련법이다. 쉬지 않고 낭송하는데, 하루에 3천 번으로 시작하여 6천 번 그리고 나중에는 1만 2천 번까지 한다.[24)]

이런 구절을 반복하다 보면 이것이 만트라 명상처럼 작동하여 구절이 자동적으로 튀어나오고 자아가 없어지고 전체와 하나가 되는 체험을 하게도 된다. 이것은 기독교 신비주의 체험과 다를 것이 없고 불교의 염불수련(나무아미타불 염송을 통하여 삼매에 들거나 내적 변화가 일어남)과도 비슷하다.

이와 비슷한 명상법이 유대교에도 있다. 유대 하시디즘 성자인 나흐만(Rabbi Nachman of Bratslav, 1772~1811)은 "우주의 주님"을 의미하는 "리보노 쉘 올람(Ribbono shel Olam)"을 반복하여 사용하였다. 그는 이것을 신에게 가까이 다가가기 위한 최선의 방법으로 언급하였다[25)].

유대학자인 아리예 카플란은 구약에 나오는 명상 구절을 찾아내어 우리가 구약의 본질에 좀 더 다가갈 수 있도록 해준다.

★ 히브리어로 "속이 빈, 텅 빈"을 의미하는 단어가 비브(Byb) 혹은 나부브(Navuv)이다. 이 단어가 성경 구절(욥기 11:12)에서 어떻게

---

24) 오강남 & 성해영 <종교 이제 깨달음이다> p90.
25) 아리예 카플란 <유대 명상> p87.

번역되었는지 살펴보자.[26)]

For **vain** man would be wise, though man be born [like] a wild ass's colt. [NIV]

But **a witless** man can no more become wise than a wild donkey's colt can be born a man.[KJV]

허망한 사람은 지각이 없나니, 그 출생함이 들나귀 새끼 같으니라. (개역한글).

거짓된 사람도 제정신이 들 때가 오는 법, 들나귀도 길이 들지 않는가! (공동번역).

A **hollow** man will gain heart. (아리예 카플란 버전)

속이 빈(Navuv) 사람은 마음을 얻을 것이니라.

여기서 "속이 빈"의 의미를 지닌 단어가 킹 제임스나 공동번역 등에서는 허망한, 어리석은, 거짓된 등으로 해석이 되어 있고, 욥기 11장 12절의 전체 내용도 버전마다 다르다.

그러나 카플란은 이 구절의 문맥상 의미가 자신을 완전히 비워 에고를 없애서 빈 파이프(Pipe, 히브리어로 Byu) 같이 되어서 자신을 신의 영을 위한 통로로 만드는 것이라며 A hollow man will gain heart(**속이 빈** Navuv, 사람은 마음을 얻을 것이니라)로 번역하였다. 그러므로 이것은 동양의 명상에서 추구하는 마음 비움과 다를 것이 없다.

---

26) 아리예 카플란 <성경과 명상> p55.

★ "오목한, 속이 텅 비어 있는"을 의미하는 단어로 하랄(Chalal) 도 있다. 시편 109:22에 그 사용을 볼 수 있다.[27]

My heart is **wounded** within me. (NIV, KJV).

내 마음은 속속들이 **아프옵니다.** (공동번역).

나의 중심이 **상함이니이다.** (개역개정).

내 마음이 깊은 **상처를 받았습니다.** (표준새번역).

제 마음은 **텅 비어 있습니다**. My heart is **hollow(chalal)** within me. (아리예 카플란).

여기서 보듯 하랄(오목한, 텅 빈)이 영어나 한글 버전에서 주로 "아프다"의 의미로 해석이 되었음을 알 수 있다. 그러나 구약 해석의 대가인 카플란은 이것을 마음이 비어있다는 의미로 해석한다.

카플란에 따르면 이 구절은 다윗이 완전히 자신의 에고를 무력화하였음을 보여주는 것이고 명상의 결과로 얻어지는 마음의 평온 상태를 가리킨다고 한다. 명상가나 예언자는 신의 그릇이 되기 전에 자신의 에고를 무력화시켜야 하는데 다윗은 그 수준에 이르렀다.

이처럼 성경에는 명상구절이 있으나 올바로 번역되지 않고 있다. 이것은 히브리 원본에 나오는 단어에 대한 정확한 의미를 몰라서 일어나는 일이다. 전체 구약이 올바로 해석되면 구약이 명상기법을 담고 있는 내용으로 차 있음을 알게 된다. 인간이 신에게 다가가도록 사다리 역할을 하는 것이 구약이라고 카발라는 말한다. 그러므로

27) 아리예 카플란 <성경과 명상> p200.

그 방법으로 명상 구절이 나오는 것은 당연하다.

★ 히트보네누트 명상[28]

"관조(contemplation)"의 의미를 지닌 히트보네누트는 후대 문헌에서 명상을 위하여 사용이 되고 성경에도 같은 의미로 사용이 된 이 단어 히트보네트(החבוננות)는 "이해하다"의 의미를 지닌 어근 빈(Bin)의 파생어이다. "이해"를 의미하는 히브리어 비나(Binah)도 이것의 파생어이다. 히트보네누트의 문자적 의미는 "자신을 이해시키다"이며, 깊게 그리고 철저하게 생각하여 그 대상의 모든 면을 자신에게 철저히 이해시키는 것이다.

이 의미는 철저히 이해할 때까지 대상을 눈으로 혹은 마음으로 응시하는 것이다. 말씀에 대하여 깊게 주의력을 기울이는 내용이 "나는 당신들 말씀에 대하여 깊게 생각하였습니다. I have contemplated you."(욥기 32:12)에 나온다. 이것은 그들이 말한 것에 대하여 철저히 응시하였다는 뜻이다. 이것은 신과 관련하여서도 사용이 되는데 이런 의미에서 신비 상태를 위한 준비이기도 하다. 욥기 37:14와 시편 107:43, 시편 119:95~96에서 그 의미를 볼 수 있다.

신이 행한 경이로운 일에 대하여 관조합니다. Contemplate (hitbonen) the wonders of God.(욥기 37:14).

신의 사랑에 대하여 관조합니다. Contemplate **(hitbonen)** the love of God.(시편 107:43).

---

28) 아리예 카플란 <성경과 명상> pp193~195.

사악한 사람들이 나를 무너뜨리려고 간절히 바라지만, 저는 당신의 계명만을 깊이 생각하겠습니다. 어떤 목적도 한계가 있음을 보지만 당신의 계명은 매우 넓습니다. The wicked waited to destroy me, I **contemplated** Your testimonies. I have seen a purpose to every end, Your commandment is very broad.(시편 119:95~96).

시편 작가는 계명을 관조하여 즉 철저히 그리고 깊게 생각하여 계명의 폭 넓음과 그 참된 중요성을 지각할 수 있음을 말하고 있다. 이처럼 히트보넨(hitbonen)은 대상에 대한 이해를 통하여 우리를 높은 의식 상태로 인도하므로 관조의 의미를 지닌다. 참고로 욥기 37:14에 대한 국내 성경은 이렇게 번역이 되었다.

잠깐 멈추고 **생각해 보시오**, 하느님께서 하시는 신비한 일을.

(공동번역),

and **consider** the wondrous works of God.(KJV)

시편 107:43에 대한 국내 성경은 이러하다.

야훼의 사랑을 **깨달을지라**.(공동번역)
they shall **understand** the lovingkindness of the LORD.(KJV)

"hitbonen"이 영어나 한국어 버전에서는 단순히 **"생각하다(consider)와 깨닫다(understand)"로** 번역되었음을 알 수 있다. "그냥 생각하다"로 번역하는 것은 히브리 성경의 의미를 정확하게 전하지 못한다. 히트보네누트(hitbonenut)는 깊게 생각하는 것뿐 아니라 이것을 완전히 이해할 때까지 강렬하게 집중하는 명상이다. 이것은 우리에게 가장 심오한 이해를 가져다준다. 이처럼 성경은 번역을 거치면서 원래의 의미가 변질되었다.

모든 것은 신의 숨일 뿐이다.

전도서 1장

1. 다윗의 아들로서 예루살렘의 왕이었던 설교자의 말이다.

2. **헛되고 헛되다, 설교자는 말한다. 헛되고 헛되다. 세상만사 헛되다.**

3. 사람이 하늘 아래서 아무리 수고한들 무슨 보람이 있으랴!

4. 한 세대가 가면 또 한 세대가 오지만 이 땅은 영원히 그대로이다.

5. 떴다 지는 해는 다시 떴던 곳으로 숨가삐 가고

6. 남쪽으로 불어 갔다 북쪽으로 돌아오는 바람은 돌고 돌아 제 자리로 돌아온다.

7. 모든 강이 바다로 흘러드는데 바다는 넘치는 일이 없구나. 강물은 떠났던 곳으로 돌아 가서 다시 흘러내리는 것을.

8. 세상만사 속절없어 무엇이라 말할 길 없구나. 아무리 보아도 보고 싶은 대로 보는 수가 없고 아무리 들어도 듣고 싶은 대로 듣는 수가 없다.

9. 지금 있는 것은 언젠가 있었던 것이요 지금 생긴 일은 언젠가 있었던 일이라. 하늘 아래 새 것이 있을 리 없다.

10. "보아라, 여기 새로운 것이 있구나!" 하더라도 믿지 말라. 그런 일은 우리가 나기 오래 전에 이미 있었던 일이다.

11. 지나간 나날이 기억에서 사라지듯 오는 세월도 기억에서 사라지고 말 것을.

12. 나 설교자는 예루살렘에서 이스라엘의 왕으로 있으며

13. 하늘 아래 벌어지는 모든 일을 알아보아 지혜를 깨치려고 무척 애를 써 보았지만, 하느님께서는 사람에게 괴로운 일을 주시어 고생이나 시키신다는 것을 알기에 이르렀다.

14. 하늘 아래 벌어지는 일을 살펴보니 **모든 일은 허무하고 바람 잡는 일이었다.**

15. 구부러진 것을 펼 수가 없고, 없는 것을 셀 수야 없지 않는가!

16. "나보다 먼저 예루살렘에서 왕 노릇한 어른치고 나만큼 지혜를 깊이 깨친 사람이 없다. 나만큼 인생을 깨쳐 지혜를 얻은 사람이 없다." 나는 이렇게 자신을 가지고

17. 어떻게 사는 것이 지혜로운 일인지, 어떻게 사는 것이 어리석고 얼빠진 일인지 알아보려고 무척 애를 써 보았지만, 그것 또한 **바람을 잡는 일이었다.**

18. 어차피 지혜가 많으면 괴로운 일도 많고 아는 것이 많으면 걱정도 많아지는 법이다.

해석 위의 구절은 우리가 많이 들어 알고 있는 솔로몬의 전도서이다. 우리는 전도서의 한글 버전(그것도 여러 버전이 서로 약간 다르다)을 의심 없이 따른다. 여러 구약 사본이 있고 기독교와 유대교가 사용하는 구약 버전도 다르다. 한국 기독교만 해도 여러 한글본이

존재하고 있다.

번역은 반역이라는 말이 있듯이 히브리어나 그리스어 등으로 기록되어 있는 구약을 영어나 한국어로 번역하는 일은 필연적으로 여러 오역을 낳는다. 이 전도서도 예외는 아닐 것이다. 성경의 글자 하나도 고칠 수 없다며 성경 무오류를 주장하는 사람들은 어떤 성경 버전을 신의 말씀으로 받아들이는지 궁금하기도 하다.

성경이든 다른 문헌이든 단어나 숙어 의미를 잘못 번역하여 일어나는 오역, 문장 분석 잘못으로 인한 오역, 글이 써진 시대적 공간적 상황에 대한 이해 부족과 책에 담긴 특이한 문화 코드를 알지 못하여 일어나는 오역, 저자의 의도를 잘 파악하지 못하여 일어나는 오역, 상징으로 된 단어나 문장 속에 숨겨진 의도를 파악하지 못하여 일어나는 오역이 있을 수 있다.

유대 신비 가르침인 카발라에 따르면 구약은 4가지로 해석이 가능한데(문자 그대로 해석, 은유적 해석, 실제의 내용을 명료하게 전달해 주는 해석, 신비적 해석) 보통 우리가 구약성경을 이해하는 것은 문자적 의미에 한정되나 카발리스트들은 4가지 차원을 다 보고 일반인이 보지 못하는 신비를 이해한다.

전도서 1장에서 **〈헛되다, 허무하다〉**로 번역되고 있는 히브리어 헤벨(hebel, הבל)은 문자적으로 수증기, 바람, **숨, 호흡**을 의미하며 공허함과 무의미함의 개념을 전달하기도 한다. 그러므로 허무하다고 해석이 될 수도 있지만, 좀 더 깊이 들어가면 그 뜻은 세상 모든 것이 "신의 숨"으로 생겨났음을 말한다.

솔직히 절대자 하느님에게 모든 영광을 돌리는 기독교에서 불교 철학의 핵심인 허무와 무상함을 말하는 것은 좀 이상하지 않은가? 세상 모든 것은 신의 숨(신비 가르침에서 이것은 창조 에너지, 창조

숨, 신성 에너지, 신의 의지, 법칙 등으로 이해되고 히브리의 첫 번째 문자 알레프이기도 하다.)으로 이루어졌다고 말하는 것이며 신의 위대함과 영광을 말하고 있는 것이다.

1장 14, 17절의 **〈바람을 잡는 일이었다〉**라는 구절도 다르게 해석이 될 수 있다. 히브리어 루아흐 (Ruach, רוח)가 여기 한글성경이나 영어성경(전도서)에서는 "바람"으로 번역이 되었는데 이 루아흐에는 영(spirit), 바람(wind), 숨(breath) 공기(air), 아스트럴 혼의 의미가 있다.

여기서 바람 대신에 숨으로 해석하면 새로운 의미가 드러난다. 카발라 같은 고대 지혜의 가르침에서는 신은 자신의 신성한 숨을 통하여 우주를 창조한다. 이 숨에는 신의 의지와 우주 법칙 그리고 창조력이 실려 있다. 신과 세상을 중개하는 인간은 이 숨을 통하여 신과 연결이 된다.

솔로몬은 모든 것이 신의 숨으로 창조되었고 세상에 무엇이 일어나든 자신이 무엇을 하든 결국 최고의 일은 영 즉 신의 숨을 얻는 일(영과 연결되는 일)이라고 말하고 있다.

또한 이 구절이 우리가 살아가면서 물질 혼(네페쉬)의 수준에서 아스트럴 혼(루아흐)의 수준에 도달해야 한다는 것을 의미할 수도 있다.

참고로 카발라 생명나무의 첫 번째 빛(세피라)은 케테르(Kether)이고 이 안에 창조의 모든 것이 담겨있다. 케테르 안에 히브리 첫 번째 문자 엘에프(Aleph)가 있고 이것이 바로 신성한 신의 숨(Divine Breath)이다.

하나님의 아들들과 사람의 딸

욥기 1:6), 창세기 6:2~3

하루는 **하나님의 아들들이** 와서 여호와 앞에 섰고 사탄도 그들 가운데에 온지라(욥기 1:6, 개역개정, 참고로 표준새번역, 우리말성경, 개역한글도 하나님의 아들로 표시)

하루는 **하늘의 영들이** 야훼 앞에 모여왔다. 사탄이 그들 가운데 끼여 있는 것을 보시고. (공동번역)

Now there was a day when **the sons of God**(Elohim) present themselves before the LORD(YHVH, 야훼) Satan came also among them.(KJV, NASB)

One day **the angels** came to present themselves before the LORD, and Satan also came with them.(NIV)

해석 이 구절은 하나님의 아들이 예수만이 아니라 여럿 있다는 이상한 내용이다. 이를 의식하여서인지 국내 성경의 공동번역본은 〈하늘의 영들〉로 표현하였고, 영어 성경(NIV 버전)은 〈천사들, **angels**〉로 표현하였다.

그런데 성경 원본인 히브리 성서는 분명히 하나님(엘로힘)의

아들들(בְּנֵי-הָאֱלֹהִים)로 나와 있다.

여기서 우리는 하나님 아들들은 누구인지 그리고 사탄이 하나님 앞에 서서 욥기에 관한 일로(욥기 1:6~12) 신과 대화를 나누는 것이 어떻게 가능한지 의문을 제기하여야 한다. 상식적으로 이것이 믿을

수 있는 내용인가 그리고 믿음이 생기는 내용인가?

또한 앞에서 보았듯이 성경이 여러 언어로 번역되는 과정에서 어떻게 원문이 오역되는지도 알아야 한다. 카발라는 이 구절에 나오는 신의 아들이 왜 여럿이고 이들이 어떤 존재인지를 보여준다.

창세기 6장 2~4절에도 **하느님의 아들들이** 나온다.

2. **하느님의 아들들이** 그 사람의 딸들을 보고 마음에 드는 대로 아리따운 여자를 골라 아내로 삼았다.

3. 그래서 야훼께서는 "사람은 동물에 지나지 않으니, **나의 입김이** 사람들에게 언제까지나 머물러 있을 수는 없다. 사람은 백이십 년밖에 살지 못하리라." 하셨다.

4. 그때 그리고 그 뒤에도 세상에는 느빌림이라는 거인족이 있었는데 그들은 하느님의 아들들과 사람의 딸들 사이에서 태어난 자들로서 옛날부터 이름난 장사들이었다.(공동번역)

2. **하나님의 아들들이** 보기에 사람의 딸들이 좋았습니다. 그래서 자신들이 선택한 사람들을 아내로 맞아들였습니다.

3. 여호와께서 말씀하셨습니다. **"내 영이** 사람 안에 영원히 거하지 않을 것이니 이는 사람이 그저 육체일 뿐이다. 그들의 날은 120년이 될 것이다."(우리말 성경)

2. that **the sons of God(Elohim)** saw that the daughters of men were beautiful; and they took wives for themselves, whomever they chose.

3. Then the Lord(YHVH, **야훼**) said, "My **Spirit** shall not

strive with man forever, because he also is flesh; nevertheless his days shall be one hundred and twenty years."(NASB)

이것은 하나님의 아들이 여럿이라는 또 다른 구절이다. 이 정도면 실수로 나온 것이 아니라 확실히 신의 아들이 여럿 존재한다는 의미이다. 그러나 기독교 입장에서 "하느님은 이 세상을 극진히 사랑하셔서 외아들을 보내 주시어 그를 믿는 사람은 누구든지 멸망하지 않고 영원한 생명을 얻게 하여 주셨다(요한 3:16)"처럼 독생자인 예수 외에 하나님의 아들이 존재한다는 것은 있을 수 없는 일이고 심지어 그들이 미천한 사람의 딸들과 결혼했다는 것은 더욱 그러하다. 기독교인들은 성경은 자구 하나 고칠 수 없는 신의 말씀이라며 철저하게 문자적 해석을 즐기다가도 이런 구절 앞에서는 다른 이유를 찾기 시작한다.

하나님 아들의 구절 말고도 이어지는 창세기(6장 2~4절)의 내용도 그렇게 쉽게 이해가 되지 않는다. 이것은 무슨 말일까?

신의 아들들이 인간의 딸을 배우자로 맞아들이니 신이 인간의 육체에 자신의 영(숨/입김)이 120년만 거주할 수 있다고 말한다. 그리고 성경은 이들 사이에 거인들이 태어났다고 전한다. 신의 아들이 인간의 딸들과 성적 교섭을 하여 그 후손이 태어났음을 밝히고 있는 것이다. 그러면 신의 아들들은 누구이며 신의 영(숨/입김)은 무엇인가?

신의 영(숨/입김)으로 번역되는 히브리어 "루아흐(Ruach)"는 앞에서 언급했지만, 그 의미가 바람, 영, 숨 등이지만 카발라에서는 인간의 혼으로도 본다. 인간에게 4국면(영계, 멘탈계. 아스트럴계, 물질계)에 해당하는 혼이 있고 루아흐는 물질 영역 너머에 있는 아스트럴 혼이다.

이렇게 이해하고 해석을 하면 이 구절은 신이 자신의 확장이며 일부분인 혼이 인간 육체에 들어가 살아가고 있지만 물질 육체는 120년을 견디지 못한다고 말하는 것이다. 그래서 인간에게 육체의 죽음(소멸)이 있고 영혼의 윤회가 있는 것이다.

신의 아들들이 인간과 성적 교섭을 할 수 있었던 것은 인간 육체에 자신들과 마찬가지인 신성한 혼(그러나 혼을 둘러싸고 있는 부정으로 인하여 잘 작동하지 못하는 혼)이 거주하였기 때문이다.

인간의 혼들은 실락한 혼들이었고 신의 아들들은 실락하지 않은 신성한 혼들이었다. 이들은 "신의 아들" 혹은 "빛의 자녀(Children of Light)"로 불렸다. 혼의 실락은 카발라 이론을 알아야 이해할 수 있는 개념이다.

신을 항상 내 앞에 모시니.

시편 16:8

내가 여호와를 항상 내 앞에 모심이여(개역개정)
I have set the LORD always before me(KJV)

해석 카발라 명상에서 신의 4자 문자는 굉장히 중요한 역할을 한다. 카발리스트들은 이 구절을 단순히 신을 마음으로 생각하는 것이 아니라 신의 고유한 이름의 형상을 생생하게 시각화하는 것으로 받아들인다. 이렇게 하여 신과 매우 긴밀하게 연결되어 있다는 느낌을

가지게 되고 신의 현존을 느끼고 그 속에서 깊은 경외감을 경험한다. (신의 이름 형상은 p242 참조)

에스겔의 비전과 카발라

에스겔 1장[29]

에스겔의 비전을 두고 많은 해석이 나왔으나 가장 확실한 해석은 카발라 학파의 가르침에서 발견된다. 에스겔서에 보면 그는 4개의 단계를 응시하는 것으로 나온다.

1번째 단계: 에스겔은 하요트의 아래 단계에서 수레바퀴 같이 생긴 오파님을 본다. 2번째 단계: 살아있는 천사들인 하요트를 본다. 3번째 단계: 하요트의 머리 위에 있는 창공에서 옥좌 닮은 것을 본다. 4번째 단계: 그 옥좌 위에 있는 사람의 형상을 닮은 것을 본다.

카발리스트들은 에스겔이 카발라에 말하는 4개의 세계를 묘사했다고 설명한다. 카발라 문헌에서 이들 세계는 아주 자세히 다루어지고 있는데, 이 4계는 테트라그람마톤(YHVH, 신의 4자 문자)을 구성하는 4개 문자(요드 헤 바브 헤)와 대응한다. 이들 4개 우주의 이름은 아칠루트(Atzilut, 영계), 베리야(Beriyah, 멘탈계), 예치라(Yetzirah, 아스트럴계), 아시야(Asiyah, 물질계)이다.

가장 높은 세계는 아칠루트이다. 이것은 신의 방출인 10개 세피

---

29) 아리예 카플란 <성경과 명상> pp64~68.

로트의 세계이고 에스겔의 비전에서 옥좌 위의 "사람"으로 상징된다.

"옥좌 위의 사람"을 이해하기 위해서는 성경 여러 구절에서 신이 육체가 있는 것처럼 표현되는 것을 기억해야 한다. 성경 여러 곳에서 "신의 손" 그리고 "신의 눈"과 같이 신을 의인화하는 것을 볼 수 있다. 이를 접하게 되면 처음에는 신이 육체 너머 존재이고 육체나 형태도 없는 존재이므로 다소간 이해하기가 어렵다.

그러나 카발라에서는 신의 여러 "신체" 부위가 세피로트를 나타내고 있다고 밝힌다(세피로트와 신체부위 대응표는 p236 참조). 10개 세피로트 중에서 아래의 7개 세피로트는 다음 성경 구절에서 잘 드러나고 있다.

> 신이시여, **위대함**(게둘라, 혹은 **사랑**, 헤세드), **힘**(게부라), **영광**(티페레트), **승리**(네차흐) 그리고 **광휘**(호드)는 그대의 것이나이다. 하늘과 지상에 있는 **모든 것**(예소드)은 그대의 것이나이다. **왕국**(말쿠트)은 그대의 것이나이다.(역대상 29:11)

초기 카발라 작품에서는 헤세드(사랑)가 게둘라(위대함)로 예소드(기초)가 칼(Kall, 전체)로 불렸다. 이처럼 세피로트가 신의 "신체" 여러 부위를 나타내므로 에스겔은 상징적으로 신을 옥좌 위에 있는 "사람"으로 표현하였다.

모음 없는 히브리어가 낳은 오해

열왕기상, 11:15~16

15. 다윗이 에돔을 쳐들어갔을 때 군사령관 요압을 시켜 전사자를
묻어주게 했는데, 요압이 **에돔의 남자를 전부 죽인 일이 있었다.**
16. 요압은 전 이스라엘 군대를 거느리고 육 개월간 에돔에 주둔하
면서 모든 에돔 남자를 죽였었다.(공동번역)

해석 구약 열왕기에 나오는 이 구절은 참 잔인하다. 그런데 여기서 왜 요압이 에돔의 남자 모두를 죽였는지는 나오지 않는다. 성품이 잔인했는지 아니면, 다윗의 명령을 실행한 것이지 우리는 알 수가 없다. 그런데 탈무드에 보면 이 구절에 대한 흥미로운 설명이 나온다.

예전에 히브리어는 모음이 없어서, 자기가 알고 있는 모음을 넣어서 읽고 해석하였다. 다윗이 요압에게 전한 내용은 ZKR(זכר) 인데, 이 단어는 자음 사이 즉 Z ( ) K ( ) R에 어떤 모음을 넣는지에 따라 전혀 다른 의미가 된다. 요압은 이 단어를 보고 자신이 이해한 모음을 넣어 "남자(male)"로 해석하여 그것을 실행했다는 것이다. 사실 다윗의 글은 모든 "남자"를 죽이라는 말이 아니라 모든 "기억/기념물(memory, memorial)"을 없애라는 뜻이었다.[30]

30) Smyth J. Paterson(1852-1932), "The old documents and the new Bible, an easy lesson for the people in Biblical criticism. The Old Testament" p8~9

후기

지금은 누구나 성경을 볼 수 있지만 종교개혁 전까지는 성직자가 아닌 일반인들은 성경을 볼 수가 없었다. 당시 로마교황청은 라틴어 성경만을 사용해서 무식한 일반인들은 성경이 주어져도 읽을 수가 없었다. 더군다나 지금처럼 인쇄술이 발달 되지 않아서 필사본에 의존하던 시기였고 필사본은 교회의 귀중한 보물로 여겨지던 시기였다. 그래서 일반인들은 성직자가 말하는 내용에 대하여 검증할 자료도 없어서 그들이 말하는 것을 그대로 수용할 수밖에 없었다. 15세기에 구텐베르크의 인쇄술 발명(1445년) 후에 비로소 성서는 교회의 전유물에서 벗어나게 된다.

영어성경은 14세기에 영국에서 존 위클리프에 의해서 번역된다. 그 당시 하나님의 말씀을 일반인이 이해할 수 있는 언어로 번역한다는 것은 교회에 대한 반역 행위로 간주되었다. 우리에게 친숙한 킹 제임스 판은 1604년에 나온다.

사실 정경이 예수의 유일한 가르침도 아니고 정경 선택 과정이나 편찬 과정 그리고 전해 내려오는 과정에서 변개되고 왜곡되었다는 것은 주지의 사실이다. 그런데 이런 부실한 성서마저도 중세 시대에는 일반인이 접할 수가 없었다는 사실이다. 이것은 교회의 권력 유지와 권위를 위한 방책이기도 했다.

이런 일은 로마 콘스탄티누스 황제에게서도 찾아볼 수가 있다. 그가 313년에 기독교를 인정하고, 지성과 이성을 요구하는 예수의 영지주의 가르침을 버리고 지금의 정경을 선택한 것은 맹목적 믿음을 강요하는 정경 내용이 자신의 권력 유지와 권위에 도움이 되었기 때문이었다. 황제는 대중이 이성적으로 깨어나는 것을 싫어했다.

무지해야 지배하기 편하기 때문이었다.

성경에 대한 교회의 태도는 "일반 신도는 성경을 소유할 수 없고 읽을 수 없고 번역할 수도 없다"라는 교황 그레고리 9세(1227~1241)가 1229년에 내린 교서에서 여실히 엿볼 수가 있다. 이 말은 일반인은 성경을 읽는 것만으로도 종교재판에 회부되어 엄벌(화형)에 처해질 수 있다는 뜻이다. 이처럼 종교 권력을 독점하려는 교황의 욕심은 수많은 사람들을 이단과 마녀로 몰아 죽이게 되는 결과를 낳는다. 교황의 권위가 절정기를 이루었던 시대의 교황 인노켄티우스 3세(1198~1216)는 종교재판소를 창설하였는데 이 종교재판소는 이후 약 500년 동안 수백만 명에 달하는 사람들을 처형한다.

사실 맹목적 믿음이 아닌 이성의 눈으로 바라보면 성경에는 여러 모순점이 눈에 띈다. 중세 시대의 성경 금지 이유에는 이런 두려움도 한몫하였을 것이다.

교회의 이런 시각은 지금도 유효하다. 아직도 성경을 이성적으로 판단하여 질문하지 말고 그냥 믿으라는 시각은 변하지 않고 있다. 아마 이렇게 해야 신도들이 교회를 떠나지 않고 또한 자신들의 기득권을 유지할 수 있기 때문이라고 생각하는 것 같다.

지금은 조금만 눈을 돌려도 성경 형성과정, 정경 채택 과정, 성경 왜곡 역사 등을 다루는 참으로 훌륭한 책이 많이 있다. 그래서 이성에 눈을 뜨게 된 서양에서는 교회가 점차적으로 쇠퇴해 가고 있다. 그런데 아직도 한국의 기독교인들은 이런 책을 읽을 생각은 안 하고 목사가 전해 주는 교리 설교에 취하여 살아간다. 이런 교회 모습은 중세 시대의 교회를 닮고 있다. 분명한 역사 후퇴이다.

목사들은 신도에게 이성이 아닌 감성을 자극하는 맹목적 믿음을 강조하여 자신들의 기득권과 권위를 유지하려고 한다. 성경을 이성으로 바라본다고 예수의 위대함이 사라지는 것도 아니고 근원적 존재(하느님)가 부정되는 것도 아니다. 물론 그 근원적 존재가 기독교인만을 위해 존재하는 것도 아니고 인격신도 아닐 것이다.

유일신 종교인 이슬람의 폭력적 행위는 문명화 시대인 지금도 일어나고 있고, 보스니아 내전(1992~1995년)에서는 당시 기독교를 믿는 세르비아가 무슬림인 보스니아 사람들을 인종 청소하여 20만여 명을 학살하기도 했다. 이처럼 종교가 인류의 안전을 위협하고 있다.

유일신 종교 간의 그리고 종파 간의 피의 보복은 끝이 없다. 왜 이럴까? 그것은 유일신교가 맹목적 믿음과 복종을 강요하고 있기 때문이다. 아주 오래전에 기록된 경전을 당시의 시대적 상황을 고려하지 않고 문자 그대로 믿어서 일어나는 일이다. 시공간에 따라서 변하는 규율이나 율법을 영구불변하는 진리로 받아들여 믿고 실행하기 때문이다. 이들은 이성이 부족하여(아니 이성을 사용하지 않아서) 진리와 방편을 구분하지 못한다.

달라이 라마의 저서 "관용(2010년, Transforming the Mind, p70)"에 이성과 관련된 이런 글이 나온다.

> 불교에서 비판적 사유 과정은 경전을 이해하는 데 결정적인 요소가 됩니다. 붓다가 다음과 같이 말하는 것은 바로 이 점의 중요성을 강조하기 위한 것입니다.
>
> "마치 사람들이 금의 순도를 판단하기 위하여
> 그것을 용광로 속에 넣어 녹여 보거나
> 또는 그것을 잘라서 시금석 위에 놓고 검사하는 것처럼
> 비구들이여, 여러분은 나의 말을 나에 대한 존경에서가 아니라

그것을 비판적으로 검토한 후에 받아들여야 한다." - 붓다 -

지금의 유일신교에는 이성이 결여가 되어 있다. 불행하게도 이성 없는 종교 교리가 세상을 지배한다. 그래서 세상에 폭력이 난무하고 갈등과 다툼이 넘쳐난다. 그러므로 인류의 번영과 평화는 맹목적 믿음이 아닌 이성이 지배하는 사회를 만드는데 달려있다. 이 책이 성경을 이성이 아닌 믿음으로만 이해하고 받아들이는 기독교인들의 사고 틀을 바꾸는데, 도움이 되었으면 한다,

부 록

도마복음(The Gospel of Thomas)[31)]

이 가르침은 살아있는 예수께서 말씀하신 비밀의 말씀이며 디디모스 유다 도마가 기록한 것이다.

1 예수께서 말씀하시길, "누구든지 이 비밀 말씀의 뜻을 깨닫게 되는 자는 죽음을 경험하지 않으리라."

2 예수께서 말씀하시길, "구하는 자는 찾을 때까지 구함을 멈추지 말라. 그가 찾게 될 때 불안하게 될 것이요, 그 불안은 놀라움으로 바뀔 것이며 마침내 그는 모든 것을 지배하리라."

3 예수께서 말씀하시길, "만약 너희 인도자들이 너희에게, '보라 천국이 하늘에 있노라'고 말한다면 공중의 새들이 너희를 앞설 것이요, 만일 그들이 '천국이 바다에 있노라'고 한다면 물고기들이 너희를 앞설 것이니라. 오히려 천국은 너희 안에도 있으며 너희 바깥에도 있느니라." "너희가 네 자신을 알게 되면 너희는 알려질 것이요 살아계신 아버지의 자녀가 자신임을 깨닫게 되리라. 그러나 자신을 모른다면 빈곤 가운데 사는 것이며 빈곤 그 자체이니라."

4 예수께서 말씀하시길, "오래 산 노인은 일곱 날 된 아이에게 기꺼이 생명의 장소(진리)가 어디 있는지 물을 것이며 그래서 노인은 살

31) 토마스 램딘(Thomas O. Lambdin) 영어 본 번역임

것이다. 먼저 온 사람 들 중 많은 이가 마지막까지 남을 것이며 마침내 하나가 될 것이다."

5 예수께서 말씀하시길, "너희 눈앞에 있는 것이 무엇인지 알라. 그리하면 네게서 감추어진 것이 드러나리라. 감추어진 것은 모두 드러나기 때문이니라."

6 제자들이 예수에게 묻기를, "저희가 금식하기를 원하십니까? 어떻게 기도해야 합니까? 저희가 자선을 베풀어야 하나요? 어떤 음식을 삼가 해야 합니까?" 예수께서 말씀하시길 "거짓말하지 말라! 그리고 너희가 미워하는 일을 하지 말라! 모든 것은 천국 앞에 드러나기 때문이다. 감추어지고 가려진 것은 드러날 것이기 때문이다."

7 예수께서 말씀하시길, "사람이 사자를 먹고 사자가 사람이 되는 것은 축복받을 일이고 사자의 먹이가 되는 사람은 저주스러운 일이도다. 이 또한 사자는 사람이 된다."

8 예수께서 말씀하시길, "그 사람은 그물을 바다에 던져 작은 물고기를 가득 잡아 올리는 지혜로운 어부 같도다. 지혜로운 어부는 그 가운데서 크고 좋은 물고기 한 마리를 찾아내어 나머지 작은 물고기들을 바다에 되던져 넣고 어려움 없이 그 큰 물고기를 선택하였느니라. 귀 있는 자들은 들어라!"

9 예수께서 말씀하시길, "씨 뿌리는 자가 한 주먹의 씨를 가지고 나가 뿌리니 어떤 것은 길 위에 떨어져 새들이 와서 씨들을 모았고 어떤 것은 돌 위에 떨어져 흙 속에 뿌리내리지 못하여 이삭을 내지 못하였느니라. 어떤 것은 가시가 있는 관목 위에 떨어져 자라지 못

하고 말라버려 벌레가 먹어버렸고 어떤 것은 좋은 땅에 떨어져 좋은 곡식을 내어 육십 배 또 백이십 배의 결실을 맺었느니라."

10 예수께서 말씀하시길, "나는 이 세상에 불을 던졌노라. 보라, 이것이 타오를 때까지 내가 지키고 있노라."

11 예수께서 말씀하시길, "이 하늘은 사라질 것이요 그 위의 하늘도 사라질 것이니라. 죽은 자는 살지 아니하고 산 자는 죽지 아니하리라. 너희가 죽은 것을 먹던 그 시절에 너희는 죽은 것을 살게 했느니라. 너희가 빛 가운데 머물 때 무엇을 하겠느냐? 너희가 하나였던 그날에 너희는 둘이 되었노라. 그러나 너희가 둘이 될 때 무엇을 하겠느냐?"

12 제자들이 예수께 이르되, "그대가 우리를 떠날 것을 아나이다. 그러면 누가 우리의 지도자가 되겠나이까?" 예수께서 말씀하시길, "그대가 어디에 있든지 의인 야고보에게 가거라. 그를 위하여 하늘과 땅이 생겨났노라."

13 예수께서 제자들에게 말씀하시길, "나를 다른 것에 견주어서 내가 무엇과 같은지 말해보라."
시몬 베드로가 예수께 대답하길, "당신은 의로운 신의 사자(使者) 같나이다."
마태가 대답하길, "당신은 지혜로운 철학자 같나이다."
도마가 대답하길, "스승이시여, 저는 당신이 무엇과 같은지 제 입으로는 아무것도 말할 수 없나이다."
예수께서 말씀하시길, "나는 너의 스승이 아니니라. 너는 취했고, 내가 측량하여 부여한 솟아나는 샘물로 네가 도취되었기 때문에 그러하느니라."
그리고 예수께서 도마를 데리고 물러나서는 그에게 세 가지를 말씀하셨다. 도마가 동료들에게 돌아왔을 때에 그들이 "예수께서 그대에게 무엇을 말씀하셨는가요?"하고 물었다.
도마가 그들에게 말하길, "만약 그 분께서 나에게 하신 말씀을 그대들에게 하나라도 말한다면, 그대들은 돌을 집어 나를 치겠고 그러면 돌에서 불이 나와 그대들을 불살라버릴 것이오."

14 예수가 말씀하시길, "그대들이 금식하면 자신에게 죄를 불러올 것이며, 그대들이 기도하면 비난받을 것이며, 그대들이 자선을 베푼다면 그대 영혼에 해가 될 것이니라. 그대들이 어느 지역을 방문하든 그 지역 사람들의 초대를 받는 경우 그들이 제공하는 음식을 먹을 것이며 아픈 사람들을 치료하라. 입으로 들어가는 것이 그대들을 더럽히는 것이 아니라 그대들 입에서 나오는 것이 그대들을 더럽히기 때문이니라."

15 예수께서 말씀하시길, "여자에게서 태어나지 않은 사람을 보거든 머리를 숙이고 경배하라. 그 분이 바로 하느님 아버지이시다."

16 예수께서 말씀하시길, "세상 사람들은 내가 이 세상에 평화를 주기 위하여 온 것으로 알고 있으나 내가 세상에 불과 검과 전쟁이라는 분쟁을 주러 온 줄 모르고 있도다. 왜냐하면 집안에 다섯 사람이 있는데 세 사람이 두 사람과 다투고 두 사람은 세 사람과 다투고 아버지는 아들과 아들은 아버지와 다툴 것이기 때문이다. 그래서 그들은 서로 분리되어 있을 것이다."

17 "나는 그대에게 어떤 눈도 보지 못했고 어떤 귀도 듣지 못했고

어떤 손도 만지지 못했으며 누구도 생각한 적이 없는 것을 주겠다"

18 제자들이 예수께, "우리의 끝(종말)이 어떠할지 말씀해 주십시오!" 라고 하니 예수께서 말씀하시길, "그대들이 끝(종말)을 알려고 하는데, 그러면 시작(태초)은 발견하였는가? 왜냐하면 시작(태초)이 있는 곳에 끝(종말)이 있기 때문이니라. 시작(태초)에서 자신의 자리를 차지할 사람은 복이 있나니, 그는 끝(종말)을 알게 될 것이며 죽음을 경험하지 않을 것이다."

19 예수께서 말씀하시길, "(만물이) 생겨나기 전에 존재한 자는 복되도다. 만약 그대들이 나의 제자가 되어 내 말에 귀 기울이면 이 돌들이 그대들을 섬기리라. 이는 그대들을 위하여 여름과 겨울에도 변치 않으며 잎사귀들도 떨어지지 않는 낙원의 다섯 나무들이 있기 때문이니라. 이 나무를 아는 사람은 누구나 죽음을 맛보지 아니하리라."

20 제자들이 예수에게 여쭈었다. "천국은 무엇과 같은지 말씀해 주십시오." 예수께서 말씀하시길, "천국은 겨자씨 같도다. 씨 중에 가장 작은 씨이나 좋은 토양에 떨어지면 커다란 식물로 자라 공중을 날아다니는 새들의 보금자리가 되는 것과 같도다."

21 마리아가 예수에게 말했다. "그대의 제자들은 누구와 같습니까?" 예수께서 말씀하시길, "그들은 남의 밭에 거주하는 아이들과 같도다. 밭의 주인들이 돌아와, 밭을 돌려달라고 말하면 아이들은 주인에게 밭을 돌려주기 위하여 그들 앞에서 옷을 벗을 것이다. 그러므로 나(예수)는 말하노라. 만약 집주인이 도둑이 올 것을 안다면, 미리 경계를 서서 도둑이 집안으로 침입하여 자신의 재산을 가져가지

못하게 할 것이다. 이처럼 그대는 세상을 경계하라. 도둑이 그대에게 오지 못하도록 스스로 힘을 갖추어라. 그대가 예견하는 고난이 필히 현실이 될 것이다. 그대들 중에 한 사람이라도 이해하는 자가 있기를 바라노라. 곡식이 익으매 그는 속히 낫을 가지고 추수하였도다. 누구든지 들을 귀 있는 자들은 명심해 들어라."

22 예수께서 젖먹이 아기들을 보고는 제자들에게 "이 아이들은 천국에 들어가는 자들과 같도다."라고 말씀하셨다. 그러자 제자들이 "그러면 우리도 어린아이처럼 하늘나라에 들어가겠나이까?"라고 물었다.
예수께서 제자들에게 말씀하시길, "너희가 둘을 하나로, 안을 바깥처럼, 바깥을 안처럼, 위를 아래처럼 만들 때, 남자와 여자를 하나로 만들어 남자는 남자가 아니고 여자는 여자가 아닌 것으로 만들 때, 눈이 있는 자리에 눈들을, 손이 있는 자리에 손을, 발이 있는 자리에 발을, 닮은 것이 있는 자리에 닮은 것을 만들 때, 그대들은 천국에 들어가리라."

23 예수께서 말씀하시길, "나는 천 명 중에 한 명을 만 명 중에 두 명을 선택할 것이며 그들은 하나로 서 있을 것이다."

24 제자들이 "당신이 계신 곳을 우리에게 보이소서. 이는 우리가 그 곳을 찾아야하기 때문입니다."라고 물었다. 그러자 예수께서 말씀하시길, "귀 있는 누구든 들어라! 빛의 사람 안에 빛이 있고 그 사람은 온 세상을 비추느니라. 만약 그가(그것이) 빛나지 않는다면 그 사람은 암흑이니라."

25 예수께서 말씀하시길, "그대 형제를 그대 영혼처럼 사랑하고 그

대 눈동자처럼 보호하라."

26 예수께서 말씀하시길, "그대는 형제 눈에 있는 티끌을 보면서 자신의 눈에 있는 들보는 보지 못하도다. 그대 눈의 들보를 빼버리면 그때야 눈이 밝아져 형제 눈에 있는 티끌을 빼버릴 수 있느니라."

27 "세상에 대하여 금식하지 않는다면 천국을 찾지 못할 것이니라. 안식일을 안식일답게 지키지 못한다면 아버지를 보지 못할 것이니라."

28 예수께서 말씀하시길, "나는 세상 한가운데 와서 육체로 사람들에게 나타났노라. 나는 사람들 모두가 취했음을 알았고 그들 어느 누구도 목말라 하지 않았노라. 내 영혼은 사람들의 아들들 때문에 마음 아팠노라. 그들은 마음의 눈이 멀어 앞을 보지 못하고 빈손으로 세상에 와서 빈손으로 세상을 떠나려하기에 그랬노라. 그러나 지금 당장은 취해 있겠으나 그들이 자신들의 포도주를 던져버릴 때 비로소 그들은 (잘못을) 회개할 것이니라."

29 예수께서 말씀하시길, "영혼 때문에 육체가 생겨났다면 이것은 경이로운 일이로다. 그러나 육체 때문에 영혼이 생겨났다면 이것은 경이 중의 경이로다. 이 위대한 부(富)가 이처럼 가난 속에 자신의 거소를 만들었다는 것이 참으로 놀랍도다."

30 예수께서 말씀하시길, "신이 셋 있는 곳에 신이 있도다. 둘 또는 하나의 신이 있는 곳에 나는 그것과 함께 하노라."

31 예수께서 말씀하시길, "예언자는 자신의 고향에서 환영받지 못하

고 의사는 자신을 아는 사람을 치유하지 못하노라."

32 예수께서 말씀하시길, "높은 산위에 단단하게 세워진 도시는 무너지지도 않고 숨겨질 수도 없도다."

33 예수께서 말씀하시길, "그대가 듣게 될 것을 지붕위에 서서 (사람들에게) 전하라. 등불을 켜서 감추거나 숨겨진 곳에 두는 사람은 없기 때문이다. 오히려 사람들은 등불을 받침대에 두어 오가는 모든 사람들이 그 빛을 보도록 한다."

34 예수께서 말씀하시길, "소경이 소경을 인도하면 둘 다 구덩이에 빠질 것이니라."

35 예수께서 말씀하시길, "힘이 센 사람의 집에 들어가 강제로 집을 차지하려면 먼저 그의 손을 결박하여야 한다. 그러면 그의 집을 약탈할 수 있느니라."

36 예수께서 말씀하시길, "밤낮으로 무엇을 입을 것인 지 걱정하지 말라."
이 구절은 나그함마디의 콥트어 사본의 내용이고 옥시링쿠스에서 발견된 그리스 사본에는 좀 더 긴 내용이 나온다.
예수께서 말씀하시길, "밤낮으로 무엇을 먹을까, 무엇을 입을까 염려하지 말라. 그대들은 실을 잣지도 않고 길쌈도 하지 않는 백합보다 더욱 귀하니라. 그대들에게 의복이 없을 때 무엇을 입겠느냐. 누가 그대 키를 크게 하겠느냐. 바로 그분이 그대들에게 의복을 주실 것이니라."

37 제자들이 묻기를 "당신은 언제 우리에게 드러낼 것이며 언제 우리가 그런 당신을 볼 수 있겠나이까?" 예수께서 말씀하시길, "그대들이 어린아이처럼 부끄럼 없이 옷을 벗어 집어 들고는 발밑에 두고 밟을 때 그대들은 살아있는 분의 아들을 보게 될 것이며 두려워하지 않을 것이다."

38 예수께서 말씀하시길, "그대들은 여러 차례 내가 그대들에게 전하고자 하는 이런 말들을 듣고 싶어 하였도다. 이런 가르침을 그대들에게 전해 줄 사람은 아무도 없도다. 그대들이 나를 찾는 날이 있겠지만 나를 찾지는 못할 것이니라."

39 예수께서 말씀하시길, "바리세인들과 학자들이 지식(영지)의 열쇠들을 취하여 감추었느니라. 그들 자신도 들어가지 않으며 들어가기를 원하는 자들도 들어가도록 허용치 않느니라. 그러나 그대들은 뱀들처럼 지혜롭고 비둘기들처럼 순수하라."

40 예수께서 말씀하시길, "포도나무가 아버지에게서 떨어져 나와서 심어졌으나 튼튼하지 못하여 뿌리째 뽑히어 파괴 될 것이다."

41 예수께서 말씀하시길, "가진 자는 더 많이 받을 것이며 가진 것이 없는 사람은 자신이 가진 작은 것 마저 빼앗길 것이니라."

42 예수께서 말씀하시길, "지나가는 사람이 되라."

43 제자들이 예수께 묻되, "우리에게 이러한 것들을 말씀하시는 당신은 누구시나이까?"
"그대들은 내가 그대들에게 말해주는 것을 듣고도 내가 누구인지 알지 못하도다. 그러나 그대들은 유대사람과 같아졌으니 이는 그들이 나무는 사랑하되 그 열매는 미워하거나 열매는 사랑하되 나무를 미워하기 때문이니라."

44 예수께서 말씀하시길, "아버지에 불경(不敬)을 저지르는 사람은 용서받을 것이며 그 아들에게 불경을 저지르는 사람도 용서받을 것이나 성령에게 불경을 저지르는 사람은 지상에서나 하늘에서 용서받지 못할 것이다."

45 예수께서 말씀하시길, "가시나무에서 포도를 엉겅퀴에서 무화과를 수확하지 못하느니라. 이는 이들이 과실을 산출하지 못하기 때문이니라. 선한 자들은 자신의 창고에서 좋은 것을 가져오고 악한 자는 그들 마음속의 악한 창고에서 악한 것을 가져오고 악한 것을 말하느니라. 이는 그 마음에 넘쳐나는 악으로부터 그들이 나쁜 것을 가져옴이라."

46 예수께서 말씀하시길, "아담으로부터 세례 요한까지 여자에게서 태어난 사람들 가운데 세례 요한보다 더 위대한 자가 없으니 왜냐하면 그의 눈이 파괴되지 않았었기 때문이니라. 그러나 너희 가운데 어린아이가 되는 사람은 누구든지 왕국을 알게 될 것이며 요한보다 위대하게 될 것이라고 나는 말하였느니라." (46절은 Blatz 영어 본 사용)

47 예수께서 말씀하시길, "한 사람이 두 말을 탈 수 없고 두 활을 구부릴 수 없느니라. 그리고 한 종이 두 주인을 섬길 수 없나니 두 주인을 섬긴다면 한 주인을 공경하고 다른 주인을 얕잡아 보는 것이 되느니라. 오래된 포도주를 마시고 즉시 새 포도주를 마시기를

원하는 사람은 없나니. 새 포도주는 오래된 포대에 넣지 않으니 이는 포대가 찢어질 수 있기 때문이요, 오래된 포도주를 새 포대에 넣지 않으니 이는 새 포대가 상할 수 있기 때문이니라. 낡은 헝겊으로 새 옷을 기우지 않으니 이는 새 옷이 찢어질 수 있기 때문이니라."

48 예수께서 말씀하시길, "만약 두 사람이 한 집안에서 서로 평화롭게 지낼 수 있다면 그들이 산더러 '여기서 움직여라' 하면 산이 움직이리라."

49 예수께서 말씀하시길, "혼자이며 선택받는 자는 복이 있나니 천국을 찾을 것이니라. 그대는 거기로부터 왔으며 거기로 돌아갈 것이니라."

50 예수께서 말씀하시길, "사람들이 '당신들은 어디서 왔느냐?'고 물으면 '우리는 빛에서 왔으며 빛이 스스로 생겨나기 시작하여 스스로 형성되고 형상으로 나타난 그곳에서 왔노라' 대답하라. 사람들이 '그것이 당신이냐?'고 묻거든 '우리는 그것의 자녀들이며 살아계신 아버지의 택함을 입은 자들이라' 말하라. 만약 그들이 '당신 안에 아버지가 존재한다는 증거가 어디 있느냐?' 하면 사람들에게 말하라 '그것은 움직임과 휴식이라' 말하라."

51 제자들이 예수께 말씀드리길, "죽은 자의 휴식은 언제 오며 언제 새로운 세계가 오나이까?" 예수께서 제자들에게 말씀하시길, "그대들이 기대하고 있는 것은 이미 왔으나 그대들이 단지 알아보지 못할 뿐이니라."

52 제자들이 예수에게 말씀드리길, "이스라엘에서 24명의 예언자가

말씀하였고 그들 모두는 당신에 대하여 말하였나이다." 예수가 말씀하시길, "그대들은 그대들 앞에 있는 살아있는 자를 빠트리고 죽은 자에 대하여 말하고 있도다."

53 제자들이 예수께 말씀드리길, "할례가 유익하나이까?" 예수가 제자들에게 말씀하시길, "할례가 유익하다면 그들 아버지가 어머니 뱃속에서 이미 할례가 되어 태어나도록 하였을 것이다. 영(靈)으로 하는 할례가 참으로 유익하도다."

54 예수께서 말씀하시길, "가난한 자는 복이 있나니 하늘의 왕국이 그들 것이니라."

55 "자신의 아버지나 어머니를 미워하시 않는 사람은 나의 제자가 될 수 없도다. 자신의 형제자매를 미워하지 않는 사람과 나처럼 자신의 십자가를 짊어지지 않은 사람은 나에게는 가치 없는 사람이니라. "

56 예수께서 말씀하시길, "이 세상을 이해하게 되면 누구든지 시체를 발견하며 시체를 발견한 사람은 누구든지 이 세상보다 위대하느니라."

57 예수께서 말씀하시길, "아버지 왕국은 좋은 씨를 가진 사람과 같도다. 그 사람의 적이 밤에 와서 좋은 씨 사이에 잡초를 뿌렸노라. 그 사람은 일꾼들에게 잡초를 뽑지 말도록 하였도다. 그 사람은 일꾼들에게 '그대들이 잡초를 뽑으려다 잡초사이에 있는 밀을 뽑지는 않을까 걱정이 되노라.'라고 말하였노라. 추수하는 날에 잡초는 쉽게 눈에 띌 것이며 잡초는 뽑혀서 불살라질 것이니라."

58 예수께서 말씀하시길, "고생하여 생명을 발견한 자는 복이 있도다."

59 예수께서 말씀하시길, "그대들이 살아있는 동안 살아있는 분을 모셔라. 죽어서 그분을 보려 해도 볼 수 없게 되지 않도록 하라."

60 제자들은 유대 땅으로 가는 도중에 양을 운반하는 사마리아인을 보았다. 예수께서 제자들에게 말씀하시길, "저 사람은 양을 가지고 무엇을 할 것인가?" 하니, 제자들이, "양을 죽여 먹으려고 그럽니다."라고 하자 예수께서 "양이 살아있는 동안은 양을 먹지 못할 것이니라. 양을 죽였을 때 비로소 사체가 되노라(그래서 먹을 수 있도다)."

제자들이 "그는 다른 방법(먹기 위해서 죽이는 것 이외의 다른 방법)이 없을 겁니다."라고 말하였다. 그러자 예수께서 "시체가 되어 먹혀지지 않도록 그대들도 자신을 위한 휴식장소를 구하라."고 말씀하였다.

61 예수께서 말씀하시길, "두 사람이 한 침대에서 쉬고 있는데, 한 사람은 죽고 다른 한 사람은 살 것이니라." 살로메가 묻기를 "당신은 누구시기에 저의 침상에 올라와 식탁에서 식사를 하셨나이까?"

예수께서 그녀에게 말씀하시길,

"나는 나누어지지 않은 분으로부터 온 자이니라. 나에게 아버지 일의 일부가 주어졌노라."

(살로메) "저는 당신의 제자입니다."

(예수) "그러므로 내가 말하노니, 그가 파괴되지 않는다면 빛으로 채워질 것이나 그가 나누어진다면 어둠으로 채워질 것이니라."

62 예수께서 말씀하시길, "나의 비밀을 받을만한 가치 있는 자들에

게만 나의 비밀을 말하노라. 그대 오른손이 하는 일을 왼손이 알지 못하도록 하라."

63 예수께서 말씀하시길, "많은 돈을 가진 부자가 있었느니라. 그가 '내가 나의 돈을 들여 씨를 뿌리고 길러서 수확하여 창고에 가득 채워 아무런 부족함이 없게 하리라.' 생각하였으나 그날 밤 그는 죽었느니라. 여기 귀 가진 자들은 들으라."

64 예수께서 말씀하시길, "어떤 사람이 손님을 초대하였느니라. 저녁 만찬을 준비한 다음, 하인을 보내어 손님들을 모셔오게 하였느니라. 하인이 첫 번째 손님에게 가서, '저희 주인님께서 당신을 초대했습니다.'라고 말했으나 그 사람이 '상인들에게 청구할 것이 있는데 그들이 오늘밤에 나를 찾아 올 것이요. 나는 가서 그들에게 지시를 해야 하겠으므로 초대에 응하지 못하겠소. 만찬에서 나를 제외시켜 달라고 전하시오.'라고 말하였느니라. 이에 그 하인이 다음 손님에게 가서 그에게
'저희 주인님께서 당신을 초대했습니다.'라고 말하였으나 그 사람이 하인에게, '나는 방금 집을 한 채 샀는데 그것 때문에 바빠서 시간을 낼 수 없소'라고 하였느니라. 그 하인이 또 다른 손님에게 가서,
'저희 주인님께서 당신을 초대하였습니다.'라고 하였으나 그 사람이 말하기를, '내 친구가 곧 결혼을 할 예정이므로 내가 연회를 준비해야하므로 가지 못하겠소. 만찬에서 나를 제외시켜달라고 전하시오.'
라고 말했느니라. 이에 하인이 다시 다른 사람에게 가서 말하기를,
'저희 주인님께서 당신을 초대했습니다.'라고 했으나 그 사람이 하인에게, '나는 농장을 하나 샀는데 그 소작료를 받으러 가야하므로 가지 못하겠소. 나를 제외시켜 달라고 전하시오.'라고 했느니라.
이에 그 하인이 돌아가 주인에게, '주인께서 만찬에 초대하신 사람

들이 모두 핑계를 대며 그 초대를 거절했나이다.'라고 하니 주인이 하인에게, '거리로 나가서 그대가 길에서 만나는 사람들을 데려와 그들이 만찬을 즐기게 하라.'고 했느니라. 장사꾼과 상인들은 내 아버지의 집에 들어가지 못할 것이니라."

65 예수께서 말씀하시길, "포도원을 소유한 선한 사람이 있었느니라. 그는 포도밭을 몇몇 농부들에게 소작을 주어 그 대가로 수확물을 거두려 하였느니라. 그가 소작료를 받고자 하인을 농부들에게 보냈으나 그들은 하인을 붙잡아 심하게 때렸느니라. 하인이 돌아와 주인에게 일어난 일을 보고하였노라. 주인이 말하길, '아마 하인을 농부들이 몰라보았으리라.'하고는 다른 종을 보내었다. 농부들이 마찬가지로 그를 때렸느니라. 그러자 주인은 자신의 아들을 보내며 말하길, '아마 그들이 나의 아들에게는 경의를 표하리라.'고 하였다. 이는 그 농부들이 그가 포도원의 상속자임을 알고 있었기 때문이니라. 그러나 농부들이 그 아들을 붙잡아죽였도다. 귀 있는 자는 들으라."

66 예수께서 말씀하시길, "건축자들이 버린 돌을 내게 보여 주거라. 이것이 바로 주춧돌이도다."

67 예수께서 말씀하시길, "모든 것을 알되 자기 자신을 모르는 사람은 아무것도 모르는 사람이니라."

68 예수께서 말씀하시길, "미움 받고 박해받을 때 복이 있나니. 그대들이 박해받는 장소에서 그들은 아무 장소도 찾지 못하리라."

69 예수께서 말씀하시길, "자신들 내면에서 박해받는 자들은 복이 있나니, 그들이 진실로 하늘에 계신 아버지를 알게 된 사람들이니

라. 배고픈 자들은 복이 있나니, 그들의 배고픔은 채워질 것이니라."

70 예수께서 말씀하시길, "그대 안에 있는 것을 열매 맺게 한다면 그것이 그대를 구원할 것이며 그대 안에 그것을 가지지 않는다면 그대가 가지지 않은 그것이 그대를 죽일 것이니라."

71 예수께서 말씀하시길, "나는 이 집을 헐겠으니 아무도 이것을 짓지 못할 것이니라."

72 한 사람이 예수께, "나의 형제들에게 말씀하시어 내 아버지의 재산을 나와 나누도록 해주소서."라고 요청하자, 예수께서 그 사람에게 말씀하시길, "이 사람아, 누가 나를 나누는 자로 만들었는가?" 하시고는 제자들에게 돌아서서 "나는 나누는 자가 아니로다. 그렇지 아니한가?"라고 말씀하셨다.

73 예수께서 말씀하시길, "추수할 것은 많되 추수할 일꾼이 적으니, 들판으로 일꾼들을 급히 보내달라고 주님에게 청하라."

74 그분이 말씀하시길, "주여, 우물가에 많은 이들이 둘러 모여 있으나, 우물 안에는 아무 것도 없나이다."

75 예수께서 말씀하시길, "많은 이들이 문 앞에 서있으나, 홀로된 자만이 신부의 방에 들어가리라."

76 예수께서 말씀하시길, "아버지의 나라는 많은 물건을 가지고 있던 중에 진주 하나를 발견한 장사꾼과 같도다. 그 장사꾼은 현명한 사람이어서 가지고 있던 모든 물건을 팔아서는 자기 자신을 위하여

단지 진주 하나만을 샀느니라. 그러므로 그대도 벌레가 먹지 않고 좀도 슬지 않는 곳에 영원히 존재하는 그런 보물을 찾으라."

77 예수께서 말씀하시길, "나는 모든 것들 위에 있는 빛이며 나는 전체이니라. 나로부터 모든 것이 나왔고, 모든 것은 나에게로 이르느니라. 나무토막을 쪼개 보라. 내가 그곳에 있을 것이다. 돌을 들추어 보라. 그러면 거기에서 나를 발견할 것이니라."

78 예수께서 말씀하시길, "그대들은 왜 광야로 나왔는가? 바람에 흔들리는 갈대를 보려고 왔는가? 그대 왕들과 세력가들처럼 좋은 옷을 입고 있는 한 사람을 보려고 왔는가? 그들이 좋은 옷은 입고 있으나 그들은 진리를 알 수 없느니라."

79 군중 속에 한 여자가 예수께 "당신을 잉태한 자궁과 당신을 먹였던 젖가슴은 복되옵니다."라고 하였다. 그러자 예수께서 대답하시기를, "하늘에 계신 아버지의 말씀을 듣고 이를 진실로 간직한 이들은 복되도다. 왜냐하면 오히려 너희가 '아이를 잉태하지 않은 자궁과 모유를 내지 않은 젖이 복되다.'라고 말할 날들이 있게 되리라."

80 예수께서 말씀하시길, "세상을 알게 된 사람은 육체를 발견하였도다. 그러나 육체를 발견한 사람은 이 세상보다 더 위대하도다."

81 예수께서 말씀하시길, "부유하게 된 자가 왕이 되게 하고, 권력을 가진 자는 그것을 버리도록 하라."

82 예수께서 말씀하시길, "내 곁에 가까이 있는 자는 불에 가까이 있음이요, 나로부터 멀리 떨어져있는 자는 하느님 나라로부터 멀리

떨어져 있음이라."

83 예수께서 말씀하시길, "형상들은 사람들에게 분명히 드러나나, 사람들 안에 있는 빛은 아버지 빛의 형상 안에 감추어져 있느니라. 그(아버지)는 자신을 드러내겠지만 그의 형상은 그의 빛에 의해 감추어져 있을 것이니라."

84 예수께서 말씀하시길, "그대가 자신과 닮은 것을 볼 때 기뻐하지만, 그대에 앞서 존재한 죽지도 않고 드러내지도 않은 그대 모습들을 본다면 그대가 얼마만큼 그것을 감당하리오."

85 예수께서 말씀하시길, "아담이 큰 권능과 큰 부유함에서 왔으나 너희들만큼 가치 있지는 않았느니라. 왜냐하면 아담이 가치가 있었더라면, 아담은 죽음을 맛보지 않았으리라."

86 예수께서 말씀하시길, "여우들도 자기들의 굴이 있고 새들도 자기들의 둥지가 있으나, 사람의 아들은 누워 쉴 곳이 없도다."

87 예수께서 말씀하시길, "한 육체에 의지하는 육체란 얼마나 초라한가, 그리고 이 둘에 의지하는 영혼은 얼마나 초라한가."

88 예수께서 말씀하시길, "천사들과 예언자들이 그대들에게 와서 그대들이 이미 가지고 있는 것을 그대들에게 줄 것이니라. 그대들도 자신들이 가지고 있는 것을 그들에게 주면서 스스로에게, '언제 그들이 와서 그들의 것을 가져갈까?'라고 하리라."

89 예수께서 말씀하시길, "왜 그대들은 잔의 겉만을 닦느냐? 그대들

은 안을 만든 이가 또한 겉을 만든 이라는 것을 깨닫지 못하는가?"

90 예수께서 말씀하시길, "내게로 오라. 나의 멍에는 편하고 나의 다스림은 온화하니, 그대들은 자신을 위한 휴식을 얻게 되리라."

91 제자들이 예수께 말씀드리길, "저희가 당신을 믿을 수 있도록 당신이 누구인지 우리에게 말씀해 주십시오." 예수께서 그들에게 말씀하시길, "그대들은 하늘과 땅의 형세는 분간하면서 그대들 앞에 있는 사람이 누구인지는 알지를 못하고 이 순간을 이해할 줄도 모르는구나."

92 예수께서 말씀하시길, "구하라 그러면 찾을 것이다. 예전에 그대들이 나에게 물은 것에 대하여 답변을 하지 않았느니라. 지금 말하려 해도 그대들이 그것을 찾지 않는구나."

93 (예수께서 말씀하시길), "거룩한 것들을 개에게 주지 말라. 개들이 그것을 거름더미 위로 던져 버릴 것이니라. 진주를 돼지에게 던져주지 말라. 돼지들이 그것을(　　)."

94 예수께서 말씀하시길, "구하는 자는 찾을 것이며 두드리는 자에게는 열릴 것이니라."

95 예수께서 말씀하시길, "그대가 돈이 있다면, 이자를 쳐서 빌려주지 말라. 차라리 그 돈을 되돌려 받지 못할 사람에게 주라."

96 예수께서 말씀하시길, "아버지의 나라는 한 여자 같도다. 그 여자는 작은 효모 한 조각을 가루반죽 속에 넣어 큰 빵 덩어리를 만

들었도다. 귀 있는 자들은 들어라.”

97 예수께서 말씀하시길, “아버지의 나라는 음식이 가득 담긴 항아리를 이고 가는 한 여자 같도다. 먼 길을 걸어 집으로 가고 있는 동안 항아리 손잡이가 깨져, 음식은 그녀가 걸어온 길 위에 쏟아졌지만 그 여자는 알지 못했도다. 그 여자가 집에 도착해 항아리를 내려놓고서야 비로소 항아리가 텅 비어 있음을 알았느니라.”

98 예수께서 말씀하시길, “아버지 나라는 아주 힘 있는 사람을 죽이려는 어떤 사람과 같으니라. 그는 자신의 집에서 칼을 뽑아들고 어떻게 손을 사용해야 하는지 알아보려고 칼로 벽을 찔러보았느니라. 그러고 나서 그는 그 힘센 사람을 죽였느니라.”

99 제자들이 예수께, “당신의 형제들과 어머니가 밖에 서 있나이다.”라고 하니 예수께서 제자들에게 말씀하시길, “내 아버지가 뜻하시는 바대로 행하는 자들이 나의 형제요 나의 어머니이니라. 그들이 내 아버지의 나라에 들어갈 사람들이니라.”

100 제자들이 예수께 금화 한 닢을 보여드리며, “로마 황제의 사람들이 우리에게 세금을 요구하고 있습니다.”라고 말하자, 예수께서 제자들에게 말씀하시길, “로마 황제에게 속한 것은 로마 황제에게 주고 하느님에게 속한 것은 하느님에게 나의 것은 나에게 주라.”

101 (예수께서 말씀하시길), “나처럼 자기의 아버지와 어머니를 미워하지 않는 자는 내 제자가 될 수 없고 나처럼 자기 아버지와 어머니를 사랑하지 않는 자도 내 제자가 될 수 없느니라. 왜냐하면 내 진정한 어머니가 나에게 생명을 주셨기 때문이니라.”

102 예수께서 말씀하시길, "바리세인들에게 화가 있을지니, 그들은 소 여물통 안에서 잠자는 개와 같으니 그는 자신이 먹지도 않으면서 다른 소도 먹지 못하게 하느니라."

103 예수께서 말씀하시길, "도적들이 어디로 들어올지 아는 자는 복이 있나니, 그는 일어나서 자신 영내의 자원을 모아 도적들이 오기 전에 방비할 수 있기 때문이니라."

104 제자들이 예수께, "오셔서 오늘 저희들과 기도하고 금식하소서." 하니 예수께서 말씀하시길, "내가 무슨 죄를 지었는가. 아니면 내가 무슨 이루지 못한 일이 있는가? 신랑이 신부 방을 떠날 때 그들이 금식하고 기도하게 하라."

105 예수께서 말씀하시길, "아버지와 어머니를 아는 자는 창녀의 아들이라 불릴 것이니라."

106 예수께서 말씀하시길, "그대가 둘을 하나로 만들 때 사람의 아들들이 될 것이며 그대가 '산이여 여기서 물러가라'고 말하면 산은 물러갈 것이니라."

107 예수께서 말씀하시길, "왕국은 마치 백 마리의 양을 지닌 한 목자와 같으니라. 어느 날 그 양들 중 가장 큰 양 한 마리가 길을 잃었느니라. 그러자 목자는 다른 아흔 아홉 마리를 남겨두고 길 잃은 양 한 마리를 찾을 때까지 찾아 나섰느니라. 목자는 힘들여 찾은 후에 그 양에게 말하길, '나는 다른 아흔 아홉 마리의 양보다 더 너를 사랑한단다."

108 예수께서 말씀하시길, "나의 입으로부터 마시는 사람은 나와 같이 될 것이며, 내 자신이 바로 그 사람이 될 것이니라. 그러면 감추어진 것들이 그에게 드러나게 될 것이니라."

109 예수께서 말씀하시길, "왕국은 자신의 밭에 보물이 숨겨져 있다는 것을 알지 못하는 사람과 같으니라. 그 사람이 죽으면서 그 밭을 아들에게 물려주었고 그 아들도 밭에 보물이 숨겨져 있다는 것을 알지 못하여 물려받은 그 밭을 팔았느니라. 그 밭을 산 사람이 밭을 갈다가 그 보화를 발견하였고, 원하는 모든 사람들에게 이자를 받고 돈을 빌려주기 시작하였느니라."

110 예수께서 말씀하시길, "세상을 발견하여 부유하게 된 자는 세상을 단념하라."

111 예수께서 말씀하시길, "그대들 앞에서 하늘과 땅이 사라질 것이니라. 살아 계신 분 안에서 살아가는 사람은 결코 죽음을 보지 않으리라. 자기 자신을 발견하는 사람 모두는 이 세상보다 위대하도다."

112 예수께서 말씀하시길, "영혼에 의지하는 육체에게 슬픔이, 육체에 의지하는 영혼에게도 슬픔이 있으리라."

113 제자들이 예수께 묻기를, "언제 하느님의 왕국이 오겠습니까?" (예수께서 말씀하셨다), "그것은 너희가 기다린다고 오지 않을 것이다. '보라, 여기에 하늘나라가 있다' 혹은 '보라, 저기에 하늘나라가 있다' 고 말할 수 있는 것이 아니니라. 오히려 아버지 왕국은 이 땅 위에 펼쳐져 있으나 사람이 보지 않을 뿐이니라."

114 시몬 베드로가 그들에게 말하길, "마리아가 우리에게서 떠나도록 합시다. 여자들은 생명을 얻을 가치가 없기 때문이지요." 예수께서 말씀하시길, "내가 그녀를 남자로 만들기 위하여 그녀를 인도할 것이니라. 이것은 그녀가 남자를 닮은 살아있는 영이 되도록 함이니라. 자신을 남자로 만든 모든 여자는 하늘나라에 들어갈 것이기 때문이니라."

참고 문헌

(1) 국내도서

구자만. “성경과 도마복음의 새로운 풀이”. 미다스북스, 2019

권오현. “바울의 생애”. 대한기독교서회, 1997

권터 보른캄. “바울”. 이화여자대학교, 2006(허혁 옮김)

길희성. “보살예수”. 현암사, 2004

김경재. “이름 없는 하느님”. 삼인, 2002

김기홍. “역사적 예수”. 창비, 2016

김용옥. “기독교 성서의 이해”. 통나무, 2007

김용옥. “도올의 로마서 강해”. 통나무, 2017

김우타. “구도여행과 소리 없는 소리”. 하모니, 2011

김태항. “카발라의 신비열쇠”. 하모니, 2009

김태항. “슬픈 예수”. 하모니, 2011

김테항. “도마복음과 카발라”. 하모니, 2016

김태항. “카발라와 예수 그리고 성경”. 하모니, 2016

김태항. “영지주의 복음서와 카발라”. 하모니, 2017

김태항. “예수에게 던진 질문, 바울은 누구입니까?”. 하모니, 2018

달라이라마. “달라이라마 예수를 말하다”. 나무심는사람, 1999(류시화 옮김)

도널드 크레이그. “모던매직”. 물병자리, 2005(김태항 옮김)

데이빗 비빈, “유대인의 눈으로 본 예수”. 이스트윈드, 2018(이상준 옮김)

랜돌프 리처즈, 브랜든 오브라이언. “바울과 편견”. 성서유니온선교회, 2017(홍병룡 옮김)
레자 아슬란. “젤롯”. 와이즈베리, 2014(민경식 옮김)
로돌프 카세르 외. “예수와 유다의 밀약”. YBM SISA, 2006(김환영 옮김)
루돌프 볼트만. “기독교 초대교회 형성사-서양고대종교사상사”. 이화여자대학교출판부, 1993(허혁 옮김)
리 스트로벨. “예수는 역사다”. 두란노, 2002(윤관희 외 옮김)
리 스트로벨. “리 스트로벨의 예수 그리스도”. 두란노, 2009(홍종락 옮김)
리처드 킥헤퍼. “마법의 역사”. 파스칼북스, 2003(김현태 옮김)
마들렌 스코펠로. “영지주의자들”. 분도출판사, 2006(이수민 옮김)
마르틴 부버. “하시디즘과 현대인”. 현대사상사, 1994(남정길 옮김)
마이클 베이전트 외. “사해사본의 진실”. 예담, 2007(김문호 옮김)
마크 털리. “예수의 생애”, 문학동네, 2004(윤희기 옮김)
문동환. “예수냐, 바울이냐”. 삼인, 2015
민희식. “성서의 뿌리: 오리엔트 문명과 구약성서”. 블루리본, 2008
바트 어만. “성경 왜곡의 역사”. 청림출판, 2006(민경식 옮김)
바트 어만, “예수 왜곡의 역사”. 청림출판, 2010(강주헌 옮김)
바트 어만. “잃어버린 기독교의 비밀”. 이제, 2008(박철현 옮김)
바트 어만. “두렵고 황홀한 역사: 죽음의 심판, 천국과 지옥은 어떻게 만들어졌나”, 갈라파고스, 2020(허형은 옮김)
박영돈. “톰 라이트 칭의론 다시 읽기” IVP, 2016
박형구. “바울신학의 오류”. 렛츠북, 2017
브라이언 랭커스터. “유대교 입문”. 김영사, 1999(문정희 옮김)
세명의 입문자. “헤르메스 가르침”. 하모니, 2014(김태항 옮김)
송혜경. “신약외경 상권”. 한님성서연구소, 2009

송혜경. “영지주의자들의 성서”. 한님성서연구소, 2014
스와미 비베카난다. “마음의 요가”. 판미동, 2020(김성환 옮김)
스티븐 휠러. “이것이 영지주의다”. 샨티, 2006(이재길 옮김)
아돌프 프랑크, “카발라, 히브리 종교철학”. 하모니. 2023 (김태항 옮김)
아리예 카플란. “성경과 명상”, 하모니, 2012(김태항 옮김)
아리예 카플란. “유대명상”, 하모니, 2011(김태항 옮김)
아리예 카플란, “카발라 명상”. 하모니, 2015(김태항 옮김)
에밀 루드비히. “예수의 전기”. 지호, 1998(김문호 옮김)
예후다 베르그. “내 영혼의 빛”. 나무와 숲, 2002(구자명 옮김)
예후다 베르그. “신의 72가지 이름”. 반디미디어, 2003(윤원섭 옮김)
오강남. “예수는 없다”. 현암사, 2005
윌리엄 슈니더윈드. “성경은 어떻게 책이 되었을까”. 에코리브르, 2006(박정연 옮김)
이동진. “제2의 성서”. 해누리, 2005
이상성. “세계사를 뒤흔든 신의 지문”. 신인문사, 2009
이재길. “성서 밖의 복음서”. 정신세계사, 2007
자크 뒤켄. “예수”. 바오로딸, 2002(김현주, 피에르 메지니 옮김)
제라르 베시에르. “예수, 사랑의 율법”. 시공사, 2001(변지현 옮김)
제임스 던. “바울에 관한 새 관점”, 에클레시아북스, 2012(최현만 옮김)
제프 벤 시몬 할레비. “카발라”. 안그라픽스, 1997(박태섭 옮김)
조찬선. “기독교 죄악사”. 평단출판사, 2000
찰스 폰스. “카발라”. 물병자리, 1997(조하선 옮김)
톰 라이트. “이것이 복음이다”, IVP, 2017(백지윤 옮김)
티모시 프리크, 피터 갠디. “예수는 신화다”. 동아출판사,

2002(승영조 옮김)
티모시 프리크. “웃고 있는 예수: 종교의 거짓말과 철학적 지혜”. 어문학사, 2009(유승종 옮김)
폴 존슨. “유대인의 역사”. 살림, 2005(김한성 옮김)
허셀 셍크스. “사해 두루마리의 미스터리와 의미”. 경서원, 2007(허종열 옮김)
현진석. “예수의 미스터리 그리고 성서”. 삶창(삶이보이는창), 2015

(2) 외국 도서

Aivanhov, Omaraam. “The Fruits of The Tree of Life”. Los Angeles: Prosveta, 1989
Ahmed, Rollo. “The Black Art”. London: Senate, 1994
Barnstone, Willis. “The Other Bible", New York: HarperSanFrancisco, 1984
Berg, Michael. “The Way: Using Wisdom of Kabbalah for Spiritual Transformation and Fulfillment”. Hoboken: John Wiley & Sons, Inc, 2001
Berg, Rabbi. “Reincarnation: Wheel of a Soul”. New York: The Kabbalah Learning Centre, 1991
Berg, Rabbi. “Kabbalah for the Layman”. New York: The Kabbalah Learning Centre, 1991
Berg, Yehuda. “The 72 Names of God: Technology for soul”. New York: The Kabbalah Centre, 2003
Berg, Yehuda. “True Prosperity”, New York: The Kabbalah Centre, 2005
Cooper, David A. “God is a Verb: Kabbalah and the Practice of Mystical Judaism”. New York: Riverhead Books, 1997

Dan, Joseph & kiener Ronald. "The Early kabbalah", New York: Paulist Press. 1986

Doreal, M. "Four Gospels: An Interpretation". Denver: Brotherhood of the White Temple, 1942

Doreal, M. "The Occult and Mystery teachings of Jesus". Denver: Brotherhood of the White Temple.

Doreal, M. "The life of Jesus". Denver: Brotherhood of the White Temple.

Doreal, M. "Sepher Yetzirah: The book of Creation". Denver: Brotherhood of the White Temple, 1941

Doreal, M. "Mystical teachings in the gnostic works concerning Jesus and the mytery" Denver: Brotherhood of the White Temple, 1958.

Doreal, M. "The Kabbala(1~3)". Denver: Brotherhood of the White Temple, 1960

Dunn, James D. "Window of the Soul: The Kabbalah of Rabbi Isaac Luria". San Francisco: Red Wheel/Weiser, LLC, 2008

Fortune Dion. "The Mystical Qabalah". Maine: Samuel Weiser, Inc. 2000

Frank, Adolphe. "The Kabalah. Trans. John C. Wilson". New York: University Books. 1967

Gawin Shakti. "Creative Visualization". CA: New World Library. 1995

Goleman, Daniel. "The Meditative Mind". New York: Putnam Book, 1988

Goodrick-Clarke, Nicholas. "The Western Esoteric Traditions". Oxford: Oxford University Press, 2008

Green, Nan F. "Discovering Jewish Meditation". Woodstock, Vermont: Jewish Lights Publishing, 1999

Guiley, Rosemary. "Harper's Encyclopedia of Mystical and

Paranormal Experience". Edison, NJ: Castle Books, 1991
Hall, Manly P. "The Secret Teachings of All Ages". New York: Penguin, 2003
Hauck, Dennis, "Alchemy", New York: Penguin Group, 2008
Holroyd, Stuart. "The Elements of Gnosticism", Rockport: Element, 1994
Hoffman, Eward. "The Wisdom of Maimonides". Boston: Trumpeter Books, 2008
Kalisch, Isidor. "Sepher Yezirah". New York: L. H. Frank & CO., Publishers and Printers, 1877
Kaplan, Aryeh. "Meditation and Kabbalah". York Beach, ME: Samuel Weiser, Inc. 1982
Kaplan, Aryeh. "Jewish Meditation: A Practical Guide". New York: Schocken Books Inc, 1985
Kaplan, Aryeh. "Sepher Yetzirah: In theory and Practice". York Beach, ME: Samuel Weiser, Inc. 1997
Kaplan, Aryeh. "Meditation and the Bible". York Beach, ME: Samuel Weiser, Inc. 1978
Kaplan, Aryeh. "Kabbalah and The age of the Universe". USA: BN Publishing. 2007
Kaplan, Aryeh. "The Bahir". York Beach, ME: Samuel Weiser, Inc. 1979
Kraig, Donald. "Modern Magick: Eleven Lessons in the High Magickal Arts". St. Paul, MN: Llewellyn Publications, 2002
Kurzweil, Arthur. "Kabbalah for Dummies". Hoboken, NJ: Wiley Publishing, Inc. 2007
Laitman, Michael. "A Guide to The Hidden Wisdom of Kabbalah". Ont, Canada: Laitman Kabbalah Publisher, 2002
Levi, Eliphas. "Transcendental Magic(Translated by Arthur E. Waite)". York Beach, ME: Samuel Weiser Books. 2001

Levi, Eliphas. “The History of Magic(Translated by Arthur E. Waite)”. York Beach, ME: Samuel Weiser Books. 2001

Mathers, MacGregor. “The Kabbalah Unveiled”. York Beach, ME: Samuel Weiser, Inc. 1970

Mathers, MacGregor. “The key of Solomon the King(Translated and edited from manuscripts in the British Museum)". York Beach, ME: Samuel Weiser, Inc. 1989

Matt, Daniel C. “Zohar; The Book of Enlightenment”. New Jersey: Paulist Press, 1983

Matt, Daniel C. “The Essential Kabbalah”. New York: HaperOne, 1995

Murphy, Joseph. “The Power of Your Subconscious Mind”. New Jersey: Prentice Hall, 1963

Nataf, Andre. “Dictionary of the Occult(Translated from the French by John Davidson)”. Hertfordshire: Wordsworth Editions Ltd. 1994

Oliver, Charles. “Handbook of Magic & Witchcraft”. London: Senate, 1996

Parfitt, Will. “The Element of The Qabalah”. Rockport, MA: Element Books, 1991

Ponce, Charles. “Kabbalah: An Introduction and Illumination for the World Today”. Wheaton, IL: Quest Books, 1995

Regarie, Israel. “The Middle Pillar”. St. Paul, MN: Llewellyn Publications, 1970

Regarie, Israel. “The Tree of Life: a Study in Magic”. York Beach, Maine: Samuel Weiser, Inc. 1972

Regarie, Israel. “A Garden of Pomegranates: An Outline of the Qabalah”, St. Paul, Minnesota, Llewellyn Publishings, 1987

Ribner, Melinder. “Everyday Kabbalah”. New York: Kensington Publishing, 1998

Ribner, Melinder. "New Age Judaism: Ancient Wisdom for the Modern World". Florida: Simcha Press, 2000

Robinson, James M. ed., "The Nag Hammadi Library In English", New York: HaperOne. 1988

Scholem, Gershom. "Kabbalah". New York: Penguin Books, 1978

Scholem, Gershom. "Origins of the Kabbalah(독일어의 영어번역본)". The Jewish Publication Society, 1987

Tyson, Donald. "the Power of the word: the secret code of creation". Woodbury, Mn: Llewellyn Publications, 1995

Waite, Arthur Edward. "The Book of Ceremonial Magic". New York: Carol Publishing Group, 1994

Waite, Arthur Edward. "The Holy Kabbalah". Hertfordshire, England: Oracle Publishing Ltd. 1996

Wcscott, W.W. "Sepher Yetzirah".
(ttp://www.mdconnect.net/~xe/qabalah/sefer_yetzirah/versions.php)

Yudelove, Eric Steven. "The Tao & The Tree of Life". Minnesota: Llewellyn Publications, 1996

하모니 도서

"도마복음과 카발라(개정)"

(저자: 김태항, 정가: 22,000, 358쪽, 판형: 153 x 225)

책 소개

이 책은 영지주의 복음서 중 최고 가치를 인정받고 있는 "도마복음서" 해석을 통하여 예수의 비밀 말씀으로 알려진 여러 상징이나 비유를 누구나 알기 쉽게 설명한다.

지금까지 세계 여러 나라에서 수많은 도마복음서 해설서가 출간되었으나 대부분은 역사적 고찰이나 문자 위주의 해설서였다. 이 책은 처음으로 카발라의 가르침을 사용하여 예수가 남긴 소중한 가르침을 우리에게 투명하게 보여준다.

도마복음은 유대 신비 사상인 카발라의 도움 없이는 해석이 거의 불가능하다. 카발라가 동서양 사상의 모태이고 영지주의도 카발라에서 기원한 사상임을 고려한다면 그다지 놀라운 일은 아니다. 카발라는 불교처럼 윤회를 인정하고 영혼을 신의 불꽃, 신의 파편으로 보며 신과 합일을 추구하는 사상이다.

도마복음에서 예수는 붓다처럼 깨달은 위대한 성자로 나타난다. 그동안 우리는 위대한 성자인 예수와 붓다의 가르침이 너무도 달라 몹시 당혹스러워했다. 진리가 다르다면 둘 중 하나는 진리가 아닐 것이기 때문이었다. 이 책은 그 의문을 속시원하게 풀어준다. 이 책에서 예수는 고뇌하는 예수에서 명상하는 예수, 죽은 예수에서 살아

있는 예수로 다시 태어난다.

이 책은 세상의 진리는 하나임을 보여주며 종교 간의 갈등 해소에 커다란 방향을 제시한다. 우리는 맹신이 아닌 이성과 이해를 통하여 위대한 성자 예수를 황홀하게 만나게 된다. 이 책은 지식의 확장뿐만 아니라 종교 간의 갈등 해소에 커다란 도움이 될 것이다.

목차

"카발라의 신비 열쇠(개정 증보)"

(저자: 김태항, 정가: 24,500, 384쪽, 판형: 153 x 225)

책 소개

『카발라의 신비 열쇠』는 구전된 비밀 카발라와 드러난 카발라 이 두 가지 흐름을 동시에 담고 있다. 무엇보다 카발라 핵심인 우주의 신비를 여는 생명나무의 비밀을 이해하기 쉽게 소개한다. 카발라 사상을 단순히 소개하는 것에 머물지 않고 근원으로 돌아가는 구체적인 방법을 보여준다.

목차